圃巖散人漢詩集
포암산인 한시집

圃巖散人漢詩集
포암산인 한시집

어찌하여
밤벌레 소리
이리도 시끄러운가

초판 1쇄 인쇄 2025년 7월 25일
초판 1쇄 발행 2025년 8월 15일

지은이 | 포암산인 이종엽
엮은이 | 이상찬

발행 | 이민형
발행처 | 도서출판 지운북스
출판등록 제 2024-000011 호

주소 | 경기도 양평군 옥천면 용천로 392-37
parkg157@hanmail.net
ISBN 979-11-993695-0-4
책값은 뒤표지에 있습니다.

본명조와 서울한강체 폰트를 사용하였다.

포암산인 문집-1

圃巖散人漢詩集
포암산인 한시집

어찌하여
밤벌레 소리
이리도 시끄러운가

포암산인 지음
이상찬 엮음

도서출판 자운북스

엮으면서

포암 선생은 나의 조부이자 스승이시다. 선생께서는 고종 갑신(1890) 정월 열 닷새, 구한말(1876~1910)의 격변기에 태어나 경술국치(庚戌國恥), 해방과 건국, 6·25 전쟁에 이르기까지 파란만장한 시대를 온몸으로 겪어낸 유학자로서 일찍이 학업에 힘써 향리에『운림정사(雲林精舍)』를 세우고 동몽학습을 위하여『해몽요결(解蒙要訣)』, 『증보계몽 편(增補啓蒙篇)』, 『동국역대(東國歷代)』, 『지나역대(支那歷代)』등을 편찬하여 인재 양성에 전력을 기울이셨다. 또한 유림의 석학들과 교유(交遊) 하면서 성리학(性理學)을 강론하고 시문을 즐겨《포암산인 사고(圃巖散人私稿)》상·하권을 남기셨다.

선생의 학문과 선비정신은 많은 이의 추앙과 경모를 받아 각지에 수차례 초빙되어 가시는 곳마다『장례정사(藏禮精舍)』, 『수장정사(壽牆精舍』, 『예곡정사(禮谷精舍)』라 이름 짓고 후학을 양성하시며 일생을 학문과 교육에 헌신하셨다.

운림정사는 내가 태어나고 자란 집 뒤편, 병풍처럼 두른 대숲 사이로

가파르게 놓인 30여 개의 계단 마루에서 100여 미터 떨어진 곳에 자리하고 있었다. 3~4세로 짐작되는 유년기부터 할아버지 등에 업혀 집과 운림정사를 오가며 무릎교육으로 시작된 완고하고 엄격한 교육 방식은 어린 나이에 참으로 감당하기 어려운 시간들이었다. 그러나 그 시간들이 있었기에 할아버지의 선비정신과 철학이 오늘 나의 정신적 뿌리가 되었음을 뒤늦게 깨닫게 되었으니 어찌 할아버지의 학문과 선비로서의 삶을 존경하지 않을 수 있겠는가.

운림정사가 지어진 시기는 정확한 기록을 찾아보기 어렵지만 여러 정황으로 미루어 1925년경으로 추정되며, 1974년쯤에 소실되었다. 선생께서 운림정사를 짓고 나서 쓴『운림정사 기(雲林精舍記)』[1]에서 예견이라도 한 듯, 이렇게 술회하고 있다.

"흥폐와 성쇠는 끝없이 서로 이어지니 정사(精舍)가 다시 거친 풀밭으로 바뀔지도 모른다. 하여 그대의 말은 찬사가 아니라 조소일지도 모르나니…(廢興成毁相尋於無窮則精舍之復寫荒草野田不可知也子之言非讚也)"

"운림정사는 내가 죽더라도 잘 보존하거라" 생전에 할아버지께서 어린 내게 자주 하시던 말씀이었다. 그러나 철없던 나이에 그 깊은 뜻을 이해하지 못한 채, 운림정사의 정신은 불과 반세기의 짧은 역사 속에 묻혀버리고 말았으니, 이 어찌 불효가 아니겠는가.

문집에 대한 말씀도 어렴풋이 기억에 남아 있다. 그러나 유언이나 당부가 아니더라도 선대의 유업(遺業)을 정리하고 유고(遺稿)를 세상에 내놓는 일은 후손으로서 마땅히 해야 할 책무이자 도리일 것이다.

사실 이 문집 출간 작업의 시작은 30년 전으로 거슬러 올라간다. 그

1 운림정사 기(雲林精舍記): 부록 295쪽,(포암산인 문집-하권). 해동시림(海東詩林)과 남원지(南原誌)에 게재됨.

러나 시간은 늘 나만의 것인 양 우선순위에서 밀려나 있었다. 해는 항상 중천에 떠있을 것 같았으나 어느덧 석양이다. 서산마루에 걸린 해가 지기 전에 시집만이라도 빛을 봐야 한다는 절박함으로 밤잠을 줄여가며 매달렸다.

『포암산인 사고(圃巖散人私稿)』는 상·하권으로 되어 있다. 상권은 시집(詩集), 하권은 산문(散文)이다. 상권에는 총 130수의 시가 기록되어 있는데, 오언절구(五言絶句), 오언사율(五言四律), 칠언절구(七言絶句), 칠언사율(七言四律) 등 96수로 구성되었으며 자경과 기행, 헌작과 추모, 역사, 애국, 충절과 의리, 효, 선조 추모 등 고유한 전통 가치관과 철학이 고스란히 녹아있어 선생의 깊은 학문과 철학 세계를 엿볼 수 있다.

또한 『운림정사』 차운(次韻)과 『포암산인』 차운 21수에 더하여, 칠언율시 9수와 오언배율(五言排律) 4수의 화운(和韻)이 함께 실려 있다. 이들 차운과 화운은 균파(筠坡), 죽포(竹圃)[2], 청양(靑陽) 풍양(楓陽), 등 당대의 많은 문인들과 주고받은 시편들이다. 이 가운데 죽포 선생은 나의 외조부이시다. 문우로서 교유하던 조부와 외조부, 두 어른께서 사돈의 연을 맺은 것은 참으로 각별한 의미가 아닐 수 없다.

『포암산인 사고』 하권은 『태극도설(太極圖說)』로 시작하여 『이기화물도서(理氣化物圖敍)』, 운림정사 문답, 서간문(書簡文), 선대(先代)의 행장(行狀)에 이르기까지, 전형적인 유학자의 사유와 학문적 궤적이 오롯이 담겨 있다. 그러나 시간의 벽으로 인하여 하권의 출간이 어려울 수도 있다는 우려에서 육필 원고의 사장(死藏)을 막고자 시집 말미에 부록으로 덧붙였다. 학계나 관심있는 분들의 연구에 작은 보탬이 되기

---

2 죽포(竹圃): 오재호(吳在虎)의 호, 140. 153 쪽.

를 기대한다.

시대는 변했고 읽히지 않는 책은 서가(書架)에 박제된 자료에 불과하다. 한시는 시대를 건너 오늘의 독자들과 다시 숨 쉬어야 할 살아 있는 우리 문화의 한 맥이다. 이에 한문 해독이 어려운 독자도 한시에 가까이 다가설 수 있도록 음을 달고 어휘 풀이를 하여, 그 문턱을 조금이나마 낮추고자 하였다. 다만 짧은 식견으로 선생의 깊은 시의(詩意)를 온전히 담지 못하여 옥에 티로 남을까 그저 송구하고 부끄러울 따름이다.

기록은 역사가 되고, 역사는 문화가 되며, 문화는 곧 국력이 된다. 선대의 유업과 자취를 정리하는 일 또한 이와 다를 바 없음에도 이를 미루고 게을리한 탓에 선생께서 타계하신지 반세기가 훌쩍 지나서야 유고를 세상에 내놓게 되었으니 만시지탄이 아닐 수 없다. 늦게나마 미루고 또 미뤄왔던 일생의 숙제를 마치고 나니, 오랫동안 어깨를 짓누르고 있던 바윗돌 하나를 내려놓은 듯 홀가분하다.

이 시집이 나오기까지 많은 분들의 도움에 감사한다. 특히 번역의 일부를 맡아주신 전북대학교 중어중문학과 박순철 교수님과 초서 몇 글자를 해독하지 못해 막혀있던 물꼬를 시원하게 터주신 김병기 교수님께 깊이 감사드린다. 아울러 은무일 교수님과 남원 예총 윤영근 원장님의 귀한 도움에도 진심으로 감사의 말씀드리며 곁에서 도와주고 응원해 준 아내에게도 이 지면을 빌려 고마운 마음을 전한다.

2025년 녹음이 짙은 여름
양평 와우헌에서
손 상찬 謹識

포암산인 이종엽(圃巖散人 李鍾燁)

포암산인 기[1]

국란 송죽菊蘭松竹은 가꾸고 싶은 점이 한 둘 있는 것이 아니다. 그러나 난초와 국화는 비록 향기로우나 영화롭거나 시들 때가 있고, 소나무와 대나무도 아름답지만 성하고 쇠하는 때가 있으니 우로雨露[2]의 은택을 입지 않으면 번영하여 무성할 수 없고, 상설霜雪의 위엄을 피하지 못하면 초췌하여 쇠락한다.

오직 바위만이 영췌榮悴[3]와 성쇠盛衰[4]가 없어 우로의 은택을 의지하지 않고 상로霜露[5]의 위엄도 두려워하지 않는다. 또한 금옥金玉[6]을 품은 채 문채文彩를 숨기고 완고하게 영원히 존재하여 천지天地와 그 수명을 함께 한다.

일생에 한마디 말도 하지 않으니 세간의 천진天眞[7]한 것에서 이것을 버리면 그 무엇이 있겠는가? 사람들이 금옥金玉을 채취하기 위해 깨뜨리고 문채를 줍기 위해 깨뜨리며 옥을 갖기 위해 취하고

1 圃巖散人記(포암산인기): 포암산인이 호를 짖고 쓴 글. 포암산인 원운은 79쪽에 있음.
2 雨露(우로): 비와 이슬.
3 榮悴(영췌): 영화와 초췌. 활짝 피거나 시들다.
4 盛衰(성쇠): 번성하고 쇠락함.
5 霜露(상로): 서리와 이슬.
6 金玉(금옥): 금과 옥.
7 天眞(천진): 꾸밈이나 거짓이 없이 자연(自然) 그대로 깨끗하고 순진(純眞)함.

그릇을 만드는 사람도 그것을 채취해 갈 것이다. 깨어져 채취되는 그날이 재앙을 당하는 날 같지만, 재앙을 당하는 날이 아니라 오히려 영광을 받는 날이다. 이전에 영화를 누리지 못할 때, 침묵으로만 일관하여 알아주지 않았으나 조금도 성내는 기색이 없었고, 이제 영화를 누리지만 담담하여 세간의 수요에도 자랑하는 모습이 없다.

이런 모습은 군자가 덕과 도를 간직한 채 세상을 숨어 살지만 답답한 마음이 없으며, 출세하여 요로要路[8]에 있게 되어도 덕을 베풀며 세상에 자랑하지 않는 것과 흡사하다. 바위의 덕이 이와 같으니 어찌 국란 송죽과 비교하리오.

나의 보잘것없는 학문과 비박菲薄[9]한 지식으로 어찌 감히 그 덕을 바라리오! 오늘 같은 세상에는 침묵으로 보신하는 계책만큼 좋은 것은 없을 것이다. 이에 그 무언無言과 천진天眞의 뜻을 취하여 스스로 포암圃巖으로 호를 짓고 강호산인江湖散人[10]에서 산인散人을 취하여 포암산인圃巖散人이라 하고 시를 지어 붙인다.

---

8 要路(요로): 가장 신요한 길. 執政의 地位, 나라의 정무(政務)를 맡아 보는 관직(官職).
9 菲薄(비박): 변변하지 못함.
10 江湖散人(강호산인): 시골에 살며 세상(世上)을 멀리하는 사람. 자연 속의 은둔자.

圃巖散人記

蘭菊松竹, 可圃者非一, 而蘭菊雖香草, 有榮悴之時, 松竹雖佳木, 有盛衰之時, 而不被雨露之澤則不能就榮盛, 不避霜雪之威則不能免悴衰. 惟岩也, 無榮悴, 無盛衰, 而不賴雨露之澤, 不畏霜雪之威, 懷金抱玉, 匿文藏彩, 而頑然長存, 與天地同其壽, 而一生無一言一語, 世間天眞捨此而誰? 或有採金玉而破之, 或有摭文彩而破之, 或其攻玉者取之, 或有造器者取之, 破取之日似就禍之日, 然非就禍也, 是就榮也. 嚮其不就榮也, 黙然如有不見知,而無搵之形, 令其見就榮也, 淡然如有見世需, 而無誇之像, 彷佛乎君子之懷道抱德, 遯世無悶, 當路布德, 與世無誇. 岩之德也 如是, 豈可與蘭菊松竹比也. 余蔑學菲識, 豈敢望其德也哉? 處今之世, 保身之計莫若含黙, 故取其無語天眞之義, 自號圃岩, 又取江湖散人之義, 繼以散人, 繼之以詩.

운림정사 기[1]

나라에서 풍악楓岳[2]과 용성龍城[3] 사이에 큰 마을을 세웠으니 운교雲橋마을이다. 사방의 산중에서 풍악과 용성보다 높은 산은 없으며 마을은 운교보다 번화한 곳이 없으니 자연히 생활하며 먹고사는 것이 산과 밀접한 관련이 있게 되었다. 산이 멀리 있고 들판이 넓으니 사는 사람들은 들판이 넓은 것은 알아도 좋은 산이 있는 것은 모른다.

내가 곡성에서 아버지를 따라 살다가 백부伯父의 주선으로 처음 이곳에 살게 되었는데, 이미 40여 년이 흘렀다. 내가 만년에 한적한 곳을 찾아 몸을 맡기고 싶어 집 뒤 높은 곳에 한 채의 설당雪堂[4] 을 지어 중간에 나의 유예실游藝室[5]을 만들고 동·서에는 자식과 조카들이 학업을 익히는 방을 만들었다. 집터가 마을 뒤쪽에 있어 은

1 雲林精舍記(운람정사 기): 포암산인이 운림정사를 축조하고 쓴 글(산문집에 있음). 해동시림(海東詩林)과 남원지(南原誌)에 수록되었음. 운림정사 원운은 77쪽에 있음. 雲林精舍는 전라북도 남원시 대산면 운교리에 1920년경 건립하였으나 1974년경 소실되었다.

2 楓岳(풍악): 풍악산, 운림정사의 서쪽에 있는 산.

3 龍城(교룡):교룡산, 운림정사의 동쪽에 있는 산.

4.雪堂(설당) : 수양하는 집. 宋나라 蘇軾이 만든 정자. 蘇軾이 東坡로 귀양 가서 大雪이 내리는가운데 만들고 사방의 빈틈을 흰 눈으로 막아 지움으로써 이름을 붙임.

5 遊藝室(유예실): 학예(學藝)실. 학문과 시. 서. 예악(詩書藝樂)을 즐기는 곳.

거지처럼 조용하고 높고 험한 봉우리들이 둘러싸고 있기에 들 곁에 있지만 산중山中 같으며 시냇물과 산이 창창蒼蒼하여 이경異境을 만들고 죽림竹林은 청청青青[6]하여 울타리를 치고 있다.

또 한두 그루 살구나무는 뜰 가운데 동·서로 마주 보고 있으며 총총叢叢[7]한 국화는 동·서의 뜰 가에 심고, 향기로운 난초는 서쪽 계단 사이에서 자라고 있다. 외로운 소나무는 뜰 앞 중간에 우뚝 서 있고 당전堂前에는 연못을 만들어 연꽃을 심고 물고기를 기르며 집 뒤에는 구불구불한 못曲沼을 만들어 손발을 씻을 수 있다.

운교雲橋의 운雲과 죽림竹林의 림林을 취하여 운림정사雲林精舍라 현판을 걸어 놓으니 간혹 시를 지어 찾아와서 찬사를 보내는 사람도 있다. 나는 만물의 흥폐와 성쇠는 알 수 없다고 생각한다. 지금 거친 풀이 자라고 있는 들판, 서리와 이슬霜露이 흩날리는 곳, 뱀들이 숨어 우글우글하는 곳에 일찍이 정사精舍가 세워질 것을 어찌 알았으리오!

흥폐와 성쇠는 끝없이 서로 이어지니 정사가 다시 거친 풀이 자라는 풀밭으로 바뀔지도 모른다. 하여 그대의 말은 찬사가 아니라 조소일지도 모르나니 이만 글을 마치노라.

6 青青(청청): 싱싱하게 푸름.
7 叢叢(총총): 들어선 것이 빽빽한 모양(模樣).

雲林精舍記

入南原誌

國於楓岳龍城之間而莫大村者, 是雲橋也. 四方之山, 莫高於楓岳龍城, 而閭閻之繁華莫近於雲橋. 宜若起居飮食, 與山相接也, 山遠野闊, 居人盖知有野而不知有山焉.余自谷城從我先君經綸, 隨我故伯周旋始居于此. 于今四十有餘年. 余於晩年欲求閒寂, 而託身屋後窩處, 築一雪堂中間作我遊藝之室. 東西子姪肄業之方基址寂寥, 卽村後而似隱處. 嶂巒亙匝實, 實野邊而似山中. 溪山蒼蒼而作景槩, 竹林靑靑而爲藩籬. 雙杏庭中, 東西叢菊, 庭畔東西芳蘭兩階間, 孤松中庭, 前方塘堂前種蓮, 而兼養魚. 曲沼屋後, 洗手而又濯足. 仍取雲橋之雲, 竹林之林, 揭額以雲林精舍, 繼之以詩. 踵門者或有讚之, 余曰, 物之廢興成毁不可得兩知也. 昔者荒草野田, 霜露之所, 墜蛇虺之所竄, 豈知有精舍耶? 廢興成毁, 相尋於無窮, 則精舍之復寫荒草野田不可知也, 子之言非讚也, 實嘲也. 以爲記.

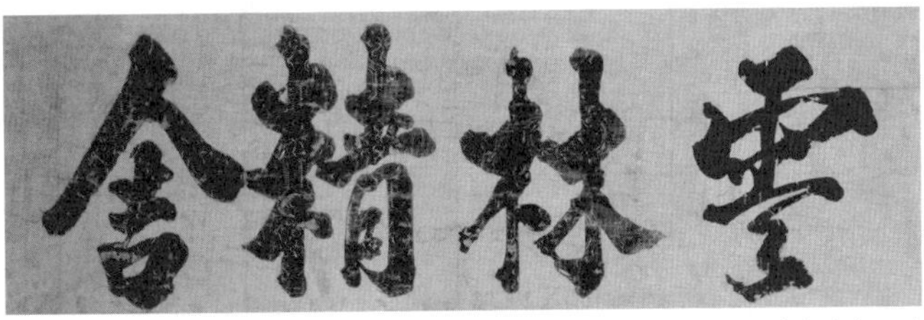

운림정사 현판 원본 | 86×26cm | 포암산인실 소장

운림정사 평면도

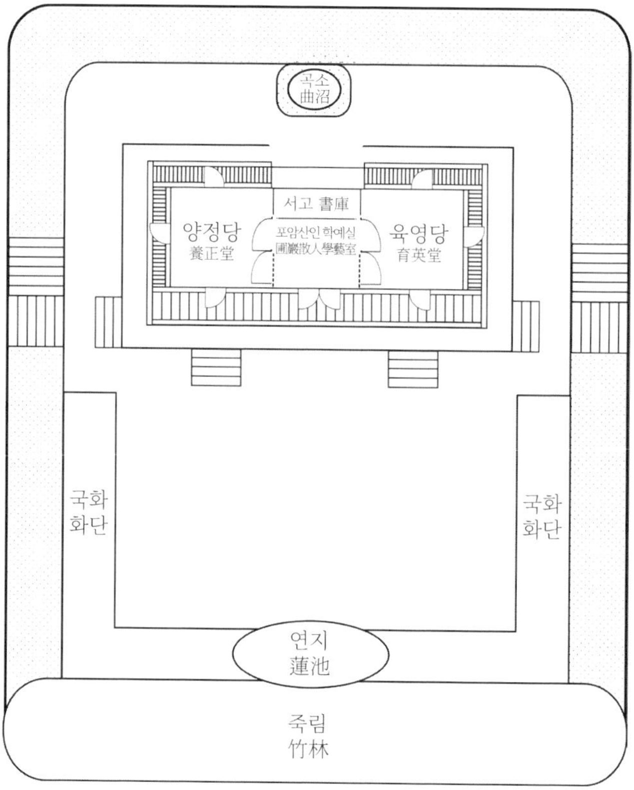

곡소
曲沼
서고 書庫
양정당
養正堂
포암산인학예실
圃巖散人學藝室
육영당
育英堂
국화
화단
국화
화단
연지
蓮池
죽림
竹林

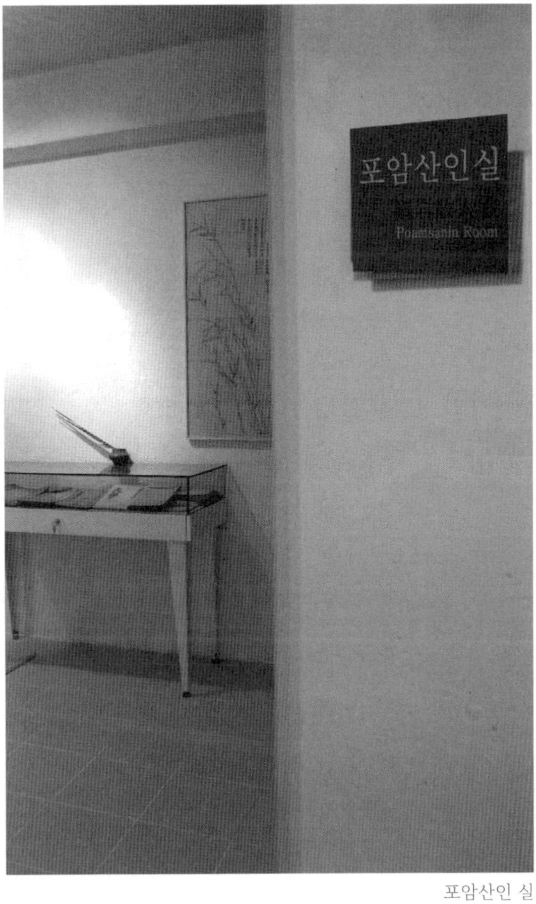

포암산인 실

목 차

1. 오언절구 | 五言絶句

1구 5자의 4행 시
(승, 결구의 끝자(2, 4)가 운자)

1-1 우연히 얻은 시

서울에 있을 때

물고기는 연못에서 노닐고[1]
솔개는 바람 타며 춤추네[2].
오묘한 천지자연의 이치여[3]!
솔개와 물고기 보며 살며시 깨 닫네[4].

偶題 우제

在京時

躍魚游淵底 약어유연저	飛鳶拂天風 비연불천풍
自然天地理 자연천지리	默識鳶魚中 묵식연어중

1 躍魚(약어): 뛰노는 물고기.
游淵底(유연저): 깊은 연못 바닥에서 헤엄침.
2 飛鳶(비연): 나는 솔개.
拂天風(불천풍): 하늘을 스치는 바람.
3 自然(자연): 자연의 법칙.
天地理(천지리): 하늘과 땅의 이치.
4 默識(묵식): 말없이 알아봄, 침묵 속의 인식.
鳶魚中(연어중): 솔개와 물고기 사이, 혹은 그 관계.

1-2 장례 정사에서 우연히 얻은 시

하는 일 없이 세월만 흘러
삼 년이나 오래 머물렀구[1]나.
흙 속에 묻힌 옥이고자 하나[2]
낭중지추囊中之錐[3] 될까 정녕 부끄럽구나[4].

藏禮精舍偶題 장례정사 우제

藏禮精舍在淳昌東溪新興里

閒中歲月流 한중세월류　　三祀久淹留 삼사구엄류
雖甘埋土玉 수감매토옥　　正愧處囊錐 정괴처낭추

1 三祀(삼사): 제사를 세 번 지낸, 삼 년.
久淹留(구엄류): 오래 머무름.
2 雖甘(수감): 비록 달콤하다 할지라도.
埋土玉(매토옥): 흙에 묻힌 옥 (재능이 묻혀 쓰이지 않음의 비유).
3 囊錐(낭추): 낭중지추(囊中之錐): 주머니 속에 든 송곳과 같이 재주가 뛰어난 사람은 숨어 있어도 저절로 사람들이 알게 됨을 비유한 말.
4 正愧(정괴): 진정 부끄럽다.

1-3 송천 최한식에게 드리는 시

순창군 동계면 관전리에 사는 간재 문인

초당에 비가 흠뻑 내려[1]
나무 걸상[2]에 앉아 청풍을 즐기노라.
정다운 벗이 아니고서야[3]
뉘라서 이 적막한 곳을 찾으리오[4].

贈松泉崔漢植 증 송천 최한식

居淳昌東溪官田里艮齋門人

草堂逢滿雨 초당봉만우　　木榻坐淸風 목탑좌청풍
若非情厚友 약비정후우　　誰顧寂廖中 수고적요중

---

1 草堂(초당): 풀로 지은 집, 소박한 거처.
逢滿雨(봉만우): 장대비를 만나다.
2 木榻(목탑): 나무 평상, 나무 의자.
3 若非(약비): 만약 ~이 아니었다면.
情厚友(정후우): 정이 두터운 친구.
4 誰顧(수고): 누가 돌아보랴.
寂廖中(적료중): 적막하고 황량한 가운데.

1-4 겨울밤 우연히 얻은 시

수장정사 시절에 부쳐

서리 바람 벽강에 불어대고[1]
설월은 한가로운 창가에 비치네[2].
문밖에 그 누가 오는 것일까[3]
문득 삽살개 짖는 소리 들리네[4].

冬夜偶題 동야 우제

寓壽牆精舍時

霜風動碧江 상풍동벽강　　雪月照閒窓 설월조한창
門外人來否 문외인래부　　忽聞獨吠狵 홀문독폐방

---

1 霜風(상풍): 서릿발 같은 찬바람.
　動(동): 움직인다(불어 댄다).
　碧江(벽강): 맑고 푸른 강물.
2 雪月(설월): 눈 덮인 달빛 (겨울밤의 정취).
　照(조): 비추다.
　閒窓(한창): 한가한 창가, 조용한 창문.
3 否(부): ~인가 아닌가 (의문사로 사용).
4 忽聞(홀문): 문득 들리다.
　獨吠狵(독폐망):혼자 짖는 개 (狵 = 멍멍 짖는 소리 또는 개).

敬堂集
尤菴言行錄
聖學十圖

2. 오언사율 | 五言四律

1구 5자의 8행 시
(2, 4, 6, 8구의 끝자가 운자)

2-1 늦게나마 깨달음 있어

묵묵히 이 한 몸 보전책을 생각하면서[1]
삼가고 부지런한 마음 변할까 경계[2]하노라
삼감이란 마음속에 공경하는 마음을 가지는 것[3]이요
부지런함이란 뜻한 바를 실천함[4]이니
뜻을 세운 바에야 어찌 끝이 없으리오[5]
뿌리를 북돋우면 가지가 무성하리니[6].
끝이 좋으려면 처음이 돈독해야[7] 하나니
늘그막에야 깨달음을 얻었네[8].

晩悔題感 만회 제감

默想保身基 묵상보신기　　謹勤戒不移 근근계불이
謹自心存敬 근자심존경　　勤由志有爲 근유지유위
立本何無末 입본하무말　　培根必達枝 배근필달지
愼終當篤始 신종당독시　　晩覺老衰時 만각노쇠시

1 默想(묵상): 말없이 깊이 생각함. 保身基(보신기): 몸과 삶을 지키는 기초.
2 謹勤(근근): 삼가고 부지런함. 戒不移(계불이): 경계함이 흔들림 없음.
3 心存敬(심존경): 마음속에 공경함을 간직함.
4 志有爲(지유위): 뜻이 있어 실행하는 것.
5 立本(입본): 근본을 세움. 何(하): 어찌. 無末(무말): 끝이 없음.
6 培根(배근): 뿌리를 잘 다스림. 必(필): 반드시 達枝(달지): 가지까지 잘 뻗음.
7 愼終(신종): 끝맺음을 신중히 함. 當(당): 마땅히. 당연히. 篤始(독시): 처음을 성실히 함.
8 晩覺(만각): 늦게서야 깨달음. 老衰時(노쇠 시): 늙고 쇠약해진 때.

2-2 그리운 벗에게 부쳐

두메산골이라 찾아오는 이 드물어[1]
집 지키던 멍멍이도 싸리문에 졸고 있네[2].
원래 옳다고 할 만한 것도 없었으니[3]
이제 무슨 그릇됨이 있으랴[4].
혹여 그대가 날 찾는다면[5]
기쁜 마음으로 맞아 예를 다하련만[6]
청류수에 한 번 씻고 나면[7]
이 한 몸 어찌 살찌지 않으리[8].

寄所思友 기소 사우

山窓客到稀 산창객도희	守犬自眠扉 수견자면비
本無稱可是 본무칭가시	今有見何非 금유견하비
若顧惠君玉 약고혜군옥	喜迎共我衣 희영공아의
一滌淸流水 일척청류수	此身豈不肥 차신기불비

---

1 客到稀(객도희): 찾아오는 손님이 드물다. 山窓(산창): 산골의 창문.
2 守犬(수견): 지키는 개. 自眠扉(자면비): 스스로 문 옆에서 잠듦.
3 本無(본무): 본래. 稱可是(칭가시): 내세울 만한 것이 없음.
4 今有(금유): 지금. 이제. 見何非(견하비): 어찌 잘못이 있으랴.
5 若顧(약고): 만일 돌아보아 주시어. 惠君玉: 그대의 옥 같은 모습을 베풀어 주신다면.
6 我衣: 평상복 이외의 예복. 모전(毛傳)-시경의 주석에 따르면 "부인에게는 예복이 있어 이를 입고 시부모에게 조석 문안을 드리고 사당에 고하고 군자를 접견한다. 그 외에는 평상복을 입는다."라고 쓰여있다.
7 一滌(일척): 한 번 깨끗이 씻고. 淸流水: 청류(淸流)는 직역하면 맑게 흐르는 물을 말하지만, 비유적으로는 명분 또는 절의를 지키는 청렴결백한 선비의 무리를 의미한다.
8 此身(차신): 이 몸. 豈不肥(기불비): 어찌 살지 않으랴.

2-3 친구와 더불어 읊노라

김제에 있을 때

때맞춰 마련된 느긋한 술자리[1]
모두가 한마음으로 즐겁구나[2].
정답게 시문도 논하고[3]
반갑게 만나 해후를 즐기네[4].
가련 타! 시골 선비의 넉넉함이여[5]!
맹교의 가난을 비웃지 마라[6].
모두가 지음知音의 벗 들이라서[7]
끊어진 거문고 줄 다시 이어 탄다네[8].

與友共吟 여 우 공음

寓金堤時

適來酒欲寬	적래주욕관	座上一心歡	좌상일심환
慇懃論赤照	은근논적조	邂逅拭靑看	해후식청간
可憐田子厚	가련전자후	莫笑孟郊寒	막소맹교한
盡是知音友	진시지음우	斷琴更續彈	단금갱속탄

1 適來(적래): 막 방금 전에. 酒欲寬(주욕관): 넉넉한 술자리.
2 座上(좌상): (모임의) 자리에서. 一心歡(일심환): 모두 한 마음으로 기쁨.
3 慇懃(은근): 공손하고 진지하게. 論(논): 논하다.
赤照(적조): 붉게 비춤, 즉 진심, 혹은 따뜻한 마음.
4 邂逅(해후) 뜻밖에 다시 만남. 拭靑: 눈을 씻고 자세히 봄(깊은 감동과 기대를 나타냄).
5 可憐(가련): 안타깝다. 田子厚: 밭을 일구어 먹는 선비의 넉넉함.
6 莫笑(막소): 비웃지 말라. 孟郊: 당(唐)의 시인, 자(字)는 동야(東野)이다. 寒(한): 가난.
7 盡是(진시): 모두 다.
知音: 지기 지우(知己之友). 백아(伯牙)와 종자기(鍾子期)의 고사에서 연유함, 백아는 거문고를 잘 연주하고 종자기는 그 연주를 잘 알아들었는데 종자기가 죽자, 백아는 자기의 연주를 알아들을 사람이 없음을 슬퍼하여 거문고 줄을 끊고 다시 연주하지 않았다고 한다.
8 斷琴(단금): 끊어진 거문고. 更續彈(갱속탄): 다시 이어서 탄다, 우정을 다시 잇는다.

2-4 야송 박공을 삼가 추모하노라

윤식 씨 이모부

정기를 모아 돈독히 태어날 때[1]
천심이 잠시도 떠나지 않았네[2].
책 읽고 밭 가는 일이야 늘 하는 일이요[3]
충효도 대대로 이어받은 가업이라네[4].
검은 머리 백발 된들 어떠하리[5]
삼짇날 시회詩會 땐 자못 할 일 있다네[6].
분을 참지 못해 병이 생겼나니[7]
억울한 들 누구를 원망하리오[8].

敬輓也松朴公 경만 야송 박공

潤植氏姨母夫

鍾氣篤生時	종기독생시	天心暫不移	천심잠불이
讀耕恒茶飯	독경항다반	忠孝是箕裘	충효시기구
戴白寧無據	대백영무거	踏靑自有爲	답청자유위
忿餘因疾作	분여인질작	叫屈尙怨誰	규굴상원수

1 鍾氣(종기): 타고난 기운, 천성. 篤生時(독생 시): 성실히 태어난 때, 진실한 삶의 태도.
2 天心(천심): 하늘의 뜻, 천명. 暫不移(잠불이): 잠시도 변하지 않음.
3 讀耕(독경): 책 읽고 밭 가는 일. 恒茶飯(항다반): 항상(恒常) 차(茶)와 밥 먹듯이.
4 是箕裘(시기구): (조상 대대로 물려준) 가풍이다 (箕裘는 '선현의 덕을 계승'이란 뜻).
5 戴白(대백): 흰머리가 많이 남. 노년의 삶을 상징.
寧無據(영무거): 차라리 의지할 바 없더라도.
6 踏靑(답청): 봄에 파랗게 난 풀을 밟고 거닒. 답청절(踏靑節) –삼짇날의 별칭.
自有爲(자유위): 스스로 할 일이 있음.
7 忿餘(분여): 남은 분노. 因疾作(인질작): 병 때문에 격하게 드러남.
8 叫屈(규굴): 억울함을 외치다. 尙怨誰(상원수): (그러나) 누구를 탓하랴.

2-5 또

당신의 평생 한 일을 곰곰 생각해 보니[1]
천진하고 근후한 성품이라[2]
충성과 믿음을 소신껏 설천하고[3]
효행과 사랑으로 가정을 다스렸네[4]
어찌 가슴으로 본받는 이 없으리오[5].
나 또한 가슴에 새김이 많았네[6].
나도 따라 이제 위기지학爲己之學[7]을 하나니
오호라 나의 사사로운 슬픔이여![8]

又 우

像想平生事	상상평생사	天眞謹厚姿	천진근후자
忠信能行己	충신능행기	孝慈又治家	효자우치가
人何薰炙少	인하훈자소	吾亦服膺多	오역복응다
濡染今爲己	유염금위기	嗚呼痛我私	오호통아사

---

1 像想(상상): 모습을 떠올리며 생각함. 平生事(평생사): 평생의 행적과 일들.
2 天眞(천진): 타고난 순수함, 천성. 謹厚(근후): 삼가고 두터운 성품, 신중하고 성실함.
姿(자): 모습, 성정.
3 忠信(충신): 충성심과 믿음. 能行己(능행기): 자기에게 실천함 – 자신을 다스림, 자기 수양.
4 孝慈(효자): 부모에게 효도하고 자애로움. 治家(치가): 집안을 잘 다스림.
5 何(하): 어찌. 薰炙(훈자): 훈도하고 감화시키는 일 (가르침을 줌).
少: 적다 (감화를 받는 사람이 적다).
6 吾亦(오역): 나 또한. 服膺(복응): 마음속 깊이 새기다. 多(다): 많다
7 濡染(유염): 물들고 감화됨, 스며듦. 今(금): 이제는. 爲己(위기): 자신의 인격을 높이고 수양(修養)을 쌓아 도(道)를 얻어내려는 공부가 위기지학(爲己之學)이라면 남이 알아주도록 자기 밖의 이슈에 온 정신을 쏟는 일이 위인(爲人)이라고 정자(程子)는 해석하였다.
8 嗚呼(오호): 오호라. 痛(통): 아프다. 슬픔. 我私(아사): 나의 사사로운 정, 감정.

2-6 효자 신을 축하하며

구례 감문면 옥천리

정성과 효도로 가문을 세우니[1]
후세에 남긴 교훈 또한 적지 않네[2].
늘 양친이 늘 즐거워하니[3]
어느 자식 하나 어긋남이 없다네[4].
부모의 거처에 온청을 보살피고[5]
시렁엔 늘 맛난 고기가 가득하네[6].
어진 소문이 널리 전해지니[7]
예로부터 이런 사람 드문 일이라[8].

賀孝子辛 韻 하 효자 신 운

居 求禮 甘文面 玉川里

誠孝創門扉 성효창문비　　貽謀亦不菲 이모역불비
每有雙親樂 매유쌍친낙　　應無一子違 응무일자위
室堂詳溫凊 실당상온청　　庋閣具甘肥 기각구감비
賢聲騰口說 현성등구설　　自古此人稀 자고차인희

---

1 誠孝(성효): 지극한 정성과 효심. 創門扉(창문비): 집안을 일으킴, 가문을 세움.
2 貽謀(이모): 후손을 위하여 조상이 남긴 교훈. 亦不菲(역불비): 또한 작지 않음.
3 每有(매유): 항상 있음. 雙親樂(쌍친락): 부모가 기뻐함.
4 應無(응무): 마땅히 없으니. 一子違(일자위): 단 한 자식도 어기지 않음.
5 室堂(실당): 가정, 안채(부모가 거처하는 곳). 詳(상): 자상함.
溫凊: 겨울이면 부모를 따뜻하게 해드리고 여름이면 부모를 시원하게 해 드리는 마음가짐.
6 庋閣: 물건을 얹어 두는 선반. 시렁. 具(구): 갖춤. 甘肥(감비): 맛있는 음식.
7 賢聲(현성): 어진 이름, 명성. 騰(등): 퍼지다. 口說(구설): 사람들의 입, 평판.
8 自古(자고): 예로부터. 此人稀(차인희): 이런 사람 드물다.

2-7 효자 이길재를 축하하며

광주에서

이런 사람 태어나기 어렵 나니[1]
당시 사람들 일깨우기에 넉넉하네[2].
정성으로 모시고 부지런히 수신하며[3]
뜻을 좇아 힘써 부모를 즐겁게 하네[4].
성심은 천지로부터 본받았고[5]
효성은 천인에서 타고난 것[6].
이로써 다른 품행을 알 수 있나니[7]
어진 소문이 사방에 가득하네[8].

賀孝子李吉宰韻 하 효자 이길재 운

居光州敍在下

此人難世出 차인난세출　　可使警時人 가사경시인
定省勤修己 정성근수기　　順承務悅親 순승무열친
誠心從地義 성심종지의　　孝性率天仁 효성솔천인
因一知餘行 인일지여행　　賢聲滿四隣 현성만사린

---

1 此人(차인): 이 사람. 難世出(난세출): 세상에 드물게 나타남, 세상에 나오기 어렵다.
2 可使(가사): ~하게 할 만하다, ~할 수 있다. 警時人(경시인): 세상 사람들에게 경각심을 주다.
3 定省(정성): 저녁에는 잠자리를 보아 드리고, 아침에는 문안드리는 일. 혼정신성(昏定省). 勤修己(근수기): 자신을 부지런히 닦다.
4 順承(순승): 부모의 뜻을 따르고 받듦. 務悅親(무열친): 부모를 기쁘게 하기를 힘씀.
5 誠心(성심): 참된 마음. 從地義(종지의): 자연스럽고 마땅한 도리를 따름 (인간의 도리를 지킴).
6 孝性(효성): 효도의 성품. 率天仁(솔천인): 하늘의 어진 마음을 따르다.
7 因一知(인일지): 하나를 들으면 열을 아는 지혜. 餘行(여행): 그 외의 행실, 여러 덕행들.
8 賢聲(현성): 어진 명성, 착한 평판. 滿四隣(만사린): 사방 이웃에 가득 퍼짐.

2-8 담정실 유거 차운

주 곡성 삼기면 청계리 송암 설병학

외로이 떨어진 정사 안에서[1]
몸조리하며 영단을 조제하네[2].
솔바람 부는 평상에서 거문고를 타고[3]
달빛 어린 난간에서 바둑을 두네[4].
가난 속의 즐거움이야 변할 소냐[5]
즐거움으로 오히려 집안이 넓기만 하네[6].
일평생 담백한 삶을 즐기나니[7]
그 누가 맹교의 가난을 비웃으랴[8].

次澹靜室幽居韻 차 담정실 유거 운

主谷城三岐面淸溪里 松菴偰秉鶴

別區精舍裏 별구정사리	保健調靈丹 보건조영단
鼓瑟松風榻 고슬송풍탑	圍碁桂月欄 위기계월난
不改簞瓢樂 불개단표락	猶歡棟宇寬 유환동우관
生涯知澹泊 생애지담박	誰笑孟郊寒 수소맹교한

---

1 別區(별구): 다른 구역. 精舍(정사): 조용히 학문이나 수행을 하는 집. 裏(리): 안에서.
2 保健(보건): 신체를 잘 돌봄. 調靈丹(조영단): 영약(신령스러운 약)을 조제함.
3 鼓瑟(고슬): 거문고를 탐. 松風(송풍): 솔바람. 榻(탑): 거문고를 타는 자리에 놓인 평상.
4 圍碁(위기): 수담(手談). 서로 상대하여 말이 없이도 의사가 통한다는 뜻으로 바둑 또는 바둑 두는 일을 이르는 말. 桂月(계월): 계수나무와 달빛. 아름다운 자연 풍경. 欄(란): 난간.
5 不改(불개): 바꾸지 않음. 변하지 않다. 簞瓢: 단표 락(簞瓢樂). 일단식 일표음(一簞食一瓢飮) 하며 도(道)를 즐기는 가난한 선비의 삶.
6 猶歡(유환): 여전히 기쁨>. 상황이 바뀌어도 기쁨은 계속됨. 棟宇(동우): 집, 거처를 뜻함. 寬(관): 넓음, 여유로움. 공간적 혹은 마음의 넉넉함.
7 生涯(생애): 평생의 삶. 知澹泊(지담박): 담박함을 알다. 소박하게 사는 삶의 태도.
8 誰笑(수소): 누가 비웃는가, 반어적 표현, 오히려 찬양의 의미를 담음. 孟郊(맹교): 가난했지만 고결한 당나라 시인. 寒(한): 가난함, 여기선 '맹교의 가난'을 의미함.

2-9 북농을 차운하다

이병략의 호 연안인 순동 신촌

세상이 평온치 못함에 마음 아파[1]
북으로 피해와 밭 갈며 산다네[2].
노해에서처럼 의거義擧를 결정했으나[3]
끝내 망국의 한을 풀지 못했네[4].
매복처럼 몸을 숨겨 큰 뜻을 깊이 감추고[5]
자식들에게는 덕을 베푸네[6].
고향산천 천리 밖에서[7]
문명이 밝아오기를 기다리네[8].

次北農韻 차 북농 운

李炳略號延安人淳東新村

傷心世不平	상심세불평	遯北隱於耕	둔북은어경
魯海縱能決	노해종능결	張椎恨未成	장추한미성
藏身梅福志	장신매복지	遺子德公情	유자덕공정
關山千里外	관산천리외	苐待小華明	제대소화명

---

1 傷心(상심): 마음이 상함. 世不平(세불평): 세상이 평온치 못하여.
2 遯北(돈북): 북쪽으로 숨음, '遯'은 도망치다, 은거하다.
隱於耕(은어경): 세속을 떠나 농사로 생을 보내는 삶.
3 魯海: 창해(倉海)라고도 함. 장량(張良)이 그곳에서 한을 멸망시킨 진시황(秦始皇)을 죽일 창해역사(滄海力士)를 얻고 박랑사(博浪沙)에서 그를 습격했으나 실패로 끝남.
縱能決(종능결): 비록 결단을 내릴 수 있어도, '縱'은 비록 ~일지라도, '決'은 결단하다.
4 張椎: 장량(張良)의 추(椎)-한(韓) 나라 사람으로 진시황을 죽이려 했던 쇠몽둥이.
恨未成(한미성): 이루지 못한 한이 있다. 의로운 뜻을 이루지 못한 아쉬움.
5 藏身(장신): 몸을 숨기다. 梅福: 한(漢) 나라 사람. 자(字)는 자진(子眞)이다. 왕망(王莽)이 정권을 잡았을 때 곧바로 집을 버리고 은거함. 志(지): 매복의 뜻.
6 遺子(유자): 죽은 사람의 자녀.
德公情 (덕공정): 덕으로 자손에게 감화하는 도량. 혹은 노나라 덕공의 인자한 정사를 암시.
7 關山:(관산):고향의 산. 먼 이국 혹은 방랑의 상징. 千里外(천리 외): 천리 바깥.
8 小華明(소화명): 작은 중화(中華)라는 뜻, 우리나라의 예악문물. 苐待(지대): 다만 기다릴 뿐.

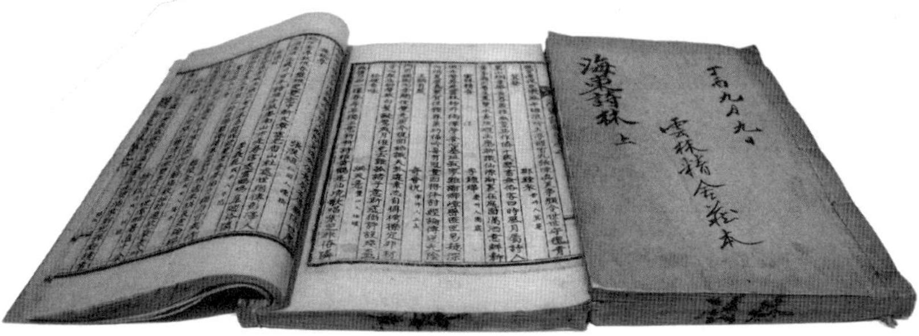
海東詩林 上

周禮
東國文獻錄
國忠義錄

3. 칠언절구 | 七言絶句

1구 7자의 4행 시
(기, 승, 결구의 끝자가 운자)

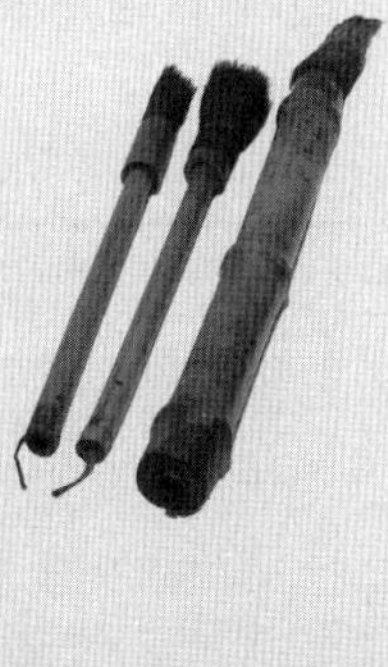

3-1 가을밤의 시

장례정사에 머물 때

공경하는 마음으로 사람을 대하고 겸손[1] 하라 시던
고정의 유훈 가슴 깊이 간직하네[2].
잠시라도 그 가르침을 어기지 않으니[3]
마음은 언제나 의귀하여 편안하게 머무르리[4].

秋夜葉詩 추야 엽시

寓藏禮精舍時

和敬待人謙自牧 화경대인겸자목　考亭遺訓宣膺服 고정유훈선응복
造次不離此戒中 조차불이차계중　心神亦是依歸宿 심신역시의귀숙

1 和敬(화경): 화목함과 공경함. 待人(대인): 남을 대함.
謙(겸): 겸손하다. 自牧(자목): 스스로 수양(修養)하는 일.
2 考亭: 1192년에 주희(朱熹)가 건양(建陽)에 있는 고정(考亭)에 창주정사(滄洲精舍)를 건립하고 제자를 배출하였는데, 이들을 고정학파(考亭學派)라 하였음. 주희를 가리키는 말로도 쓰임. 遺訓(유훈): 유교의 가르침. 宣(선): 펼치다. 膺服(응복): 가슴에 새기고 따름.
3 造次(조차): 경황이 없을 때. 不離(불리): 떠나지 않음.
此戒中(차계중): 이 계율(경계) 속.
4 心神(심신): 몸과 마음. 依歸(의귀): 몸이나 정신이 가서 의지(依支)함. 宿(숙): 머무름.

3-1-1

평탄하고 바른길을 늘그막에야 찾으니[1]

그 가르침 깊고 깊음에 탄복하노라[2].

사죽 풍류가 이토록 즐겁나니[3]

안타깝다, 속세에 지음하는 이 적음이여[4]!

坦平正路晩來尋 탄평정로만래심 嘆服聖門大道深 탄복성문대도심
絲竹風流如此樂 사죽풍류여차락 可憐浮世少知音 가련부세소지음

1 坦平正路: 광명정대(光明正大)한 공자(孔子)의 가르침.
晩來(만래): 뒤늦게. 尋(심): 찾다.
2 嘆服(탄복): 감탄하여 따름. 聖門(성문): 공자·주자 등의 유교적 학문 전통.
大道深(대도심): 가장 바르고 큰 진리나 도리. 유가에서는 인(仁), 의(義), 예(禮), 지(智) 등의 도덕 원칙. 큰 도가 깊다.
3 絲竹風流 : 사(絲)는 현악기이고, 죽(竹)은 관악기로 음악을 뜻함. 음악이 있는 놀이, 잔치.
如此樂(여차락): 이토록 즐겁다.
4 可憐(가련): 안타깝다. 浮世(부세): 속세.
少知音(소지음): 아는 이가 적다. 32쪽 7번 참조.

3-1-2

공경으로 몸가짐을 삼가며 의를 좇나니[1]

돌처럼 솔처럼 절개를 지키네[2].

천명이란 원래 정해진 것을[3]

어찌 가난을 위해 벼슬을 하랴[4]

敬以持身義卽從 경이지신의즉종 介如其石節其松 개여기석절기송
已聞天命元來定 이문천명원래정 豈爲貧窮願萬鍾 기위빈궁원만종

1 敬以持身(경이지신): 공경으로 몸가짐을 삼간다.
義卽從(의즉종): 정의로움이라면 즉시 따른다.
2 介如其石(개여기석): 강직하기를 바위처럼.
節其松(절기송): 절개는 소나무 같다.
3 已聞(이문): 이미 들었고. 天命(천명): 하늘의 명령.
元來定(원래정): 본래부터 정해져 있음.
4 豈爲貧窮(기위빈궁): 어찌 가난 때문에.
願萬鍾(원만종): 벼슬과 재물을 원하랴.

3-1-3

처지에 따라 몸을 낮추고 높이며[1]

처소에 가만히 들어앉아 사노라[2]

사물잠四勿箴을 암송하고 묵묵히 생각하니[3]

긴 세월 한결같이 정문에 설 수 있으리[4].

默料田地輕而軒 묵료전지경이헌 不出自家行與言 불출자가행여언
暗誦默思箴四勿 암송묵사잠사물 千秋彷佛立程門 천추방불입정문

1 默料(묵료): 조용히 헤아리다, 말 없이 가늠하다 (내면적 사색의 분위기를 암시).
田地(전지): 논밭, 토지 (현실 세계, 생업 혹은 거처의 상징).
輕而軒(경이헌): 가볍지만 마음은 고상하다. 가볍고 높다.

2 不出自家(불출자가): 밖으로 나가지 않고.
行與言(행여언): 말과 행동을 삼간다.

3 暗誦(암송): 마음속으로 외움. 默思(묵사): 말없이 곰곰이 생각함.
四勿箴(사물잠): 예(禮)가 아니면 보지 말며, 듣지 말며, 말하지 말며, 움직이지 말라는 유교(儒敎)의 네 가지의 금(禁)하는 가르침.

4 千秋(천추): 오랜 세월. 彷佛(방불): 마치 ~처럼 보이다.
程門(정문): 북송의 대학자인 정이(程頤)와 정호(程顥)의 문인(門人), 송사(宋史) 양시전(楊時傳)에 실려 있는 고사로 양시와 유작은 배움을 간절히 구하는 자세로 학문에 정진한 결과 당시 정문(程門-정호와 정이의 문하)의 4대 제자로 꼽히는 학자의 반열에 들었다.

3-1-4

아무리 베 잘 짜도 거미엔 부끄럽고[1]

아무리 봉양 잘해도 반포조만 못하리[2].

바라나니 어머님 만수무강하시어[3]

그 가르침 받으며 길이 효도케 하소서[4].

經綸亦愧結綾蛛 경륜역괴결능주 供養又慚反哺鳥 공양우참반포조
願使北堂長得壽 원사북당장득수 趍庭永弄老萊雛 추정영롱노래추

1 經綸(경륜):일을 조직적(組織的)으로 계획.
亦愧(역괴): 역시 부끄럽다. 結綾蛛(결능거): 능거(거미)가 그물을 치듯 부지런함.
2 供養(공양): 부모를 봉양함.
反哺鳥: 어미 새에게 먹이를 물어다 주며 은혜에 보답한 다는 까마귀.
3 願使(원사): ~하게 해 주기를. 北堂: 어머니가 거처하는 방.
長得壽(장득수): 장수하시기를.
4 趍庭: 부친의 슬하에서 가르침을 받음. 永弄(영롱): 오래도록 희롱하듯 즐기다.
老萊雛(노래추): 老萊之戲(노래지희)-극진하게 효도하는 것. 周 시대에 老萊子(노래자)라는 사람이 부모에게 효도가 지극하였다. 나이 칠십이 되어 색동옷[斑衣]을 입고 어리광을 부려 부모를 기쁘게 하는가 하면, 어떤 때는 물을 가지고 방으로 가다가 일부러 넘어져 물을 쏟고 우는 시늉을 하여 부모 님을 즐겁게 하려 하였다.

3-1-5

초학은 먼저 뜻을 세워야 하나니[1]

단단히 몸단속하여 언행을 삼가라[2].

주공周公의 유훈이 누누이 있었나니[3]

몸에 지니고 마음에 새겨 어기지 말아라[4].

初學先須識向歸 초학선수식향귀 顧行慥慥愼樞機 고행조조신추기

魯公遺訓丁寧在 노공유훈정녕재 佩服銘心戒莫違 패복명심계막위

---

1 初學(초학): 학문을 막 시작함. 先須(선수): 모름지기 먼저.
識向歸(식향귀): 나아갈 방향을 알고 돌아갈 바를 알아야 함.

2 顧行(고행): 행실을 돌아보다. 慥慥: 언행이 독실한 모양. 愼(진): 진실로.
樞機(추기): 중심이 되는 기틀.

3 魯公(노공): 노나라의 최초의 군주였던 주공(周公)이 주나라의 초기 건국일에 바빠 노나라 현지에 가지 못함에 따라 사실상 최초의 군주가 될 수밖에 없었던 그의 아들 백금(伯禽)을 말한다.
遺訓(유훈): 남겨준 가르침. 丁寧(정녕): 자세하고 진지하게. 在(재): 있었나니.

4 佩服(패복): 몸에 지님. 銘心(명심): 마음속에 새김.
戒莫違(계막위): 경계하여 어기지 말아야.

3-1-6

성남에 밤비가 뜰 앞을 적시니[1]

서늘한 바람 실어와 샘물보다 시원하네[2].

북창엔 도연명이 진작 떠나버렸고[3]

동해에선 노중연 만나기 어렵다네[4].

城南夜雨灑堂前 성남야우쇄당전　載送新凉冽下泉 재송신량열하천
北窓已去陶元亮 북창이거도원량　東海難逢魯仲連 동해난봉노중연

1 城南(성남): 성의 남쪽. 夜雨(야우): 밤비.
灑堂前(쇄당전): 당 앞에 흩뿌리다.
2 載送新凉(재송신량): 시원한 기운을 실어 보내고.
冽下泉(열하천): 차가운 샘물처럼 흐른다.
3 北窓(북창): 은거자의 상징적 공간 (도연명의 고사에서 유래).
已去陶元亮(이거도원량): 북창(자연을 즐기던 자리)에는 이미 도연명이 떠났고.
4 東海(동해): 노중련이 은거했던 곳.
難逢(난봉): 만나기 어렵네.
魯仲連(노중연): 일명 노연(魯連)이다. 전국시대 제(齊) 나라 사람으로 지모(智謀)가 있었으나 벼슬을 하지 않으려 했다.

3-1-7

들짐승 날짐승이 낭자하게 쳐들어오니[1]

하찮은 선비도 우국의 눈물 참을 길 없네[2].

산천을 불태워서라도 영원히 쫓아버리고 싶으나[3]

상하에 계책을 아뢰고 싶어도 고할 곳 없네[4].

獸蹄鳥跡渾相侵 수제조적혼상침 難禁腐儒憂國淚 난금부유우국루
熱澤焚山欲永驅 열택분산욕영구 告獻上下憐無地 고헌상하연무지

1 獸蹄鳥跡(수제조적): 짐승 발자국과 새 자취.
渾相侵(혼상침): 서로 뒤섞여 침범하고.
2 難禁腐儒(난금부유): 썩고 쓸모없는 선비라 할지라도 참기 어렵다.
憂國淚(우국루): 나라 걱정하는 눈물을.
3 熱澤焚山(열택분산): 열기(탐욕)는 땅과 산을 태우고.
欲永驅(욕영구): 끝없이 쫓아내고자 하나.
4 告獻上下(고헌상하): 위아래에 고하려 하나,
憐無地(연무지): 불쌍히 여김 받을 곳조차 없다.

3-1-8

괴언과 사이비 학문들이 흘러들어[1]

기강이 무너지고 법도가 훼손되니 누가 막으리오[2].

지난 세월 세 성현이 물리치지 않았다면[3]

오랑캐 되어 숲 속으로 사라졌으리[4].

怪言僞學渾相侵 괴언위학혼상침 頹紀毁綱孰可禁 퇴기훼강숙가금
去歲若無三子却 거세약무삼자각 左襟被髮入叢林 좌금피발입총림

1 怪言(괴언): 괴이한 말.
僞學(위학): 정통 유학을 어지럽히는 사상.
渾相侵(혼상침): 뒤섞여 서로 침범하다.
2 頹紀(퇴기): 무너진 기강. 사회도덕이 무너짐.
毁綱(훼강): 제도나 윤리를 파괴함.
3 三子(삼자): 중국의 대표적인 유가(儒家) 사상가인 맹자, 순자, 양자(楊子)를 이르는 말.
4 左襟被髮: 왼쪽 옷섶을 풀어 어깨를 보이게 하고 머리를 풀어헤침-오랑캐.
入叢林 (입총림): 잡 목이 우거진 수풀이란 뜻으로 사람이 모여 수행하는 도량을 뜻한다. 정통 유학을 버림의 비유.

3-1-9

왜구들이 제멋대로 침범하여[1]

동방의 일월이 오래도록 침침하네[2].

원수와 함께 난을 물리치려 힘을 합하니[3]

오월동주처럼 다들 한마음이네[4].

捲脚鶩頭任地侵 권각추두임지침 東方日月久沉沉 동방일월구침침
仇怨共難因幷力 구원공란인병력 胡越同舟亦一心 호월동주역일심

---

1 捲脚鶩頭: 다리가 검은 소발과 두루미 머리라는 뜻으로 왜놈을 뜻한다.
任地侵: 거리낌 없이 세상을 침범함.
2 久沉沉(구침침): 오래 잠김. 혼란한 시대를 비유.
3 仇怨(구원): 원수.
共難(공란): 같은 어려움.
因(인): ~로 인하여.
幷力 (병력): 힘을 합함.
4 吳越同舟: 원수지간인 오나라 사람과 월나라 사람이 한배를 타다, 비록 원수지간이라 도 같은 운명에 처하면 서로 돕고 협력한다는 뜻. 亦一心(역일심): 한마음이 되다.

3-1-10

비적들이 천지 간에 날뛰니[1]
어찌 깊은 산속에서 수양을 꺼리리오[2].
눈물은 내를 이루고 인정마저 야박한데[3]
험하고 높은 산 같아 세상 다스리는 도리 어렵네[4].

匪類縱橫覆載間 비류종횡복재간 何妨遺野養幽閒 하방유야양유한
淚湲流水人情薄 누원유수인정박 岌叢高山世道難 급총고산세도난

1 匪類(비류): 도적 무리, 악한 자들.
縱橫(종횡): 제멋대로 날뛰는 모습.
覆載間(복재간): 천지 사이에서 (하늘에 덮이고 땅에 실린, 즉 이 세상).
2 何妨(하방): 어찌 ~못하랴, 무엇이 문제랴.
遺野(유야): 속세를 떠난 들판에 은거함.
養幽閒(양 유한): 고요하고 한적한 삶을 기름.
3 淚湲(누원): 눈물이 졸졸 흐름.
人情薄(인정박): 사람 사이의 정은 박하구나.
4 岌叢(급총): 험한 풀숲.
世道難(세도난): 세상의 도리가 어렵다, 세상살이가 어렵다.

3-1-11

우리 옷과 성을 훼손하고 무너뜨리는[1]

도적 놈들 날뛰는 것을 보고만 있으랴[2].

마음 아파라, 불현듯 전 왕조의 일이 생각나는데[3]

오직 바람 소리 새소리만 들려오네[4].

毁我衣裳頹我城 훼아의상퇴아성 忍看匪類敢縱橫 인간비류감종횡
傷心忽憶前朝事 상심홀억전조사 惟有風聲與鳥聲 유유풍성여조성

1 毁(훼): 무너뜨리다, 파괴하다.
衣裳(의상): 우리의 옷(문화, 전통, 체통의 상징).
頹(퇴): 허물다.
城(성): 성곽, 나라, 또는 질서.
2 忍看(인간): 차마 바라볼 수 없다.
匪類(비류): 도적 무리.
敢縱橫(감종횡): 감히 날뛰는구나.
3 傷心(상심): 마음이 아픔.
忽憶(홀억): 문득 떠오름.
前朝事(전조사): 이전 왕조(혹은 과거)의 일.
4 惟有(유유): 다만. 오직.
風聲與鳥聲(풍성여조성): 바람 소리와 새소리.

3-1-12

이 땅에 몸 부쳐 살아온 지 수 년여[1]

도랑에서 노는 물고기 부럽네[2].

책 속에 묻혀 사는 즐거움으로 족하거늘[3]

어찌하여 이 나이에 왜놈 말을 배우랴[4].

着身此地數年餘 착신차지수년여 浪羨沛乎縱壑魚 낭선패호종학어
簡編寓樂於斯足 간편우락어사족 何必當年學象胥 하필당년학상서

---

1 着身(착신): 몸을 붙이다.
此地(차지): 이곳. 이 땅.
數年餘(수년여): 수년 남짓.

2 浪羨(낭선): 부러워하고 감탄함.
沛乎(패호): 활발하게 움직임.
縱壑魚(종학어): 도랑에서 자유로이 노니는 물고기.

3 簡編(간편): 책이나 문서.
寓樂(우락): 즐거움을 담다, 안에서 즐거움을 찾다.
於斯足(어사족): 이곳이면 충분하다.

4 何必(하필): 어찌 굳이.
當年(당년): 지금(只今). 이제. 象胥(상서): 통역관. 여기서는 왜놈 말을 배우는 것을 의미함.

3-1-13

깊숙이 자리한 초당이라 속세와 멀어[1]

이 몸 나그네로 삼 년이 흘렀네[2].

여기에 오래 머문다 말하지 마라[3]

내 일찍이 선조 때부터 인연인 것을[4]…

幽闃草堂塵不到 유취초당진부도 此身羈旅迄三年 차신패려흘삼년
莫言這裏留連久 막언저리유연구 自我祖先夙有緣 자아조선숙유연

---

1 幽闃草堂(유격초당): 고요하고 적막한 초가집.
塵不到(진부도): 속세의 먼지가 닿지 않다 (세속과 단절된 장소).

2 此身(차신): 나 자신.
羈旅: 객지에 머물러 있는 나그네.
迄三年(흘삼년): 3년이 흐르도록.

3 莫言(막언): 말하지 마라, 탓하지 마라.
這裏(저리): 이곳.
留連久(유연구): 오래 머물렀다고.

4 自我(자아): 나로부터. 祖先(조선): 조상.
夙有緣(숙유연): 예전부터 인연이 있었다.

3-1-14

구름 걷혀 달 밝은 밤에 바람 또한 맑은데[1]

동네마다 밥 짓는 연기마저 걷혔네[2].

오직 한 많은 두견새 울음소리만이[3]

나그네 머문 창가에 하염없이 들려오네[4].

雲散風淸月滿天 운산풍청월만천 千村萬落共收烟 천촌만락공수연

惟有杜鵑啼遺恨 유유두견제유한 無端頻送旅窓前 무단빈송여창전

---

1 雲散風淸(운산풍청): 구름 걷히고 바람 맑다.
 月滿天(월 만천): 달이 하늘에 가득하다.

2 千村萬落(천촌만락): 수많은 마을들.
 共收烟(공수연):함께 연기를 거둔다. 저녁 무렵 밥 짓는 연기가 사라짐을 은유.

3 惟有杜鵑 (유유두견): 오직 두견새만 있다. 다른 소리는 없고 슬픈 새소리만 들림.
 啼遺恨(제유한): 한을 남기며 운다. 두견새 울음을 통한 회한과 슬픔의 상징.

4 無端(무단): 까닭 없이. 頻送(빈송): 자주 들려온다.
 旅窓前(여창전): 여나그네가 거처하는 방의 창 앞에서.

3-2 하일 엽시

장례정사에 있을 때

푸른 나무 우거진 긴긴 여름날[1]
초당에서 하는 일 없이 세월만 보내네[2].
홀연 생각하니 전 왕조는 옛 자취라[3]
청산녹수만 푸르고 푸르러라.

夏日葉詩 하일 엽시

寓藏禮精舍時

綠樹陰濃白日長 녹수음농백일장　草堂無事送年光 초당무사송년광
忽憶前朝爲陳跡 홀억전조위진적　靑山綠水共蒼蒼 청산녹수공창창

---

1 綠樹陰濃(녹수음농): 푸른 나무 그늘 짙은.
白日(백일): 구름이 끼지 않아 밝게 빛나는 해. 환히 밝은 낮. 여름.
2 無事(무사): 아무 일 없이.
送年光(송년광): 세월만 보낸다.
3 忽憶前朝(홀억전조): 문득 지난 시절이 생각나다. 옛 시절이나 왕조를 회고.
爲陳跡(위진적): 오래된 자취가 되었다. 과거의 일이 모두 지나간 자취일 뿐임.

3-2-1

바람 불고 비 오다가 홀연 맑으니[1]

좋은 시절 살 수만 있다면 천금千金도 아깝지 않으리[2].

녹수청산은 깊고도 얕은데[3]

때 마침 꾀꼬리 짝 찾는 소리여[4].

且風且雨夏全淸 차풍차우하전청 如買良辰百鎰輕 여매양신백일경
綠樹靑山深淺裏 녹수청산심천리 際玆黃鳥友求聲 제자황조우구성

---

1 且風且雨(차풍차우): 바람도 불고 비도 온다.
夏全淸(하전체): 여름이 온전히 맑다.
2 如買(여매): 산 것과 같다.
良辰(양신): 좋은 때(날)를.
百鎰輕(백일경): 고대 중국의 무게 단위로, 수천 근의 금덩이쯤은 아깝지 않다.
3 深淺裏(심천리): 깊고 얕은 곳에. 풍경의 입체감, 계곡과 산의 형태를 묘사.
4 際玆(제자): 이때를 만나다. 때 마침.
黃鳥(황조): 꾀꼬리.
友求聲(우구성): 벗을 부르는 소리. 짝 찾는 소리.

3-2-2

이 강산에 전쟁이 없으니[1]

다만 백무 간에 한가로이 지냄이 마땅하리[2].

한적하게 살며 전원을 즐기나니[3]

해 뜨면 호미 들고나가 달과 함께 돌아온다네[4].

干戈不入此江山 간과불입차강산 只合棲遲百畝間 지합서지백무간
閒寥自有田園樂 한료자유전원락 日日荷鉏帶月還 일일하서대월환

1 干戈不入(간과불입): 무기가 들어오지 않다. "干戈"는 창과 방패, 전쟁을 뜻함. 평화로운 지역임을 표현.

2 只合(지합): 다만 ~하는 것이 마땅하다.
棲遲(서지): 느긋하게 돌아다니며 놂. 벼슬을 마다하고 세상(世上)을 피하여 시골에 삶.
百畝間(백무간): 百畝는 중국 하. 은. 주나라 때의 정전제에서 한 사람의 남자가 받던 밭. 백묘(畝)의 땅 사이 작은 규모의 자급자족형 전원생활을 나타냄.

3 閒寥(한료): 고요하고 한적함. 외롭고 조용한 풍경이나 상태를 말함.
自有(자유): 저절로 있음, 스스로 가짐.
田園樂(전원락): 전원에서 누리는 즐거움. 고요한 자연 속에서의 소박한 삶의 기쁨.

4 日日(일일): 날마다.
荷鉏(하처): 호미를 들고.
帶月還(대월환): 달빛을 벗하고 돌아오다. 달빛 아래 일 마치고 귀가하는 평화로운 농촌의 모습.

3-3 운림정사의 가을밤

대숲 깊은 곳에 초당은 덩실하고[1]
시원한 바람 언덕에 부니 더욱 좋아라[2].
푸른 하늘에 달빛이 교교한데
아득히 먼 곳에서 동요 소리 들려오네[3].

雲林精舍秋夜 운림정사 추야

竹林深處草堂高 죽림심처초당고 最好新涼動野皐 최호신량동야고
靑天有月來相照 청천유월내상조 知是童謠聽更遙 지시동요청갱요

1 竹林(죽림): 대나무 숲.
深處(심처): 깊숙한 곳.
草堂高(초당고): 초가집은 높이 솟아 있고 (운림정사(雲林精舍)를 뜻함).
2 最好(최호): 가장 좋다.
新涼(신량): 초가을의 서늘한 기운.
動野皐(동야고): 들 언덕을 흔든다. "野皐"는 들판과 언덕, 바람에 흔들림을 묘사.
3 知是(지시): 알겠다, 이는.
童謠(동요): 아이들의 노래.
聽更遙 (청갱요): 더욱 아득히 들린다.

3-3-1

책 읽는 즐거움이 제일 좋은 놀이라[1]

청풍은 석상에 불고 산마루엔 달 뜨네[2].

어찌하여 밤벌레 소리 이리도 시끄러운가[3]?

어느덧 가을이 접어든 줄도 몰랐구나[4].

燈下相親是勝遊 등하상친시승유 淸風席上月山頭 청풍석상월산두

奈何今夜蟲聲亂 내하금야충성난 不覺閒中序屬秋 불각한중서속추

1 燈下相親(등하상친): 등불 아래 서로 친밀함을 나누며.
是勝遊(시승유) 이것이 참된 유희라.

2 淸風席上(청풍석상): 맑은 바람 부는 자리 위에.
月山頭(월산두): 달은 산 위에.

3 奈何(내하): 어찌하여.
今夜蟲聲亂(금야충성란): 오늘 밤벌레 소리는 어지럽다.

4 不覺閒中(불각 한중): 고요함 속에서 깨닫지 못했다.
序屬秋(서속추): 계절이 어느덧 가을에 들었다.

3-3-2

청풍이 부는 것도 모르고 노을에 취하니[1]

그윽하고 고요한 정사는 은자隱者의 거처 런 듯[2].

우연히 길손 만나도 세상 얘기 묻지 않으니[3]

시끄러운 세상사야 들어서 무얼 하랴[4].

淸風不覺醉烟霞 청풍불각취연하 幽闃雲林似隱家 유격운림사은가
遇客不須當世說 우객불수당세설 厭聽紛擾散如麻 염청분요산여마

---

1 不覺(불각): 자기도 모르게. 깨닫지 못하다.
醉(취): 감흥에 젖음.
烟霞(연하): 안개와 노을. 고요한 산수(山水)의 경치.
2 幽闃(유격): 고요하고 적막함.
雲林(운림): 운림정사(雲林精舍)를 칭함.
似(사): 같다. 흡사하다.
隱家(은가): 은둔자의 집.
3 遇客(우객): 손님을 만나다.
不須(불수): ~할 필요가 없다.
當世說(당세설): 시류나 현실 사회에 대한 이야기.
4 厭聽(염청): 듣기 싫어함. 청각과민.
紛擾(분요): 분잡하고 어수선한 말들.
散如麻(산여마): 삼처럼 많은 가닥이 흩어짐.

3-4 겨울밤의 시

적막한 겨울밤 감회도 새로운 데[1]
온 누리엔 해마다 더러운 먼지뿐이네[2].
황천도 무심 타 굽어살피지 않으니[3]
가련 타, 다 차지해도 말하는 이 없네[4].

冬夜葉詩 동야 엽시

寂寥冬夜感懷新 적요동야감회신　四海年年亦穢塵 사해연년역예진
多監皇天還不監 다감황천환불감　可憐席捲寂無人 가련석권적무인

1 寂寥(적요): 고요하고 쓸쓸함,
冬夜(동야): 겨울밤.
感懷(감회): 감정이 북받쳐 오름.
2 四海(사해): 온 세상.
穢塵(예진): 더럽고 혼탁한 세상.
3 多監: 많은 것을 살피다.
皇天: 하늘. 우주를 창조하고 주재(主宰)한다고 믿어지는 초자연적인 절대자(絕對者).
還不監(환불감): 還'은 '오히려', '不'은 부정, '監'은 '살피다' 또는 '감독하다'는 뜻. 하늘(天)은 모든 것을 살피는 듯하나, 정작 중요한 것을 돌보지 않음을 한탄.
4 可憐(가련): 가엾도다.
席捲(석권): '돗자리를 만다.'는 뜻. 빠른 기세(氣勢)로 세력(勢力) 범위를 넓힘.
寂無人(적무인): 적막하고 사람이 없음.

3-5 풍악령을 지나며

장례정사에 있을때

간밤에 내린 비에 들 보리 생기 돌고[1]
산새들 지저귀는 소리 봄바람 타고 들려오네[2].
인적 드문 골짜기에 꽃 한 송이 피어나[3]
지긋이 미소 지어 바쁜 길 한참을 머물렀네[4].

過楓岳嶺 과 풍악령

寓莊禮精舍時

野麥生光前夜雨 야맥생광전야우　山禽哭舌仲春風 산금화설중춘풍
幽深空谷閒花立 유심공곡한화립　笑我長時忙迫中 소아장시망박중

---

1 野麥生光(야맥생광): 들 보리가 빛을 띠다.
  前夜雨(전 야우): 지난밤의 비.
2 山禽哭舌(산금화설): 산새가 혀를 놀리다 (새 지저귐을 의인화).
  仲春風(중춘풍): 이른 봄의 바람.
3 幽深空谷(유심공곡): 깊고 고요한 빈 골짜기.
  閒花立(한화립): 한가롭게 꽃이 피어 있음.
4 忙迫中(망박중): 몹시 바쁨 속. 莫笑(막소): ~을 비웃지 마라.
  散人(산인): 벼슬하지 않고 민간에서 한가하게 지내는 사람. 자신.

3-5-1

산인이 바쁘다고 비웃지 마라[1]

물결처럼 멈추지 않고 길이 흐를 뿐[2].

오늘 길 떠남은 까닭이 있나니[3]

운교에 계시는 어버이께 절 올리노라[4].

莫笑散人多忙迫 막소산인다망박 水波不朽長流中 수파불후장류중
今日啓行緣有在 금일계행연유재 雲橋桑梓拜親宮 운교상재배친궁

1 莫笑(막소): 비웃지 말라
忙迫(망박): 바쁘고 급박하다
2 水波不朽(수파불후): 물결은(움직여서) 썩지 않는다.
長流中(장류중):길게 흐르는 중이다.
3 啓行(계행): 길을 나서다.
緣有在(연유재): 뜻이 있다.
4 雲橋(운교): 구름다리, 지명(地名). 桑梓(상재): 선조들의 자취가 남아 있는 고향, 또는 고향에 계신 연로한 어버이를 가리키는 말.
拜親宮(배친궁): 부모 사당에 절하다.

3-6 조동련을 만나지 못하고

위당선생 고우 장례시

벗이란 서로 학문으로 이끄나니[1]
적막한 초당엔 그대 없어라[2].
홀로 밤 지새우고 쓸쓸히 떠나나니[3]
구름에 백로 가듯 총총히 가는 행색이여[4].

訪趙東璉不遇 방 조동련 불우

韋堂先生 孤寓 莊禮時

朋友相推本以文 붕우상추본이문 草堂寂寞未逢君 초당적막미봉군
獨坐終宵題鳳去 독좌종소제봉거 悤悤行色鷺遇雲 총총행색노우운

---

1 朋友相推(붕우상추): 벗끼리 서로 권하다. "相推"는 서로 추천하다 또는 추대하다.
本以文(본이문): 본디 문장(글)으로 – 우정의 바탕이 글에서 비롯됨
2 草堂寂寞(초당적막): 초당은 적막하다.
未逢君(미봉군): 그대를 아직 만나지 못하다. 우 정을 나눌 상대를 만나지 못함.
3 獨坐終宵(독좌종소): 밤새 홀로 앉아 있다. "終宵"는 온밤, 밤새도록.
題鳳去: 빈집에 왔다가 감. 사람을 보러 갔다가 만나지 못하고 돌아오다.
4 悤悤行色(총총행색): 분주히 떠나는 모습. "悤悤"는 바삐 떠나는 모양.
鷺遇雲(로우운): 백로가 구름을 만나다. 멀어지는 이의 모습.

3-7 장표철과 함께 읊다

김제에 머물때

늦게 사귄 좋은 친구 꽃봉오리 같거니[1]
정이 깊어지니 또 만나는구려[2].
산인이 고루하다 말하지 말라[3]
부디 훗날에도 늘 함께하길 바라노라[4].

與張杓哲共吟 여 장표철 공음

寓居金堤時

晚交益友是花峯 만교익우시화봉　情意隨深巧再逢 정의수심교재봉
休道散人孤且陋 휴도산인고차루　幸須他日每相從 행수타일매상종

1 晚交益友(만교익우): 늦게 사귄 벗이 더욱 유익하다. 《논어》에서 유래된 말.
是花峯(시화봉): 꽃봉오리 같은 존재.

2 情意隨深(정의수심): 정과 뜻이 깊어짐에 따라. "隨"는 ~에 따라.
巧再逢(교재봉): 절묘한 재회.

3 休道(휴도): 말하지 말라.
散人(산인): 속세를 떠나 은거하는 사람을 가리킴. 포암산인(圃巖散人)을 지칭.
孤且陋(고차루): 孤陋-외롭고 초라하다. 보고 들은 것이 없어 마음가짐이나 하는 짓이 융통성이 없고 견문이 좁아 하는 짓이 어울리지 않고 용렬(庸劣)함.

4 幸須(행수): 부디, 바라건대. 他日(타일): 앞으로 언젠가.
每相從(매상종): 늘 서로 함께하다.

3-7-1

하늘이 어쩌면 이날 강산에 비를 뿌려[1]
좋은 친구와 이틀 밤을 지새웠네[2].
서로 속마음을 터놓고 밤새워 얘기하니[3]
백 년을 매일 함께 지낸 듯 좋아라[4].

天何此日雨千峯 천하차일우천봉 故使良朋信宿逢 고사양붕신숙봉
相傾肝膽終宵說 상경간담종소설 不下百年日日從 불하백년일일종

1 天何此日(천하차일): 하늘은 어찌 오늘.
雨千峯(우천봉): 천 봉우리(강산)에 비를 내림.
2 故使(고사): 그로 인해 ~하게 된다.
良朋(양붕): 좋은 벗과.
信宿逢(신숙봉): 하룻밤 머물며 만남.
3 相傾肝膽(상경간담): 서로 간담을 터놓다.
終宵說(종소설): 밤새워 이야기하다.
4 不下(불하): 적지 않다, 적어도.
日日從(일일종): 매일 함께함.

3-8 장찬일과 함께 읊다

집에 있을 때

벗과 헤어져 몇 해가 흘렀는가[1]
세월은 무정하여 유수 같아라[2].
해가 쌓여도 잊지 못할 막역한 사이[3]
오늘 이 자리에서 즐겁게 놀아보세[4].

與張贊一共吟 여 장찬일 공음

居新溪里居家時

益友相分閱幾秋 익우상분열기추　無情歲月似川流 무정세월사천류
積年難忘交分重 적년난망교분중　乘暇斯筵作勝遊 승가사연작승유

---

1 益友(익우): 유익한 친구, 훌륭한 벗.
相分(상분): 서로 나눈 우정, 관계.
閱(열): 지나다, 경과하다.
幾秋(기추): 몇 해 가을, 여러 해.
2 無情(무정): 무정한, 덧없는.
似(사): ~와 같다.
川流(천류): 시내처럼 흐름.
3 積年(적년): 쌓인 세월.
難忘(난망): 잊기 어렵다.
交分(교분): 사귐의 정, 우정. 重(중): 깊다, 소중하다.
4 乘暇(승가): 한가한 때를 타서.
斯筵(사연): 이 잔치, 이 자리.
作(작): 하다, 행하다. 勝遊(승유): 아름다운 모임, 즐거운 놀이.

3-9 경성 대한문을 지나며

집에 있을 때

덕수궁 앞 봄풀은 푸르고 푸른데[1]
중화전 밖엔 더러운 먼지만 날리네[2].
의지할 곳 없는 뼈아픈 신민이여[3]!
고국을 그리워하는 초수의 슬픔이여[4]!

遇京城大漢門 우 경성 대한문

居家時

德壽宮前春草綠 덕수궁전춘초녹 中和殿外穢塵飛 중화전외예진비
無賴臣民今日痛 무뢰신민금일통 新亭共作楚囚悲 신정공작초수비

1 德壽宮前(덕수궁전): 덕수궁 앞마당에서.
春草綠(춘초록): 봄이 와서 풀빛은 푸르러졌건만.
2 中和殿外(중화전외): 중화전 뜰밖에는.
穢塵飛(예진비): 더러운 먼지가 날린다.
3 無賴臣民(무뢰신민): 믿을 수 없는 신민들. 무책임한 신하와 백성(또는 열강·무뢰배).
今日痛(금일통): 오늘 이 비통함을.
4 新亭(신정): 남조(南朝) 송나라 문인들이 국운의 쇠망을 슬퍼하며 모였던 정자. 특히 宋의 王導(왕도), 謝安(사안) 등이 나라의 운명을 걱정하며 모였던 곳으로 유명한 전고.
共作(공작): 함께 하다
楚囚(초수): 초나라 포로. 역경에 빠져 어찌할 수 없는 사람. 좌전(左傳)에 초나라의 종의(鍾儀)가 포로가 된 이야기에서 기인한 말로 나중에는 곤궁하고 급박한 상황에 처한 사람을 이르는 말로 쓰임.
悲(비): 슬픔. 초나라 포로처럼 서러운 울음 (나라 잃은 백성의 신세를 비유).

3-10 거울을 보면서

집에 있을 때

거울 속 백발노인 너에게 묻노니[1]
그대 얼굴 내 얼굴과 흡사하구나[2].
내 말하는 대로 입술 따라 움직이니[3]
거울 속에 비친 늙은 저 얼굴 이제야 알겠네[4].

對鏡題感 대경 제감

居家時

問爾鏡中白髮翁 문이경중백발옹　爾顔彷佛我顔容 이안방불아안용
依吾談笑唇隨動 의오담소순수동　始覺衰顔照鏡中 시각쇠안조경중

1 問爾(문이): 너에게 묻노니. '爾'는 2인칭 대명사 '너', '問'은 묻다.
鏡中(경중): 거울 속에서.
白髮翁(백발옹): 백발의 노인아.
2 爾顔(이안): 너의 얼굴은.
彷佛(방불): 비슷하다, 유사하다.
我顔容(아안용): 나의 얼굴 모습과.
3 依吾(의오): 나를 따라.
談笑(담소): 이야기하며 웃을 때.
唇隨動(순수동): 입술도 함께 움직이는구나. '隨'는 따라 하다, '動'은 움직이다.
4 始覺(시각): 이제야 깨닫는다. 만유(萬有)의 본체(本體)에 대한 깨달음을 증명하여 드러낸 것. 예를 들어 땅속의 금덩이를 본각(本覺)이라 하면, 힘을 써서 파낸 금덩이는 시각(始覺)이 됨.
衰顔(쇠안): 쇠한 얼굴, 늙은 얼굴.
照鏡中(조경중): 거울 속을 비춰 보니.

3-11 귀우는 소리를 읊노라

알 수 없는 소리 이 무슨 소리인가[1]
창가에 귀뚜라미 소리도 같은데[2].
세모에 귀뚜라미 있을 리 없으니[3]
이 긴 소리는 귀 우는소리로구나[4].

咏耳鳴聲 영 이명성

有聲難辨是何聲 유성난변시하성 彷佛窓間蟋蟀聲 방불창간실솔성
歲暮應無鳴蟋蟀 세모응무명실솔 聲長認是耳鳴聲 성장인시이명성

---

1 有聲(유성): 소리가 있다.
難辨(난변): 분간하기 어렵다.
是何聲(시하성): 무슨 소리인가. '是'는 '이것은', '何'는 '무엇', '聲'은 소리.
2 彷佛(방불): 마치 ~인 듯하다.
窓間(창간): 창틈에서.
蟋蟀聲(슬솔성): 귀뚜라미 소리. '蟋蟀'은 귀뚜라미.
3 歲暮(세모): 연말. ~겨울의 끝자락.
應無(응무): 마땅히 없을 것이다.
鳴蟋蟀(명슬솔): 울고 있는 귀뚜라미.
4 聲長(성장): 길고 지속적인 소리.
認是(인시): ~임을 알아차리다.
耳鳴聲(이명성): 이명의 소리. 귀안에서 들리는 소리.

3-12 국화를 노래하다

찬 서리에 걸연히 홀로 피어[1]
찬바람에도 처량한 줄 모르네[2].
천 년 전 도연명陶淵明이 즐겼거니[3]
남은 꽃잎 다시 주워 내 술잔에 띄워 마시리[4].

咏菊 영국

霜下傑然獨發香 상하걸연독발향 寒風能不畏凄凉 한풍능불외처량
淵明採採千秋後 연명채채천추후 更摭餘英泛我觴 경척여영범아상

1 霜下(상하): 서리 내린 아래. 차가운 계절.
傑然(걸연): 매우 뛰어남.
獨發香(독발향): 홀로 향기를 피우다.
2 寒風(한풍): 찬 바람.
能不畏(능불외): 어찌 두려워하지 않으랴.
凄凉(처량): 쓸쓸함, 스산함.
3 淵明(연명): 도연명(陶淵明), 중국 동진의 은사 시인, 국화를 사랑한 인물.
採採(채채): 거듭 따다.
千秋後(천추후): 오랜 세월이 지난 뒤, 천 년의 세월이 흐른 후.
4 更摭(갱척): 다시 줍다.
餘英(여영): 남은 꽃잎. 떨어지지 않은 남은 꽃잎.
泛我觴(범아상): 내 술잔에 띄우다.

3-13 대竹를 노래하다

달 쓸고 바람 빗질하여 구름마저 닦아 내고[1]
세한에 눈 펑펑 내려도 아랑곳 않네[2].
마음 비운 곧은 절개 가르침도 많으니[3]
뉘라서 이분을 사랑하지 않으리[4].

咏竹 영죽

掃月梳風亦拂雲 소월소풍역불운　歲寒不畏雪紛紛 세한불외설분분
虛心貞節多鑑戒 허심정절다감계　孰不閒中愛此君 숙불한중애차군

---

1 掃月(소월): 달빛을 쓸고. 梳風(소풍): 바람을 빗질하다.
亦拂雲(역불운): 또한 구름을 스치다.
2 歲寒(세한): 세밑의 추위. 不畏(불외): 두려워하지 않네.
雪紛紛(설분분): 눈이 흩날리다.
3 虛心(허심): 속이 비어 있음. 마음속에 아무 망상(妄想)이 없음. 겸허한 마음, 대나무나 국화의 상징적 덕목.
貞節(정절): 곧은 절개.
鑑戒(감계): 거울삼고 경계함.
4 孰不(숙불): 누가 ~하지 않겠는가.
閒中(한중): 한가한 가운데서.
愛(애): 사랑하지 않으리.
此君(차군): '이분'이라는 뜻. '대나무'를 이르는 말. 중국 진나라(晉--)의 왕희지(王羲之)가 대나무를 가리켜 '어찌 하루라도 이 임 없이 살 수 있겠는가.'라고 한 데서 유래(由來).

3-14 외로운 솔을 노래하다

나 앞서 도연명이 널 사랑했노니[1]
뜰에 서서 바라보니 뜻도 따라 새롭네[2].
한 겨울 눈바람 사납지 않으면[3]
뉘라서 알리오! 굳은 절개 봄날까지 지켜낸 것을[4].

咏孤松 영 고송

先我淵明撫爾身 선아연명무이신　立庭此日志隨新 입정차일지수신
不有大冬風雪惡 불유대동풍설악　誰知勁節守長春 수지경절수장춘

---

1 先我(선아): 나보다 앞선 자.
淵明(연명): 도연명.
撫爾身(무이신): 너의 몸을 어루만지다. '너'는 소나무를 상징하는 시적 대상.
2 立庭(입정): 뜰에 서다.
此日(차일): 오늘, 이날.
志隨新(지수신): 뜻도 새로워지다.
3 不有(불유): 없지 않다면. 가정형 표현, "~이 없다면"의 문어적 표현.
大冬(대동): 한겨울. 風
雪惡(풍설악): 바람과 눈이 심함.
4 誰知(수지): 누가 알랴.
勁節(경절): 굳센 절개.
守長春(수장춘): 길고 긴 봄을 지키다.

3-15 송죽당 원운

집 행랑에 거할 때

소나무에 대나무 없으면 속되고[1]
대나무에 소나무 없으면 기이치 않네[2].
여기엔 소나무도 대나무도 있으니[3]
내 집 내 멋대로 송죽당이라 이름 지었네[4].

松竹堂原韻 송죽당 원운
卽居家行廊

有松無竹松還俗 유송무죽송환속　有竹無松竹不奇 유죽무송죽불기
此地有松兼有竹 차지유송겸유죽　吾堂吾以命題之 오당오이명제지

1 松還俗(송환속): 소나무만 있으면 속 되다.
2 竹不奇(죽불기): 대나무만으로는 기이(奇異) 하지 않음.
3 此地(차지): 이 땅에. 여기에.
兼有竹(겸유죽): 대나무도 둘 다 가지고 있음.
4 吾堂(오당): 나의 집.
吾以(오이): 내 멋대로.
命題之(명제지): 이름을 붙이다.

3-16 연재[1] 송 선생을 삼가 추모하며

기우는 나라 한 손으로 부축하기 어려워[2]
나라 걱정하며 한을 참으니 인정도 감동하네[3].
십조가 비록 좋다 한들 이미 때늦은 것을[4]
어느 겨를에 군사 길러 적병을 막으리오[5].

敬輓淵齋宋先生 경만 연재 송 선생

隻手難扶大廈傾 척수난부대하경　憂邦飮恨感人情 우방음한감인정
十條雖好猶爲晩 십조수호유위만　何暇養兵防賊兵 하가양병방적병

---

1 淵齋: 송병선(宋秉璿)의 호. 조선 고종 때의 문신(1836~1905). 송시열의 후손으로 고종의 스승을 지내는 등 학식이 뛰어났다. 자는 화옥(華玉). 성균관 좨주를 거쳐 대사헌을 지냈다. 을사늑약이 체결되자, 일본을 경계할 것을 상소하고 고향에 가서 자살하였다.
2 隻手(척수): 한 손. 難扶(난부): 부축하기 어렵다.
大廈傾(대사경): 큰 집이 기우는 것. 나라나 조직의 위태로움에 비유.
3 憂邦(우방): 나라를 걱정함. 飮恨(음한): 한을 마심, 깊이 슬퍼함.
感人情(감인정): 사람의 감정을 건드림. 사람의 정을 자극함.
4 十條: 고려 태조가 자손들을 훈계하기 위해 942년(태조 25)에 몸소 지은 열 가지 유훈(遺訓).
雖好(수호): 비록 좋지만.
猶爲晩(유위만): 그래도 늦었다.
5 何暇(하가): 무슨 한가함이 있겠는가. 어찌 여유가 있겠는가.
養兵(양병): 병사를 양성함.
防賊兵(방적병): 적병을 막는 것.

3-17 면암[1] 최 선생을 삼가 추모하며

겨울 하늘 우러러 통곡하니 눈물이 실같이 흐르네[2]
선생이 가셨으니 이 나라 어찌하랴[3].
가련 타! 주장하신 위척존양의 절개여[4]!
길이 백세 토록 유림의 스승으로 빛나리[5].

敬輓勉菴崔先生 경만 면암 최 선생

痛哭冬天淚似絲 통곡동천누사사　先生一去國家何 선생일거국가하
可憐衛斥尊攘節 가련위척존양절　永作儒門百世師 영작유문백세사

---

1 勉菴: 최익현(崔益鉉), (1833년 12월 5일 ~ 1907년 1월 1일)은 조선 말기의 유학자이다. 철종 시기 조선의 문신(文臣)이었으며, 고종 시기에는 조선 최후의 산림(山林) 중 한 사람으로, 유학자들을 이끈 거두 중 한 명이다. ('산림'이란 산곡 임하(山谷林下)에 은거하면서 학덕을 겸비해 국가로부터 징소(徵召)를 받은 인물을 이르는 말이다.) 그는 충청도 신창현감, 호조참판, 경기도 관찰사 등을 지낸 조선 말기와 대한제국의 정치인이자 독립운동가이며, 1905년 을사늑약에 저항하고 위정척사론(衛正斥邪論)을 실천한 최고령 의병장이었다.

2 痛哭(통곡): 몹시 우는 것.
冬天(동천): 겨울 하늘.
淚似絲(루사사): 눈물이 실처럼 흐르다. 끊임없이 흐르는 눈물의 비유.

3 先生(선생): 스승. 여기서는 죽은 이를 높여 부르는 말.
一去(일거): 한 번 가심.
國家何(국가하): 나라가 어찌 될까.

4 可憐(가련): 가련하다, 안타깝다.
衛斥尊攘節: 나라를 보위하고, 적을 물리치고, 중화(中華)를 높이고, 오랑캐를 물리치는 절개. 위정척사(衛正斥邪).

5 永作(영작): 영원히 되다. 길이 남음.
儒門(유문): 유학의 문중. 유학자 사회.
百世師(백세사): 오랜 세월 존경받는 스승. 역사적 인물로 추앙받는 자에 대한 표현.

3-18 충정 민영환 씨를 삼가 추모하며

전날의 충절이야 그 누가 다 알리오[1]
살신성인 이후에야 그 마음 알았네[2].
만약 이날에 혈죽이 없었던들[3]
먼 훗날 임금을 깊이 사랑했음을 뉘 알리오[4].

敬輓忠貞閔永煥氏 경만 충정 민영환 씨

以前全節誰知意 이전전절수지의 然後成仁尙見心 연후성인상견심
若使當年無血竹 약사당년무혈죽 千秋誰識愛君深 천추수식애군심

---

1 以前(이전): 전날. 全節(전절): 절개를 온전히 함. 굳은 절의, 충절을 지킴.
誰知意(수지의): 누가 그 뜻을 알랴.

2 然後(연후): 그 후에야.
成仁(성인): 인(仁)을 이룸. 유교적 이상 실현, 목숨을 바쳐 의로운 일을 이룸.
尙見心(상견심): 오히려 그 마음이 드러남.

3 若使(약사): 만약 ~였다면.
當年(당년): 그 당시. 일어난 바로 그 해.
無血竹(무혈죽): 피 묻은 대나무가 없었다면.

4 千秋(천추): 천 년, 오랜 세월.
誰識(수식): 누가 알아보랴.
愛君深(애군심): 임금을 사랑한 깊은 뜻. 임금에 대한 충성심.

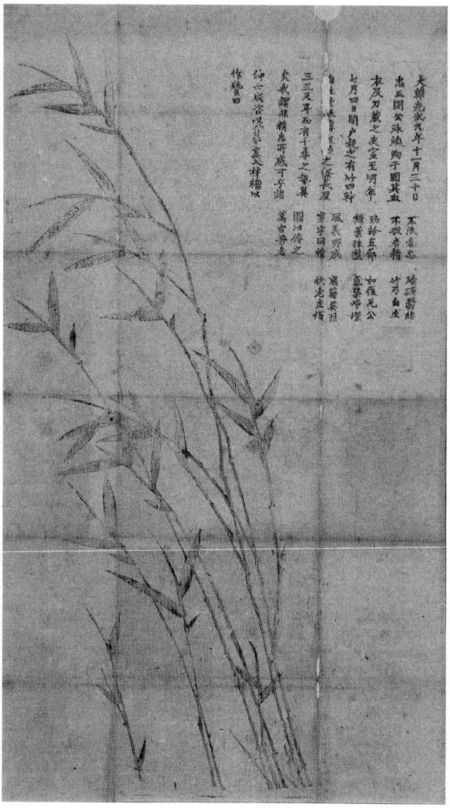

충정 민영환 혈죽도[1] | 한지에 목판 | 53×103cm | 포암산인실 소장

1 血竹(혈죽): 민영환의 자결 1년 후인 1906년 그의 자택 안 자결했던 방의 마룻바닥에서 대나무가 돋아났다. 실내에서 대나무가 자라는 것이 무척 드문 일이라 사람들은 이를 그의 피가 대나무가 된 '혈죽(血竹)'이라고 일컬었다. 일제는 조작의 증거를 찾으려다 증거가 나오지 않고 민중의 반일 정신을 고취시킨다는 이유로 뽑아버렸으나 뿌리가 없었으며, 그의 부인이 뽑힌 혈죽을 수습해서 지금까지도 전해지고 있다. 놀라운 것은 대나무잎의 개수가 45개로 순국 당시 민영환의 나이와 일치했다는 점이다. [출처: 나무위키]

3-19 밀사 이준 씨를 삼가 추모하며

한 번 죽어서 이 나라의 한을 밝혔으니[1]
무정한 만국도 깜짝 놀랐네[2].
가련 타! 세계 만국평화원[3] 이여!
허울 좋은 이름뿐 나라 구하지 못하네[4].

敬輓密使李儁氏 경만 밀사 이준 씨

一死能明邦國恨 일사능명방국한　無情萬國一時驚 무정만국일시경
可憐世界平和院 가련세계평화원　空帶芳名不救頃 공대방명불구경

---

1 能明(능명): 밝힐 수 있다. 드러내다.
邦國恨(방국한): 나라의 원한. 국가적 분노.

2 無情(무정): 무정한. 萬國(만국): 모든 나라.
一時驚(일시경): 한순간 놀라다.

3 世界平和院: 만국평화회의(萬國平和會議). 또는 "헤이그 회담"은 네덜란드 헤이그에서 1899년, 1907년, 2차례 열린 국제 평화 회담이다. 대한 제국은 헤이그 밀사 사건(특사 사건)으로 알려진 회담에 참석하려는 소득 없는 노력을 하였다. 고종황제는 다시 제2차 회담에 참석하여 일제가 한반도를 흡수하기 위해 강압적으로 을사늑약을 체결했다는 부당성을 주장하기 위해 이준, 이상설, 이위종을 특사로 파견했다. 대한 제국의 외교관들은 외교 주권을 되찾기 위해 국제 사회에 호소하였으며, 미국인 선교사 호머 헐버트도 조약의 부당성을 주장하기 위해 헤이그로 왔으나, 이 네 사람은 모두 일본과 영국군에 의해 입장이 거부되었다. [출처: 위키백과]

4 空帶芳名(공대방명): 이름만 아름답게 남기고. 허울뿐인 명성.
不救頃(불구경): 위기를 구하지 못함. 나라가 위기에 처했을 때 방관함.

3-20 장사 안중근 씨를 삼가 추모하며

한 발에 통쾌하게 하찮은 원수를 죽이니[1]
장사의 드높은 이름 천하에 떨치네[2].
이미 책략은 시험했으나 아직 일 남았으니[3]
바다 건너 수괴를 없애지 못해 한스럽네[4].

敬輓壯士安重根氏 경만 장사 안중근 씨

一彈快殺讐么麼 일탄쾌살수요마　壯士名高溢六幽 장사명고일육유
旣雖試略猶餘事 기수시략유여사　恨不渡江滅大酋 한불도강멸대추

---

1 一彈(일탄): 한 발의 총알.
快殺(쾌살): 통쾌하게 죽이다.
讐么麼(수요마): 하찮은 원수.
2 壯士(장사): 장한 사나이, 의사.
名高(명고): 명성이 높다.
溢六幽(일육유): 육계(六界)에 이름이 퍼지다. 삼계(三界: 욕계(慾界), 색계(色界), 무색계(無色界). 또는 전세(前世), 현세(現世), 내세(來世)) 보다 더 넓은 표현. 전 세계 또는 내세(사후의 세계)까지 퍼짐. 즉 "죽어서도 그 명성이 전해진다"는 극찬의 수사적 표현으로 이해할 수 있음.
3 旣雖(기수): 비록 이미 ~했지만.
試略(시략): 시험 삼아 습격, 탐색전 의미.
猶餘事(유여사): 여전히 남은 일. 마무리되지 않은 과업.
4 恨不渡江(한부도강): 강을 건너지 못함이 한스럽다.
滅大酋(멸대추): 큰 두목을 멸하지 못함.

3-21 국가의 경퇴를 통탄하며

친원과 융퇴의 옛 역사를 비춰 보면[1]
출척을 가리지 못해 나라도 따라 기울었네[2].
누가 있어 기울어진 나라를 다시 일으킬 수 있랴[3]
오직 대의만 남아 옛 성에서 싸우노라[4].

痛嘆國家傾頹 통탄 국가경퇴

親遠隆頹前鑑照 친원융퇴전감조 不分黜陟國隨傾 불분출척국수경
有誰能復傾頹國 유수능복경퇴국 大義惟餘戰昔城 대의유여전석성

---

1 親遠(친원): 가까운 사람은 멀리함 (親疎遠近에서 유래, 즉 측근배제).
隆頹(융퇴): 융성함과 쇠퇴함 (나라의 흥망).
前鑑照(전감조): 이전의 거울(역사)을 비추어 봄, 과거의 교훈.
2 不分(불분): 구분하지 않음.
黜陟(출척): 등용(登用 · 登庸)과 추출(抽出). 인재를 내치고 등용함, 인사 제도.
國隨傾(국수경): 나라가 따라서 기울다.
3 有誰(유수): 누가 있는가? 能復(능복): 다시 회복할 수 있는가.
傾頹國(경퇴국): 무너지고 기운 나라.
4 大義(대의): 큰 의리, 정의. 惟餘(유여): 오직 남은 것은.
戰昔城(전석성): 예전에 싸웠던 성 (역사 속의 전쟁터).

3-22 생도들과 작별하며

장예정사에 머무를 때

한가로이 6년이 훌쩍 흘러버려[1]
왔는가 했더니 간다는 말 고하네[2].
누굴 위해 가무로 밤 지새우는가[3]!
애석한 이별에 무정한 세월이로다[4].

贈別諸生 증별 제생

寓藏禮精舍時

閒中日月六飛輕 한중일월육비경 不覺謁城告退聲 불각알성고퇴성
歌舞爲誰同守夜 가무위수동수야 人錐惜別歲無情 인추석별세무정

---

1 閒中(한중): 한가로운 가운데. 日月(일월): 세월. 六飛(육비): 6년이 훌쩍 지나감.
  輕(경): 가볍다. (여기서는) 빠르게, 순식간에.
2 不覺(불각): 깨닫지 못하다, 어느덧.
  謁城(알성): 관청이나 상급기관에 인사드림.
  告退(고퇴): 작별을 고하다. 聲(성): 소리, 기별.
3 歌舞(가무): 노래와 춤. 흥겨움 또는 의식의 일부.
  爲誰(위수): 누구를 위함인가.
  同守夜(동수야): 함께 밤을 지새우다.
4 人錐(인추): 사람 마음의 뾰족함(銳利) → 마음속 고통, 비유적 표현.
  惜別(석별): 이별을 아쉬워함. 歲無情(세무정): 세월은 무정하다.

3-23 증조고 유허를 지나며

장례동에 있음

옛날 내 선조께서 여기 살았나니[1]
어려선 몰랐더니 늙어서야 알겠네[2].
가련 타, 고향의 의구함이여[3]!
유허[4]에서 지난 일 생각하니 눈물이 절로 나네[5].

過曾祖考遺墟題感 과 증조고 유허 제감

在藏禮洞

昔我祖先寓此年 석아조선우차년 少年不識老相傳 소년불식노상전
可憐桑梓猶依舊 가련상재유의구 追感遺墟涕淚漣 추감유허체루연

---

1 昔(석): 예전에, 옛날에. 我(아): 나의. 祖先(조선): 조상. 寓(우): 머무르다, 거처하다.
此(차): 이곳. 年(년): 시절.
2 少年(소년): 젊은 시절.
不識(불식): 알지 못하다. 老(로): 늙음, 늙은 세월.
相傳(상전): 서로 전하다, 전해 듣다.
3 可憐(가련): 애틋하다, 안타깝다. 桑梓(상재): 고향, 고향의 나무 (고향을 상징).
猶(유): 여전히.
依舊(의구): 옛날과 같다.
4 遺墟(유허): 옛 터. 오랜 세월에 쓸쓸하게 남아 있는 역사 어린 곳.
5 追感(추감): 지난 일을 생각하고 느끼다.
涕淚(체루): 흐르는 눈물. 漣(련): 잇달아 흐르다,

孟子
詩傳
書傳
周易正文

4. 칠언사율 | 七言四律

1구 7자의 8행 시
(1, 2, 4, 6, 8구의 끝자가 운자)

4-1 자경시

청구[1]풍아속지青邱風雅續誌에 수록

사람을 정성으로 공경함은 덕의 기본이니[2]
평생 삼가고 조심하여 마음속에 간직해야 하리[3].
힘써 고칙을 지켜 규범을 만들고[4]
방규에 꺼리지 않고 구규도 취하네[5].
부끄러움이 없음을 부끄러워하면 부끄럽지 않고[6]
뜻을 세우고 하고자 하여 하고 또 하면 끝내 이루리니[7].
좌우명座右銘 삼아 새기고 또 새기나니[8]
늙었다 하여 어찌 길러 준 은혜 잊으리오[9].

自警詩 자경 시

入青邱風雅續誌

誠敬於人是德基 성경어인시덕기 平生戒懼一心持 평생계구일심지
務遵古則成儀則 무준고칙성의칙 不厭傍規就矩規 불염방규취구규
恥其無恥將無恥 치기무치장무치 爲此有爲必有爲 위차유위필유위
揭諸座右常常在 게제좌우상상재 老大那忘鞠養時 노대나망국양시

---

1 青邱(청구): 고구려 이후 중국에서 우리나라를 시적으로 이르던 말.
2 誠敬(성경): 성실하고 공경함. 於人(어인): 사람에 대하여.
是(시): ~은 곧 ~이다. 德基(덕기): 덕의 근본, 인격의 기초.
3 戒懼(계구): 경계하고 두려워함. 一心(일심): 한결같은 마음. 持(지): 유지하다, 지키다.
4 務遵(무준): 힘써 따르다. 古則(고칙): 옛 성현의 법도. 成(성): 이루다. 儀則(의칙): 규범.
5 不厭(불염): 싫어하지 않다. 傍規(방규): 주변의 법도, 남의 규범. 就(취): 가까이하다. 따르다.
矩規: 직각을 재는 자(尺) 구(矩)와 원을 그리는 컴퍼스 규(規)를 뜻한다.
6 恥其(치기): 그것을 부끄러워하다.
無恥(무치): 부끄러움을 모름. 將(장): 장차. 無恥(무치): 더욱 부끄러움을 잃게 됨.
7 爲此(위차): 이를 위하여. 有爲(유위): 바른 실천, 의미 있는 행동.
必有爲(필유위): 반드시 뭔가를 해낼 수 있다.
8 揭(게): 걸어두다. 諸(제): ~에. 座右(좌우): 자리 옆. 常常(상상): 항상. 在(재): 존재하다.
9 老大(노대): 나이 들어감. 那(나): 어찌. 忘(망): 잊다. 鞠養(국양): 길러 주신 은혜. 時(시): 그때.

4-2 운림정사 원운[1](차운 130쪽 참조)

남원지南原誌와 해동시림海東詩林에 수록

만년에 운림정사를 축조하여[2]
속세를 떠나 한가로이 심성을 닦아보네[3].
터는 적요 하나 신선되기는 어렵고[4]
높은 산에 둘러싸여 깊고 깊어라[5]
어찌 큰집에 반가운 손님 축하를 바라리오[6]
다만 둥지에 교부조巧婦鳥 지저귀면 족하리[7].
관동이 늘 옆에 있어 벗이 되어주니[8]
경전을 토론하며 세월 보내길 바랄 뿐이라[9].

雲林精舍原韻 운림정사 원운

入南原誌海東詩林次韻在別軸

晩年營築是雲林	만년영축시운림	物外徜徉學養心	물외상양학양심
基址寂寥難汾僻	기지적요난분벽	嶂巒匼匝易疑深	장만암잡이의심
何須夏屋嘉賓賀	하수하옥가빈하	但願春巢巧婦吟	단원춘소교부음
每有冠童因得伴	매유관동인득반	討徑論傳送光陰	토경논전송광음

1 原韻(원운): 차운(次韻) 할 때에 운자를 딴 시. 차운에 상대하여 이르는 말.
2 晩年(만년): 늙은 나이. 營築(영축): 집을 짓다. 是(시): 바로 이것이. 雲林(운림): 雲林精舍.
3 物外(물외): 세속의 바깥. 徜徉(상양): 한가로이 거닐다. 學(학): 배우다.
養心(양심):마음을 수양하다.
4 基址(기지): 기초 터전. 寂寥(적료): 쓸쓸하고 고요함. 難(난): 어렵다. 汾僻(분벽): 분수유(汾水游)와 같은 말이다. 분수에서 노닐었다는 말은 속세를 떠나 신선처럼 사는 태도를 말한다.
5 嶂巒(장만): 산봉우리와 겹겹의 산.
匼匝(합잡): 빙 둘러싸인 모양. 易(이): 쉽게. 疑深(의심): 의심하거나 신비하게 여김.
6 何須(하수): 어찌 굳이. 夏屋(하옥): 크고 사치스러운 집.
嘉賓(가빈): 훌륭한 손님. 賀(하): 축하하다.
7 但願(단원): 다만 원하다. 春巢(춘소): 봄날의 새집.
巧婦鳥(교부조): 붉은 머리오목눈이. 휘파람 샛과의 하나. 吟(음): 읊조리다.
8 每(매): 매번. 冠童(관동): 유생. 관을 쓴 소년들 因(인): 인하여. 得伴(득반): 친구를 얻다.
9 討徑(토경): 학문의 길을 토론함. 論傳(논전): 경전을 토론함. 送光陰(송광음): 세월을 보내다.

4-3 풍암정사를 차운[1]하다

주인은 족제 종현

우왕禹王의 공력으로 천년 후 이곳에 정사를 세우니[2]
그의 영혼이 머무르며 주인을 기다렸네[3].
아침에 방문을 열면 평상 위에 구름 피어오르고[4]
해 질 녘 발을 걷으면 문 앞으로 달 떠 오르네[5].
때로 손님 맞아 삼경三逕을 거닐고[6]
늘 손자들 안고 선경에 앉아 있네[7].
풍암에서 살면서 나이를 잊었나니[8]
향기로운 난초와 국화 철 따라 피고 지네[9].

次楓岩精舍韻 차 풍암정사 운

主族弟鍾炫

禹斧千年闡此區	우부천년천차구	鉅靈留待主人求	거령류대주인구
朝開閉戶雲生榻	조개폐호운생탑	暮捲垂簾月上鉤	모권수렴월상구
時迎賓客通三逕	시영빈객통삼경	每抱兒孫坐十洲	매포아손좌십주
棲息楓岩忘甲子	서식풍암망갑자	芳蘭叢菊自春秋	방난총국자춘추

---

1 次韻(차운): 남의 시에서 운(韻)을 따서 지은 시.
2 禹斧(우부): 禹王이 구주(九州)를 개척하고 홍수를 다스릴 때 썼다는 신비한 도끼. 闡(천): 밝히다, 열다. 此區(차구): 이 지역, 이곳.
3 鉅靈(거령): 황제(하우씨)의 영혼. 留待(유대): 머무르다. 主人(주인): 이곳의 주인. 求(구): 구하다.
4 朝(조): 아침. 開閉戶(개폐호): 문을 열고 닫다. 雲生(운생): 구름이 피어오르다. 榻(탑): 평상.
5 暮(모): 저녁. 捲(권): 걷다. 垂簾(수렴): 드리운 발을. 月上鉤(月鉤): 하늘에 걸린 초승달.
6 時(시): 때때로. 迎賓客(영빈객): 손님을 맞이하다. 通(통): 통하다. 三逕: 도연명이 살던 곳에 세 개의 길이 있었는데 오직 구중양(裘仲羊)과 중상(仲相)하고만 거닐었다.
7 每(매): 매번. 抱兒孫(포아손): 자손을 안고. 坐(좌): 앉다. 十洲: 선경(仙境). 도교에서 대해(大海) 가운데 신선이 거주하는 열 곳. 명산승지(名山勝地).
8 棲息(서식): 머물러 쉬다. 楓岩(풍암): 풍암정사. 忘(망): 잊다. 甲子(갑자): 세월.
9 芳蘭(방란): 향기로운 난초. 叢菊(총국): 무리 진 국화. 自春秋(자춘추):봄과 가을이 스스로 찾아오듯 .

4-4 포암산인 원운

(차운 144쪽 참조)

평소에 은둔할 곳이 없어 걱정이더니[1]
바위처럼 말없이 채전을 갈며 귀머거리가 되네[2].
녹수청산은 선배들이 취했거늘[3]
청풍명월은 뒷날 그 누가 취하리오[4].
의리를 알기도 어렵고 살면서 터득하기도 어려운 것을[5]
인仁을 깨닫지 못하면 죽어서도 눈을 못 감겠네[6].
운림에 살면서 세월 가는 줄 모르나니[7]
꽃 피고 잎 지면 철 바뀐 줄 알겠네[8].

圃巖散人原韻 포암산인 원운

次韻在別軸

平素恨無遯跡籌 평소한무둔적주　依岩治圃與聾儔 의암치포여농주
綠水青山前輩取 녹수천산전배취　淸風明月後誰求 청풍명월후수구
難知義理生難得 난지의리생난득　不覺仁任死不休 불각인임사불휴
棲息雲林忘甲子 서식운림망갑자　花開葉落自春秋 화개엽락자춘추

---

1 平素(평소): 평상시. 恨無(한무): 없음이 한스럽다. 遯跡(둔적): 은거함. 籌(주): 계책, 방책.
2 依岩治圃(의암치포): 바위 근처에서 밭을 가꾸다.(圃巖散人을 비유).
與(여): 함께. 聾儔(농주): 세상일에 어두운 은자.
3 綠水青山(녹수청산): 자연의 아름다운 경치. 前輩(선배): 선현들, 옛 성현. 取(취): 취하다.
4 後(후): 후세, 후인. 誰求(수구): 누가 그것을 추구하는가.
5 難知(난지): 알기 어렵다. 義理(의리): 도의, 이치. 生難得(생난득): 살면서 터득하기 어렵다.
6 不覺(불각): 깨닫거나 생각하지 못함.
仁任(인임): 인(仁)을 실천하는 책임. 死不休(사불휴):죽어도 쉴 수 없다.
7 棲息(서식): 머물러 삶. 雲林(운림): 운림정사(雲林精舍)를 치칭.
忘甲子(망갑자): 세월을 잊다.
8 花開(화개): 꽃이 피고. 葉落(엽락): 잎이 지고. 自春秋(자춘추): 스스로 봄과 가을이 옴.

4-5 균파의 시에 차운하여

언덕에 무성한 대나무 계곡에 퍼지나니[1]
그 정절로 그 사람됨을 알겠노라[2].
겸허한 마음은 끝내 이익이 많고[3]
덕이 있어 따르는 사람 많아 외롭지 않네[4].
규범을 실천하는 삶이 도를 즐길만 하고[5]
힘써 꽃을 심고 곡식 가꾸며 가난을 이길 수 있으리[6].
들판을 떠나 망천을 오르 내린이 누구인가[7].
봉황대에서 홀로 진실을 구하네[8].

次筠坡韻 차 균파 운

蘇憲燮別號

筠立坡頭出澗濱 균립파두출간빈　見斯貞節表斯人 견사정절표사인
虛心非但終多益 허심비단종다익　淸德不孤必有隣 청덕불고필유린
履是規矩堪樂道 이시규구감락도　務花稼穡克安貧 무화가색극안빈
別原輞川誰上下 별원망천수상하　鳳凰坮上獨尋眞 봉황대상독심진

---

1 筠(균): 대나무. 坡頭(파두): 언덕 위. 出(출): 솟다, 드러나다. 澗濱(간빈): 시내 가, 개울가.
2 見斯(견사): 이것을 보고. 貞節(정절): 곧고 절개. 表(표): 드러내다. 斯人(사인): 이 사람.
3 虛心(허심): 겸허함. 非但(비단): 다만 ~뿐만 아니라. 終多益(종다익): 끝내 많은 유익을 줌.
4 淸德(청덕): 맑고 고결한 덕. 不孤(불고): 외롭지 않다. 必有隣(필유린): 반드시 이웃이 있다
5 履(이): 밟다. 실천하다. 是(시): 지시사 '이것'. 옳은 것, 바른 것 規矩(규구): 법도, 규범. 堪樂道(감락도): 도를 즐길 만하다.
6 務花(무화): 꽃을 가꾸는 데 힘쓰다. 稼穡(가색): 농사. 克(극): 능히, 잘. 安貧(안빈): 가난을 편안히 여기다.
7 別(별): 떠나다. 原(원): 들판을. 輞川(망천): 왕유(王維)의 별장 이름 (자연, 은거의 상징). 誰上下(수상하): 누가 오르내리는는가.
8 鳳凰坮(봉황대): 신선이 깃든 듯한 언덕, 혹은 고상한 인격의 상징. 獨(독): 홀로. 尋眞(심진): 참된 도를 구하다.

4-6 춘포의 시에 차운하여

춘포는 아우 종면의 호

운림에서 밭일구며 산골의 봄을 즐기고[1]
세속을 떠나 노닐며 진실을 구하네[2].
이미 소단에서 책을 즐기는 선비들[3]
모두가 초야의 농사꾼이라네[4].
철에 맞춰 단비가 내리기를 기다리며[5]
귀찮은 세상사에는 관심이 없네[6].
삼여에는 고전을 가까이하면 마음이 편안해지고[7]
이 사이에 또한 학문은 날로 새로워진다네[8].

次春圃韻 차 춘포 운

次弟鍾冕別號

雲林治圃愛山春 운림치포애산춘 物外徜徉靜養眞 물외상양정양진
旣做騷壇貪讀士 기주소단탐독사 均爲草野務農人 득위초야무농인
願得均添時雨露 원득균첨시우로 厭聽紛擾世風塵 염청분요세풍진
三餘玩古心安定 삼여완고심안정 這裏也應學日新 저리야응학일신

1 雲林(운림): 구름 낀 숲, 운림정사. 治圃(치포): 정원이나 밭을 가꾸다(포암산인).
愛山春(애산춘): 산속의 봄을 사랑하다.
2 物外徜徉(물외상양): 세속을 벗어나 노닐다. 靜養(정양): 조용히 수양하다.眞(진): 진리.
3 旣(기): 이미. 做(좌): 되다, 삼다. 騷壇(소단): 시문(詩文)을 짓는 문단.
貪讀士(탐독사): 독서를 탐하는 선비. 책을 가까이하는 선비.
4 均(균): 또한. 爲(위): ~이다. 草野(초야): 들녘, 시골. 務農人(무농인): 농사를 짓는 사람.
5 願得(원득): 바라건대 얻기를. 均添(균첨): 골고루 보태지다.
時雨露(시우로): 때맞춘 비와 이슬.
6 厭聽(염청): 듣기 싫어하다. 紛擾(분요): 어지럽고 시끄러움. 世風塵(세풍진): 세상의 혼탁함.
7 三餘(삼여): 겨울, 밤, 비 오는 날-공부하기 좋은 시간. 玩古(완고): 옛것을 즐기다.
心安定(심안정): 마음이 안정되다.
8 這裏(저리): 이곳. 也應(야응): 또한 마땅히. 學日新(학일신): 학문이 날로 새로워지기를.

4-7 선조 증 이조참판 휘 윤

분황 운에 삼가 추음追吟함. 호남 고금 시집에 게재됨

선조의 극진한 충성이야 해처럼 밝게 빛나고[1]
절개로 목숨 바친 칠백 의사七百義士와 함께 명성을 남기셨네[2].
일찍이 율곡선생을 쫓아 학문을 닦으셨고[3]
만년에 중봉[4] 선생과 함께 의성을 날리셨네.
청사에 길이 남아 천년 열사烈士에 오르셨고
왕이 내린 추증追贈교지 저승까지 광영이네[5].
임진년 시월에 다시 교지를 받았으니[6]
후손들 추모의 정 더욱 간절하네[7].

先祖贈吏曹參判諱潤 선조 증 이조참판 휘 윤

焚黃韻謹追吟入湖南古今詩集

先祖精忠貫日明	선조정충관일명	立憧七百共垂名	입동칠백공수명
曾從栗谷行經術	증종율곡행경술	晩與重峰動義聲	만여중봉동의성
靑史長存千載烈	청사장존천재열	紫泥景降九原榮	자니경강구원영
焚黃復在龍蛇陽	분황복재용사양	倍切雲仍感慕情	배절운잉감모정

1 先祖(선조): 조상. 精忠(정충): 정성스럽고 참된 충성. 貫(관): 꿰뚫다. 日明(일명): 해처럼 밝음.
2 立憧(입동): 절개를 위하여 생명을 버림. 七百(칠백): 七百義士-임진왜란 때 조헌(趙憲)을 따라 금산(錦山)에서 왜군과 싸우다 함께 죽은 7백 명의 의사. 共垂名(공수명): 함께 이름을 길이 함.
3 曾從(증종): 일찍이 따랐다. 栗谷(율곡): 율곡 이이.
行經術(행경술): 경세제민의 학문을실천하다.
4 重峰(중봉): 의병장 조헌(1544~1592)의 號. 선생은 조선 중기의 학자요, 의병장이다.
5 紫泥(자니): 자줏빛 진흙. 중국에서 임금의 조서는 무도(武都)에서 나는 자니로 봉했음.
景降(경강): 임금의 영광스러운 은혜가 내려옴. 九原(구원): 황천, 저승. 榮(영): 영광.
6 焚黃(분황): 조선 시대 죽은 사람에게 관직이 추증되었을 때 그 자손이 조정에서 수여하는 사령장과 황색 종이에 쓴 부본을 받아 선조의 무덤 앞에서 이를 고(告)하고 부본을 태우는 일. 龍蛇(용사): 용의 해와 뱀의 해. 陽(양): 음력(陰曆) 시월(十月)의 다른 이름.
7 倍切(배절): 더욱 간절하다. 雲仍(운잉): 운손(雲孫)과 잉손(仍孫)이라는 뜻으로, 먼 후손을 이르는 말.

4-8 충렬단을 배알하고

엄숙히 봉단에 참배하고 묘소에 절 올리나니[1]
풍광은 옛 같아 눈물이 줄줄 흐르네[2].
이제 성루엔 봄 풀이 돋아나고[3]
예와 다른 강산엔 두견이 우네[4].
조정은 은덕을 내려 사당을 세우고[5]
향사는 추존하여 제물을 올리네[6].
전쟁터 슬픈 구름 아직도 자욱한데[7]
기적 소리가 황천을 울리네[8].

謁忠烈壇韻 알 충렬단 운

肅拜封壇因拜塚 숙배봉단인배총 臨風依古淚漣漣 임풍의고루연연
如今城壘生春草 여금성루생춘초 異昔江山哭杜鵑 이석강산곡두견
朝家崇報旌祠宇 조가숭보정사우 鄕士追尊奠豆籩 향사추존전두변
戰地愁雲猶未霽 전지수운유미제 一聲汽笛徹黃泉 일성기적철황천

---

1 肅拜(숙배): 삼가 공손히 절함 封壇(봉단): 충신을 기리는 단. 因(인): ~에 따라. 拜塚(배총): 무덤에 절하다.
2 臨風(임풍): 바람을 맞다 (쐬다). 依古(의고): 옛 일에 기대어. 淚漣漣(루연연): 눈물이 주르륵 흐름.
3 如今(여금): 지금은. 城壘(성루): 성터. 生春草(생춘초): 봄풀이 자라다.
4 異昔(이석): 옛날과 다름. 江山(강산): 강산, 국토. 哭杜鵑(곡두견): 두견새가 슬피 운다.
5 朝家(조가): 조정. 崇報(숭보): 공훈을 높이 받들다. 旌(정): 표창하다. 祠宇(사우): 사당.
6 鄕士(향사): 지방 선비들. 追尊(추존): 사후(死後)에 그를 높이 받듦. 奠(전): 제사 지냄. 豆籩(두변): 제사상 곁, 음식을 담은 제기 곁.
7 戰地(전지): 전쟁터. 愁雲(수운): 근심의 구름. 猶未霽(유미제): 아직 걷히지 않다.
8 徹(철): 울려 퍼지다. 黃泉(황천): 저승.

4-9 관왕묘[1]를 알현하고

촉나라 영령이 해동을 도우니[2]
당당한 의기는 서릿발처럼 빛나네[3].
그 당시 촛불처럼 빛나던 큰 절개여[4]
천년을 빛낼 공을 세우니 일세의 영웅이로다[5].
삼국의 옛 자취는 꿈속 같이 아득한데[6]
오늘날에도 온 나라가 그를 잊지 못하네[7].
청룡도青龍刀 적토마赤兎馬는 이제 볼 수 없으나[8]
불후한 그 이름 길이 빛나리[9].

謁關王廟韻 알 관왕묘 운

佐湳英靈輔海東 좌남영령보해동　堂堂義氣烈霜風 당당의기열상풍
明燭當年眞大節 명촉당년진대절　樹功千載一豪雄 수공천재일호웅
三國前塵如夢裡 삼국전진여몽리　全邦此日未忘中 전방차일미망중
青龍赤兎今寥寂 청룡적토금요적　不朽芳名享不窮 불후방명향불궁

---

1 關王廟: 관우를 모신 사당. 조선(朝鮮) 시대(時代)에 서울에 동묘(東廟), 서묘(西廟), 남묘(南廟), 북묘(北廟)가 있었다.
2 佐湳(좌남): 난을 다스리는 데 도움을 주다 (관운장이 어지러운 세상을 도왔음을 표현). 英靈(영령): 영웅의 혼. 輔(보): 돕다. 海東(해동): 동방의 나라, 곧 한국.
3 堂堂(당당): 늠름하고 위엄 있음. 義氣(의기): 의로운 기상. 烈霜風(열상풍): 매서운 서릿발 같은 기풍.
4 明燭(명촉): 밝은 촛불처럼 분명함. 當年(당년): 그 옛날. 眞大節(진대절): 진정한 충절.
5 樹功(수공): 공을 세우다. 千載(천재): 천 년. 一豪雄(일호웅): 한 명의 위대한 영웅.
6 前塵(전진): 과거, 옛날의 일. 如夢裡(여몽리): 마치 꿈속과 같음.
7 全邦(전방): 온 나라. 此日(차일): 오늘날. 未忘中(미망중): 잊지 않고 있음.
8 青龍(청룡): 관우가 탄 푸른 용마(龍馬). 赤兎(적토): 관우의 붉은말을 의미. 今寥寂(금료적): 지금은 고요하고 쓸쓸함.
9 不朽(불후): 썩지 않음, 영원함. 芳名(방명): 아름다운 이름. 享不窮(향불궁): 끝없이 향유되다.

4-10 동진사[1] 운을 차운하여

김완술 선조 백암과 농암[2]이 빙향[3]됨

절개는 백이伯夷요 의는 노중연魯仲連이니[4]
빛나는 명예로 칠십이 현이 되었네[5].
흥폐에 놀라 요동의 달 아래 탄식하고[6]
충사에 간절하여 멱라수汨羅水로 몸 씻네[7].
정신은 백세토록 기성처럼 빛나고[8]
기상은 천추토록 해일처럼 붉으리.
떳떳한 천성은 지금도 변함없나니[9]
우러러 사모하는 마음 해마다 같으리.

次東津祠韻 차 동진사 운

主金完述先祖白巖聾岩聘享

卓節夷西義魯東 탁절이서의노동 遺芳七十二賢中 유방칠십이현중
心驚興廢嘆遼月 심경흥폐탄요월 情切忠邪浴汨風 정절충사욕멱풍
精神百世箕星白 정신백세기성백 氣像千秋海日紅 기상천추해일홍
秉彛天性今猶古 병이천성금유고 仰慕年年每會同 앙모연년매회동

---

1 東津祠(동진사): 전남 곡성군 고달면. 백암 김제와 농암 김주를 모신 선산김 씨 사우(祠宇).
2 籠巖(농암): 金澍의 호. 본관은 선산(善山). 1392년(공양왕 4)에 하절사(賀節使)로 명 나라에 갔다가 일을 마치고 압록강에 이르러 고려가 망하고 조선조가 개국되었다는 소식을 듣고 통곡하며 부인 유 씨에게 "충신은 두 임금을 섬기지 않는다 하였으니 내가 강을 건너가면 몸 둘 곳이 없다."라는 편지와 조복(朝服)과 신을 보내고, 부인이 죽은 뒤에 합장할 것을 당부한 뒤 중국에서 돌아오지 않았다.
3 聘享(빙향): 혼을 불러 누리다=제사를 지내다.
4 卓節(탁절): 뛰어난 절개. 夷西(이서): 백이(伯夷). 義魯(의노): 노중연(魯仲連).
5 遺芳(유방): 남긴 향기로운 명성. 七十二賢(칠십이현): 공자의 72 제자를 가리킴.
6 心驚(심경): 마음이 놀라고. 興廢(흥폐): 흥하고 망함. 遼月(요월): 요동의 달.
7 情切(정절): 간절한 심정. 忠邪(충사): 충성과 간사함.
汨羅水(멱라수): 멱라강(汨羅江) 상강(湘江)의 지류로, 후난 성(湖南省) 동북부에 있음.
8 箕星(기성): 이십팔 수(二十八宿)의 일곱째 별. 白(백): ~처럼 깨끗하다. 빛나다.
9 秉彛: (병이): 떳떳하게 타고난 천성(天性). 今猶古(금유고): 지금도 옛날과 다름없다.

4-11 원모재[1]

이십 세 조고 국당 공 제각 경기 교하에 있음

선조의 충절 온 나라에 자자하나니[2]
시호는 문효로 삼정승을 지내셨네[3].
숭고한 음덕은 예로부터 양맥을 부지하셨고[4]
도를 지켜 오늘에 의로운 기풍을 일으키셨네[5].
자손들 대대로 쌓은 덕 천추에 드날리고[6]
가문을 찬양하는 소리 백대에 걸쳐서 들려오네[7].
잠들지 않는 정령이 늘 강림하시니[8]
재실을 닦고 추모하며 제사를 모시네[9].

遠慕齋 원모재

二十世祖考菊堂公祭閣在京畿交河

先祖貞忠聞我東 선조정충문아동 諡稱文孝位三公 시칭문효위삼공
崇陰古往扶陽脈 숭음고왕부양맥 衛道今來振義風 위도금래진의풍
孫揚世德千秋下 손양세덕천추하 人頌家聲百代中 인송가성백대중
不寐精靈常陟降 불매정령상척강 修齋遠慕祼將同 수재원모관장동

1 遠慕齋(원모재): 경기도 파주시 맥금동 상골에 위치. 국당공의 충절과 덕행을 기리기 위한 제향 공간으로 매년 음력 10월 6일에 국당공을 추모하는 시향이 이곳에서 거행됨.
2 貞忠(정충): 곧고 충성스러움. 聞我東(문아동): 우리나라(동방)에 명성이 들림.
3 諡稱(시칭): 시호(諡號)의 이름. 文孝(문효): 문장과 예의범절이 뛰어나고, 부모에게 효행이 지극한 사람에게 주는 시호. 位三公(위삼공): 정승급 고위 벼슬.
4 崇陰(숭음): 조상의 터전, 무덤 또는 음덕(隱德)을 존숭함. 古往(고왕): 예로부터.
扶陽脈(부양맥): 양맥을 받들어 계승함 (후손 번영의 맥).
5 衛道(위도): 도(道)를 지키다. 振義風(진의풍): 의로운 기풍을 떨치다.
6 孫揚(손양): 자손이 드높이다. 世德(세덕): 대대로 이어진 덕.
7 人頌(인송): 세상 사람들이 칭송하다. 家聲(가성): 집안의 명성. 百代中(백대중): 수많은 세대.
8 不寐(불매): 잠을 이루지 못하다. 精靈(정령): 조상의 넋.
陟降(척강): 하늘을 오르내리며 왕래하다.
9 修齋(수재): 재실을 닦음, 遠慕(원모): 멀리서 그리워함.
祼將同(관장동): 함께 제사 드림 (분향·주작 동참).

4-11-1

산천山川에 정기 가득한 대 해동에[1]
우리 선조 국당 공이 탄생하셨네[2].
뿌리 깊은 경전을 스스로 공부하시어[3]
늠름한 기상과 정직한 기품을 가지셨네[4].
정충과 탁절은 후손들 길이 사모하고[5]
도덕과 문장은 끊임없이 회자되었네[6].
수많은 후손들 잊지 않고 추모하나니[7]
원모재를 세워 치성하는 마음 한결같아라[8].

河岳鍾精大海東	하악종정대해동	誕吾先祖菊堂公	탄오선조국당공
淵源私淑行經術	연원사숙행경술	氣像委佗動直風	기상위타동직풍
貞忠卓節羹墻裏	정충탁절갱장리	道德文章膾炙中	도덕문장회자중
不億雲仍追遠慕	불억운잉추원모	築齋揭額致誠同	축재게액치성동

1 河岳(하악): 강과 산. 鍾精(종정): 정기를 모으다. 大海東(대해동): '해동', 우리나라를 의미.
2 誕(탄): 태어나다. 吾先祖(오선조): 우리 조상. 菊堂公(국당공): 선조의 호 (88쪽 1 참조).
3 淵源(연원): 근원, 혈통이나 학문의 뿌리. 私淑(사숙): 직접 배우진 않았지만 마음속으로 본받아 학문을 닦음. 行經術(행경술): 경세제민의 학문을 실천함.
4 氣像(기상): 기개와 형상. 委佗(위타): 풍만하고 여유로운 모양.
動直風(동직풍): 행동은 바르고 기백은 곧음.
5 貞忠(정충): 곧고 충성됨. 卓節(탁절): 뛰어난 절개.
羹墻裏(갱장리): 제사를 모시며 조상을 추모함.
6 道德文章(도덕 문장): 도덕과 문장, 인품과 학문.
膾炙(회자): 회와 구운 고기. 칭찬을 받으며 사람들의 입에 자주 오르내린다는 말.
7 不億(불억): 잊지 않다, 마음속에 늘 있다.
雲仍(운잉): 운손(雲孫)과 잉손(仍孫)'이라는 뜻으로, 먼 후손(後孫)을 이르는 말.
追遠慕(추원모): 조상을 그리워하며 사모함.
8 築齋(축재): 제사를 위한 재실을 짓다.
揭額(게액): 현판을 걸다. 致誠同(치성동): 정성을 다함이 하나 됨.

4-11-2

원모재실을 우리 동방에 세우니
선조 국당공[1]을 편안히 모신 곳이네[2].
원나라에 달려가 교사郊赦를 하례하니 충절이요[3]
유배지에서도 사악을 물리쳐 직풍을 세우셨네[4].
자손들은 천년토록 잊지 않고 높이 존경하고[5]
국가는 백세토록 길이 받들어 추앙하네[6].
오르내리는 정령[7] 하늘에 계시나니
소박한 제물에도 제사를 멈추지 않으니 정성은
한결같아라[8].

遠慕齋成擅我東	원모재성천아동	妥吾先祖菊堂公	타오선조국당공
赴元賀赦持忠節	부원하사지충절	流島攘邪尙直風	유도양사상직풍
千秋子姓尊嚴際	천추자성존엄제	百世邦家景仰中	백세방가경앙중
陟降精靈如在上	척강정령여재상	蘋蘩勿替致齋同	빈번물체치재동

---

1 菊堂公(국당공): 조선 후기의 문신이자 충신으로, 본명은 이천(李蒨). 경주 이 씨는 소판공이 거명 이후 고려 말기에 들어와 크게 번성한다. 분파도 고려시대에 8개 분파로 나뉘고, 이후에 다시 70여 개 파로 나뉘게 된다. 그중 8 대파는 국당공파(菊堂公派), 성암공파(誠菴公派), 이암공파(怡庵公派), 익재공파(益齋公派), 호군공파(護軍公派), 부정공파(副正公派), 상서공파(尙書公派), 사인공파(舍人公派) 등이 있다.
2 妥(타): 편안히 모시다. 吾先祖(오선조): 우리 조상.
3 赴元(부원): 원나라에 사신으로 감. 賀赦(하사): 하늘에 제사 지내고 사면(赦免)을 베푸는 일. 즉 교사(郊赦)를 하례함. 持忠節(지충절): 충성과 절개를 지킴.
4 流島(류수): 유배된 섬. 섬에 유배됨. 攘邪(양사): 사악함을 물리침.
尙直風(상직풍): 바른 기풍을 숭상함.
5 千秋(천추): 오랜 세월. 子姓(자성): 후손들. 尊嚴(존엄제): 엄숙하고 숭고함. (際): ~할 즈음.
6 百世(백세): 여러 세대. 邦家(방가): 나라. 景仰(경앙): 우러러 존경함. 中(중): 속에서.
7 精靈(정령): 만물(萬物)의 근원(根源)을 이룬다는 신령스러운 기운. 죽은 사람의 영혼(靈魂).
8 蘋蘩(빈번): 변변하지 못한 제수(祭需).
勿替(물체): 거르지 않음. 致齋同(치재동): 함께 정성스레 제사를 올림.

4-11-3

삼공의 자리 중하여 덕이 동방에 빛났으니[1].

예나 지금이나 우리 선조를 칭송하네[2].

국당이라 호를 지어 숨은 절개 흠모하였고[3]

문효文孝[4]로 시호諡號를 입으니 유풍을 진작시켰네[5].

온 나라가 천년토록 잊지 않고 회자되니

자손들은 백세 토록 길이길이 추념하네[6].

오르내리는 정령 항상 잠들지 않으시니

원모재 세워 향기롭게 제사 올리는 마음 같아라[7].

三公位重德加東	삼공위중덕가동	古頌今傳我先公	고송금전아선공
用菊題堂持隱節	용국제당지은절	以文蒙謚動儒風	이문몽시동유풍
邦家膾炙千秋下	방가회자천추하	子姓羹墻百世中	자성갱장백세중
陟降精靈常不寐	척강정령상불매	揭齋遠慕苾芬同	게재원모필분동

---

1 三公(삼공): 의정부(議政府)에서 국가 주요 정책을 결정하는 일을 맡아보던 세 벼슬. 영의정(領議政), 좌의정(左議政), 우의정(右議政)을 이른다.
位重(위중): 지위가 무겁고 높음. 德加東(덕가동):덕이 동방에까지 미침.

2 古頌(고송): 옛사람들의 찬양. 今傳(금전): 지금도 전해짐.
先公(선공): 돌아가신 조상을 높여 부르는 말.

3 用菊題堂(용국제당): 국당(菊堂)이라 호를 지음. 持隱節(지은절): 은둔하며 절개를 지킴.

4 文孝(문효): 조선시대 국왕 또는 조정에서 문장과 예절이 뛰어나고, 효성이 깊었던 사람에게 주는 시호로 인물의 학덕(學德)과 효행(孝行)을 기리는 공식 칭호.

5 諡號(시호): 사람이 죽은 뒤, 생전의 행적과 인품을 고려해 나라에서 그 인물의 덕을 평가하여 붙이는 이름. 動儒風(동유풍): 유교적 기풍을 떨침.

6 子姓(자성): 자손들.
羹墻(갱장): 국(羹)과 담장(墻)으로, 국을 보아도 담장을 보아도 요임금이 보인다(羹墻見堯)에서 유래. 돌아가신 분을 그리워함, 百世中(백세중): 여러 세대에 걸쳐.

7 子姓(자성): 자손들.
羹墻(갱장): 국(羹)과 담장(墻)으로, 국을 보아도 담장을 보아도 요임금이 보인다(羹墻見堯)에서 유래. 돌아가신 분을 그리워함, 百世中(백세중): 여러 세대에 걸쳐.

4-12 수성재 남원지에 수록

칠 세조 통덕랑 공 이하 묘역 및 제각
석산리 동쪽, 방화령 입구에 있음.

힘을 합쳐 재물 모으고 정성을 쌓아서[1]
비로소 옛날 이루지 못한 일 이뤄냈네[2].
선조께서는 천년 토록 길이 흠향[3]하시고
후손은 백세 토록 정성으로 제사 올리리[4].
바라건대 종족들 화목하고[5]
선조의 정령 오르내리는 소리 들리네[6].
문틀 위 높이 걸린 현판 글씨 볼 때마다[7]
명예와 의리를 생각하여 경계하고 깨우치네[8].

守誠齋 수성재

七世祖 考通德郞公以下北城祭閣在石山里東訪花嶺口入南原誌

戮力鳩財且積誠 육력구재차적성 纔成往昔所難成 재성왕석소난성
先祖千秋歆享意 선조천추흠향의 後孫百世致齋情 후손백세치재정
庶幾宗族和溫色 서기종족화온색 彷佛精靈陟降聲 방불정령척강성
每省楣顏高揭額 매성미안고게액 顧名思義警還醒 고명사의경환성

---

1 戮力(육력): 힘을 합치다. 鳩財(구재): 재산을 모으다. 且(차): 또한. 積誠(적성): 정성을 쌓다.
2 纔成(재성): 겨우 이루다. 往昔(왕석): 옛날. 所難成(소난성):이루기 어려웠던 것.
3 歆享(흠향): 제사를 기꺼이 받음. 意(의): 뜻, 마음.
4 致齋(치재): 제사를 드리다. 情(정): 정성.
5 庶幾(서기): 바라건대. 宗族(종족): 종친과 친족. 和溫色(화온색): 화목하고 따뜻한 기색.
6 彷佛(방불): 마치 ~인 듯하다. 精靈(정령): 조상의 영혼. 陟降聲(척강성): 오르내리는 소리.
7 每省(매성): 늘 반성하며 살피다. 楣顏(미안): 문 위에 걸린 조상의 이름이나 표어.
高揭額(고게액): 현판을 높이 내걸다.
8 顧名(고명): 이름을 돌아보다. 思義(사의): 뜻을 생각하다. 警(경): 경계하다, 일깨우다.
還醒(환성): 다시 깨어나다.

4-13 겨울밤의 감회

서릿바람 몰아치는 달 밝은 깊은 밤에[1]
잠 못 이루고 지난날의 감회에 젖네[2].
말은 반드시 깊이 생각한 후에 해야 하며[3]
수행은 반드시 앞선 이들을 배워야 하리[4].
지난날의 잘못을 되돌아보니 연민만 번져가고[5]
앞날을 노력하지 않으면 다시 허물을 범할까 두렵네[6].
물처럼 흘러가는 세월 어이할 수 없으니[7]
오호라, 늙어 또 한 해가 지나네[8].

冬夜題感 동야 제감

雪月霜風午夜天 설월상풍오야천 罷眠耿耿感依先 파면경경감의선
發言當在思然後 발언당재사연후 修行必須學以前 수행필수학이전
旋求旣往憐爲蔓 선구기왕연위만 可勵將來恐作愆 가려장래공작건
歲不我延如水逝 세불아연여수서 嗚呼老矣又今年 오호노의우금년

---

1 雪月(설월): 눈 내린 달. 霜風(상풍): 서리 바람. 午夜天(오야천): 한밤중 하늘.
2 罷眠(파면): 잠에서 깨어남. 耿耿(경경): 마음에 잊히지 아니함. 感依先(감의선): 감정은 예전일에 의지함.
3 發言(발언): 말을 꺼내다. 當在(당재): 마땅히 ~에 있어야 한다. 思然後(사연후): 깊이 생각한 뒤에.
4 修行(수행): 몸과 마음을 닦는 일. 必須(필수): 반드시 필요하다. 學以前(학이전): 이전 사람들로부터 배워야 함.
5 旋求(선구): 곧바로 찾다. 旣往(기왕): 이미 지나간 것. 憐(연): 안타까움, 불쌍히 여김. 爲蔓(위만): 널리 퍼지다, 번지다.
6 可勵(가려): 힘써야 한다. 將來(장래): 미래. 恐作愆(공작건): 잘못을 저지를까 두렵다.
7 歲不我延(세불아연): 세월은 나를 기다려주지 않음. 如水逝(여수서): 물처럼 흘러가 버린다.
8 嗚呼(오호): 아아 (탄식). 老矣(노의): 늙었구나. 又今年(우금년): 또다시 한 해가 지났구나.

4-14 제감

평탄한 길 굽은 길 다 통할 수 있지만[1]
세상은 굽은 길만 다투어 가네[2].
굽은 길에 뜻이 있어 가로질러 가는 이 많고[3]
평탄한 길엔 마음이 없어 정도를 따르는 이 적네[4].
굽은 길 잘 못 든 건 네 죄가 아니라지만[5]
정도를 찾아 평탄한 길 가는 것은 누구의 공로일까[6]?
굽은 길 평탄한 길 분별하기 어렵지 않으나[7]
정의와 불의는 다 아는 일 일러라[8].

題感 제감

坦路曲歧兩競通 탄로곡기양경통 由歧捨路世爭峰 유기사로세쟁봉
曲歧有意橫多去 곡기유의횡다거 坦路無心正少從 탄로무심정소종
橫入曲歧非爾罪 횡입곡기비이죄 正尋坦路是誰功 정심탄로시수공
曲歧坦路非難辨 곡기탄로비난변 坦正曲邪是共公 탄정곡사시공공

---

1 坦路(탄로): 평탄한 길, 정도. 曲歧(곡기): 굽은 갈림길, 편도, 사도. 兩競通(양경통): 둘이 경쟁하듯 다 통한다.
2 由歧(유기): 갈림길을 따라. 捨路(사로): 바른 길을 버리다. 世爭峰(세쟁봉): 세상은 정상을 다투네.
3 有意(유의): 의도 있음, 뜻이 있음. 橫多去(횡다거): 제멋대로 가는 이가 많다.
4 無心(무심): 욕심 없음, 꾸밈없음. 正少從(정소종): 바른 것을 따르는 이가 적다.
5 橫入(횡입): 가로질러 들어감. 非爾罪(비이죄): 너의 죄만은 아니다.
6 正尋(정심): 바르게 찾아감. 是誰功(시수공): 누구의 공인가.
7 非難辨(비난변): 구별하기 어렵지 않다.
8 坦正(탄정): 평탄하고 바른 길. 曲邪(곡사): 굽고 사악한 길. 共公(공공): 모두가 인정하는 기준, 공론.

4-14-1

그릇된 것이 옳은 것을 그르다 하고,
옳은 것이 그릇된 것을 그르다 하니[1]
누가 있어 옳고 그름을 바로 잡아주리[2].
옳은 것은 논변이 적으면 밝히기 어렵고[3]
그른 것은 꾸밈이 많아 가려지기 십상이네[4].
시시비비를 거치면 옳은 것은 분명해지고[5]
그른 것은 시비를 거치면 오히려 옳은 것처럼 되고,
그름을 잊어버리네[6].
옳은 것도 때로 궤변 같고,
궤변도 때로 옳은 것 같으나[7]
결국 옳은 것은 옳고, 그른 것은 그른 법[8].

詭攻其是是攻非	구공기시시공비	誰有是非正是非	수유시비정시비
是少辯論難顯是	시소변론난현시	詭多文飾易遮非	구다문식이차비
是是是詭能辨是	시시시구능변시	非非非是却忘非	비비비시각망비
是亦似詭詭似是	시역사구구사시	是非自有是而非	시비자유시이비

1 詭(구): 논박하다, 따지다. 攻(공): 비판하다. 其是(기시): 그것이 옳다고 함.
是攻非(시공비): 옳음을 내세워 그름을 공격함.
2 誰有(수유): 누가 가지고 있는가. 正是非(정시비): 올바른 시비, 진짜의 옳고 그름.
3 是少(시소): 참된 것이 드묾. 辯論(변론): 논쟁.
難顯是(난현시): 옳음을 드러내기 어려움.
4 文飾(문식): 말로 꾸밈. 易遮非(이차비): 그름을 가리기는 쉬움.
5 是是是詭(시시시구): 옳다는 말도 결국은 논쟁. 能辨是(능변시): 옳음을 분별할 수 있음.
6 非非非是(비비비시): 그름 속에서도 옳다 함. 却忘非(각망비): 되려 그름을 잊어버림.
7 似詭(사구): 논쟁처럼 보이는 것. 似是(사시): 옳은 듯한 것.
8 是而非(시이비): 옳으면서도 그름.

4-14-2

백옥이 먼지 속에 묻히고 산이 안개에 덮이면[1]
뉘라서 백옥과 청산의 참모습을 알아보리오[2].
먼지 속에 빛을 감추었어도 빛나는 것은 여전히 옥이고[3]
안갯속에 모습을 감추었으나 그 모습은 또한 산이라[4].
흰 옥이 흙에 묻혔다 해서 옥이 아닌 것이 아니요[5]
청산이 안개에 싸였다 해도 산이 아닌 것도 아니라네[6].
옥이 먼지가 벗겨지고 산이 안개에서 벗어나야[7]
세상은 바야흐로 백옥과 청산을 알아본다네.[8]

白玉埋塵山入霧 백옥매진산입무 誰知白玉與青山 수지백옥여청산
韜光塵裏光常玉 도광진리광상옥 藏色霧中色亦山 장색무중색역산
白玉埋塵非玉玉 백옥매진비옥옥 青山入霧是山山 청산입무시산산
玉若超塵山脫霧 옥약초진산탈무 世知白玉與青山 세지백옥여청산

---

1 白玉(백옥): 흰 옥, 순결하고 귀한 존재의 상징. 埋塵(매진): 먼지(세속)에 묻힘. 혼탁함.
山入霧(산입무): 산이 안갯속으로 들어감. 인식의 오류, 진리에 도달하지 못하게 하는 상태.
2 誰知(수지): 누가 알까. 與(여): ~와 함께. 青山(청산): 자연 그대로의 진실, 또는 존재의 본질.
3 韜光(도광): 빛을 감춤 (재능·진실의 은폐). 塵裏(진리): 먼지 속.
光常玉(광상옥): 빛은 여전히 옥이니.
4 藏色(장색): 색을 숨김 (본모습이 가려짐). 霧中(무중): 안갯속.
色亦山(색역산):색이 바뀌어도 여전히 산.
5 白玉埋塵非玉玉(백옥매진 비옥옥) 겉으로는 드러나지 않지만, 속에 있는 가치와 본질은 변하지 않는다. 그러나 진가가 드러나는 때, 즉 깨달음과 진리의 인식을 통해 세상이 참된 것을 알아보게 된다는 것을 암시. 현상 너머의 본질을 바라보는 관점과 그 회복의 가능성을 제시.
6 是山山(시산산): 산이기에 산이니라.
7 超塵(초진): 속세를 벗어남, 먼지를 벗어남. 脫霧(탈무): 안개를 벗어남.
8 世知(지세): 세상이 알아본다. 白玉與青山(백옥여청산): 흰 옥과 푸른 산.

4-15 고궁의 가을 빛[1]

적막하고 쓸쓸한 궁전의 늦가을에[2]

이슬 젖은 낙엽 섬돌에 흩날리네[3].

국화는 이슬을 머금은 채 무너진 계단에 기대어 있고[4]

기러기는 해를 따라 저문 강가를 날아가네[5].

임금이 다니던 길엔 달빛이 조문하고[6]

금문은 꽉 닫혀 높바람만 스산하네[7].

돌아보면 옛날의 화려하던 일들이 떠오르고[8]

처량한 풍경에 흘리던 눈물이 아직도 마르지 않았네[9].

古宮秋色 고궁 추색

寂寞寒宮又晚秋 적막한궁우만추 露前落葉戰階頭 노전낙엽전계두
菊花含露依頹院 국화함로의퇴원 鴻雁隨陽向暮洲 홍안수양향모주
輦路將蕪南月吊 연로장무남월조 禁門空閉北風愁 금문공폐북풍수
顧思往昔繁華事 고사왕석번화사 景色凄凉淚未收 경색처량누미수

---

1 古宮秋色(고궁 추색): 옛 궁궐의 쓸쓸함과 가을이라는 계절이 불러일으키는 회한을 아름다운 비유와 상징으로 정감 깊게 표현.
2 寂寞(적막): 쓸쓸하고 고요함. 寒宮(한궁): 차가운 궁궐, 폐궁의 상징. 晚秋(만추): 늦가을.
3 露前(노전): 이슬 내리기 전. 戰階頭(전계두): 섬돌 앞에서 바스락거리며 흔들림. 흩날리다.
4 菊花(국화): 가을의 상징. 含露(함로): 이슬 머금다. 頹院(퇴원): 허물어진 궁정. 依(의): 기대다.
5 鴻雁(홍안): 기러기. 隨陽(수양): 따뜻한 햇살을 따라.
向(향): 향하다. 暮洲(모주): 저녁 무렵의 물가 섬.
6 輦路(연로): 임금이 거동(擧動) 하는 길. 將蕪(장무): 곧 풀에 묻히려 함.
南月(남월): 남쪽 하늘의 달. 吊(조): 슬퍼하다. 조문하다.
7 禁門(금문): 대궐 문(출입 금지의 의미). 空閉(공폐): 텅 빈 채 닫혀 있음.
北風(북풍): 북풍. 매섭게 부는 바람(높바람). 愁(수): 시름, 슬픔.
8 顧思(고사): 돌아보며 생각함. 往昔(왕석): 지난날. 繁華事(번화사): 화려했던 일들.
9 景色(경색): 풍경, 장면. 凄凉(처량): 쓸쓸하고 애처로움.
淚未收(루미수): 눈물이 아직 거두어지지 않음. 마르지 않는다.

4-16 송기죽[1]

계사년 춘곤으로 백성들은 초근목피로 생계를 이어갈 때 많은 율사[2]들의 시에 감흥하여 나 또한 이에 문장을 덧붙인다.

나무 싹을 마구 거둬들이니 어이 화근이 아니리오[3]
가엾도다! 훗날 온 산에 나무들이 바닥나리[4].
어지러운 세상에 풍진이 가득하니[5]
박복한 백성에게 재앙만 돌아오네[6].
가난 구제는 나라도 못한다는데[7]
하늘마저 가뭄을 내려 가혹함을 더하였구나[8].
흉년의 죽이 비록 진미는 아니나마[9]
한 그릇을 노소가 어찌 나눠먹을까[10].

松肌粥 송기죽

癸巳春困人民多以草根木皮資生故諸律家多詠此詩墳吾亦次文

聚歛先萌是禍胎 취렴선맹시화태　可憐他日盡山材 가련타일진산재
多難世界風塵滿 다난세계풍진만　薄福閭閻厄運回 박복여염액운회
本無邦國專荒政 본무방국전황정　更有昊天降旱尖 갱유호천강한첨
雖非眞味凶年粥 수비진미흉년죽　長幼何分共一盔 장유하분공일회

---

1 松肌粥(송기죽): 흉년에 백성들이 먹던 소나무 껍질 죽.
2 諸律家(제율가): 법을 다루는 사람. 판관, 관리, 문장가, 시인, 선비 계층을 지칭.
3 聚歛(취렴): 가혹한 수탈, 착취. 先萌(선맹): 처음 나온 싹. 禍胎(화태): 재앙의 싹, 화근.
4 可憐(가련): 가엾다. 他日(타일): 어느 날, 훗날. 盡山材(진산재): 산의 나무가 다 없어짐.
5 多難(다난): 재난이 많음. 風塵(풍진): 세상 어지러움, 전란과 혼란.
6 薄福(박복): 복이 적음. 閭閻(여염): 일반 백성.
厄運(액운): 액운, 재앙. 回(회): 몰려듦, 되돌아옴.
7 本無(본무): 본래 없음. 邦國(방국): 나라. 專荒政(전황정): 독단적이고 황폐한 정치
8 昊天(호천): 넓은 하늘, 하늘. 更有(갱유): 더욱. 좀 더. 무엇보다도. 降旱尖(강한첨): 가뭄을 내림.
9 雖非(수비): 비록 참맛은 아니나. 凶年粥(흉년죽): 흉년의 죽, 기근 때의 음식.
10 長幼(장유): 어른과 아이. 何分(하분): 어찌 구별할 수 있으랴. 共一盔(공일회): 한 그릇.
盔(회)-주발(周鉢: 놋쇠로 만든 밥그릇). 바리(놋쇠로 만든 여자의 밥그릇).

4-17 최한식에게 보내는 화답시

일찍이 소망했더니 마침 이웃이 되어[1]
지금은 우리 둘 다 쇠약한 몸이 되었네[2]
금싸라기 같은 말에 내 마음은 맑아지는데[3]
다시 주옥같은 서신을 접하니 그 기개가 새롭네[4].
지금껏 온 세상이 모두 꿈에 취하는 줄 알았더니[5]
이곳에 진리가 있을 줄이야 뉘 알았으리.[6]
그 많은 속세의 수심이야 입에 담을 것 없이[7]
평생 그대와 더불어 선비의 길 가네[8].

答崔漢植 답 최한식

夙飽於今巧結隣 숙포어금교결린 扶陽惟我兩衰人 부양유아양쇠인
既因金語胸腹潔 기인금어흉복결 更接玉音志氣新 갱접옥음지기신
將謂世間皆醉夢 장위세간개취몽 孰料這裏獨尋眞 숙료저리독심진
多少塵愁何足說 다소진수하족설 一生共得守儒巾 일생공득수유건

---

1 夙飽(숙포): 예전부터 익숙히 알고 친밀함. 於今(어금): 지금까지.
巧結隣(교결린): 인연을 잘 맺다, 좋은 이웃 관계.
2 扶陽(부양): 양기(陽氣)를 돕다. 惟(유): 오직. 我兩衰人(아양쇠인): 우리 두 늙은이일 뿐.
3 既因(金語)(기인 금어): 이미 그대의 금같이 귀한 말에 힘입어.
胸腹潔(흉복결): 마음속이 깨끗해짐.
4 更接(갱접): 더욱 이어서 듣게 되니. 玉音(옥음): 옥처럼 맑은 말소리.
志氣新(지기신): 뜻과 기운이 새로워짐.
5 將謂(장위): 이르기를, 말하건대.
世間(세간): 세상 사람. 皆醉夢(개취몽): 모두가 꿈에 빠져 있다 하니.
6 孰料(숙료): 어찌 짐작했으랴, 누가 알았겠는가. 這裏(저리): 이 자리, 여기.(세상이 모두 허망한 환상에 젖은 줄 알았는데, 당신은 그 가운데서도 홀로 진리를 찾고 있었군요).
獨尋眞(독심진): 홀로 참됨을 구하고 있음을.
7 多少(다소): 그 얼마인가. 塵愁(진수): 속세의 시름. 何足說(하족설): 말할 가치도 없네.
8 一生共得(일생 공득): 일생을 함께 얻었으니. 守儒巾(수유건): 유생의 두건을 지키며 살았도다.

4-18 요수정[1]을 읊다 차운

곡성 고달 수월리 하길호를 위하여

이 양요兩樂에 살면서 이 정자를 세우니[2]
옛 자리에 기대서니 천봉이 강물을 마주하네[3]
강비가 잠깐 멈추니 산이 달을 토하고[4]
산 구름이 잠드니 물이 별을 삼키네[5].
강물이 흐름을 멈추지 않음을 누가 알랴[6]
마음 듬직한 그대 혼자 깨어있구나[7].
속된 세상이 어찌 감히 신령한 경지를 흔들까[8]
이 노래로 그대 가문 대대로 평안함을 부러워하네[9].

次樂水亭韻 차 요수정 운

在谷城古達水越里 主河吉鎬爲先作

寓斯兩樂起斯亭 우사양락기사정 據昔千峯面一汀 거석천봉면일정
江雨乍晴山吐月 강우사청산토월 嶂雲已宿水呑星 장운이숙수탄성
周流無滯人誰識 주류무체인수식 厚重不遷子獨醒 후중불천자독성
風塵豈敢搖靈境 풍진기감요영경 韻羨君家世世寧 운선군가세세녕

---

1 樂水亭(요수정): 낙수정(樂水亭)과 요수정(樂水亭)을 놓고 고심 끝에 兩樂을 양요(요산요수樂山樂水)로 해석하기로 하였으며, 조사 결과 곡성에는 정자가 현존하지 않고 경남 거창에 요수정(樂水亭)이 있는 것으로 확인되었다. 따라서 이 시에 在谷城古達水越里 主河吉鎬爲先作(재 곡성 고달 수월리 주 하길호 선생위작)이라는 기록은 확인 불가.
2 寓斯(우사): 이곳에 머무르다. 起斯亭(기사정): 이 정자를 세움.
3 據昔(거석): 예로부터 기반함. 千峯(천봉): 천 개의 봉우리. 面一汀: 하나의 물가를 마주함.
4 乍晴(사청): 갑자기 갬. 吐月(토월): 달을 토해내듯 드러냄.
5 嶂雲(장운): 산봉우리에 걸친 구름. 已宿(이숙): 이미 머물고.
水呑星(수탄성): 물속에 별이 잠김.
6 周流無滯(주류무체): 막힘 없이 흐르는 도(道)의 모습.
人誰識(인수식): 이를 알아보는 사람이 누구인가.
7 厚重(중후): 깊고 중후한 도량 또는 자연. 不遷(불천): 흔들리지 않음.
子獨醒(자독성): 그대 홀로 깨어 있음.
8 風塵(풍진): 속세의 혼란. 豈敢(기감): 어찌 감히. 搖靈境(요영경): 이 신령한 경지를 흔들겠는가.
9 韻羨(운선): 그 풍류와 운치를 부러워함.
君家(군가): 그대의 가문. 世世寧(세세영): 대대로 평안하리라.

4-19 백원정을 읊노라 차운

양촌에 백원정[1]이 우뚝 섰으니
묻지 않아도 이곳에 효자 있음을 알겠네[2].
부모를 정성껏 모심이 어찌 겨울과 여름뿐이랴[3]
새벽부터 저녁까지 정성을 다한 효도가 있었네[4].
집안에서는 모두들 화목하다 하고[5]
향리에서는 선비의 가풍이 있다 칭찬하네[6].
말로 전하는 칭송이 비석에 새긴 글보다 나으니[7]
구태여 이 정자에서 덕문으로 칭송을 기다리랴[8].

次百源亭韻 차 백원정 운

在松潤面亭子源主尹正學爲親作

百源亭立是陽村 백원정립시양촌 不問可知孝子存 불문가지효자존
溫凊豈惟冬與夏 온청기유동여하 起居每自曙而昏 기거매자서이혼
家庭稱說人無間 가정칭설인무간 鄕里譽言士有論 향리예언사유론
口碑猶勝銘於石 구비유승명어석 何待斯亭表德門 하대사정표덕문

---

1 百源亭(백원정): 효는 백행의 근원이라는 뜻. 시(詩)에서 百源亭의 소재지로 기록된 송윤면은 행정구역 확인이 어려우며, 百源亭이 전국적으로 여러 군데 현존하고 있다. 충북 진천읍 장관리. 경북 성주군 월항면 지방리. 안동시 녹천면 139-2. 경주시 안강읍 등. 立(립): 세우다. 是(시): 바로 이. 陽村(양촌): 해가 잘 드는 마을, 또는 지명.
2 不問可知(불문가지): 묻지 않아도 알 수 있음. 孝子存(효자존): 효자가 있음.
3 溫凊(온청): 자식이 효성을 다하여 부모를 섬기는 도리. 겨울에는 따뜻하게 하고, 여름에는 시원하게 하며, 저녁에는 자리를 편히 마련하고, 아침에는 안부를 여쭙는 일. 豈惟(기유): 어찌 다만 ~뿐이랴. 冬與夏(동여하): 겨울과 여름 (형용적 계절 예시).
4 起居(기거): 생활 전반, 부모의 일상 돌봄. 每自(매자): 언제나 ~부터 ~까지. 曙而昏(서이혼): 새벽부터 저녁까지.
5 稱說(칭설): 칭찬하며 이야기함. 人無間(인무간): 서로 허물없이 가까움.
6 譽言(예언): 칭찬하는 말. 士有論(사유론): 선비들 또한 의견을 보탬.
7 口碑(구비): 입에서 입으로 전해지는 명성, 구전. 猶勝(유승): 오히려 낫다. 銘於石(명어석): 돌에 새긴 명문이나 공덕비.
8 何待(하대): 어찌 굳이 기다릴까. 斯亭(사정): 이 정자. 表德門(덕문): 덕행의 집안을 널리 알려 기리기 위한 문.

4-20 효열부 김해 김씨 부인께 드리는 송시

하늘이 인륜의 질서를 세우고자 참된 여인을 내려주시니[1]
비로소 민심의 새로워짐이 하늘의 뜻임을 알았네[2].
지아비를 향한 정절로 의리를 굳건히 하였고[3]
시아버지를 섬긴 효성으로 인의 근본을 다했네[4].
선행은 가까운 친족에게 먼저 본이 되었고[5]
어진 소문은 이웃에 회자되었네[6].
진나라의 부덕과 하나라의 본을 이제 다시 보니[7]
그 소문 들은 곳마다 세상 사람 일깨우네[8].

賀孝烈婦金海金氏詩 하 효열부 김해 김씨 시

居南海

天欲扶綱降此眞 천욕부강강차진 始知天意使民新 시지천의사민신
爲夫貞節能伸義 위부정절능신의 事舅孝誠曲盡仁 사구효성곡진인
闡揚善行先三族 천양선행선삼족 膾炙賢聲已四隣 회자현성이사린
陳婦夏候今復見 진부하후금후견 聞風處處警時人 문풍처처경시인

1 天欲(천욕): 하늘이 하고자 하여. 扶綱(부강): 기강(紀綱)을 바로잡음.
降此眞(강차진): 이 참된 이를 내려보냄.
2 始知(시지): 비로소 알겠다. 天意(천의): 하늘의 뜻. 使民新(사민신): 백성을 새롭게 함.
3 爲夫(위부): 남편에게. 貞節(정절): 정절을 지킴. 能伸義(능신의): 의로움을 드러낼 수 있었음.
4 事舅(사구): 시아버지를 섬김. 孝誠(효성): 지극한 효성과 정성.
曲盡仁(곡진인): 온갖 정성과 인애를 다함.
5 闡揚(천양): 널리 드러냄. 善行(선행): 착한 행실.
三族(삼족): 가까운 친족 세 집안(본가 시댁·외가 등).
6 膾炙(쾌자): 맛있는 음식처럼 회자됨. 賢聲(현성): 어질다는 이름.
已四隣(이사린): 이미 사방 이웃에 퍼짐.
7 陳婦夏候(진부하후): 진나라의 하후씨. 열녀의 고사로, 정절의 상징.
今復見(금복견): 이제 다시 이와 같은 이를 봄.
8 聞風(문풍): 그 소문을 들음. 處處(처처): 곳곳마다. 警時人(경시인): 당대 사람들을 일깨움.

4-21 효자 강순구에게 드리는 송시

가난한 살림에도 즐거이 어버이를 섬기니[1]
이 타고난 성품의 천진함을 알겠네[2].
그 아름다운 행실은 삼족을 먼저 빛냈고[3]
어진 이름은 이웃에도 널리 칭송받았네[4].
예로부터 충신이 많은 집안인데[5]
이제 효자 나니 가문이 더욱 빛나네[6].
만일 후손이 대대로 그 뜻 이어 나간다면[7]
진양의 꽃나무는 오래도록 항상 푸르리[8].

賀孝子姜淳九詩 하 효자 강순구 시

菽水承歡善養親 숙수승환선양친 是知稟性守天眞 시지품성수천진
闡揚美行先三族 천양미행선삼족 膾炙賢聲已四隣 회자현성이사린
昔自忠臣門亦舊 석자충신문역구 今因孝子閥重新 금인효자벌중신
若使後孫能繼述 약사후손능계술 晉陽花樹獨長春 진양화수독장춘

---

1 菽水承歡숙수승환): 콩죽과 물만 먹고 살지라도 즐겁게 부모님을 모심. 효성을 다해 부모를 봉양하다.(효성의 상징). 善養親(선양친): 어버이를 잘 봉양함.
2 是知(시지): 이를 알겠네. 稟性(품성): 타고난 성품.
守天眞(수천진): 하늘이 준 순수함을 지킴.
3 闡揚(천양): 드러내어 밝혀서 널리 퍼지게 함.
美行(미행): 아름다운 행실. 先三族(선삼족): 삼족(부계, 모계, 처가)을 먼저 빛냄.
4 賢聲(현성): 어진 명성. 已四隣(이사린): 이미 사방 이웃에도 퍼짐.
5 昔自(석자): 예로부터. 忠臣門(충신문): 충신의 집안. 亦舊(역구): 또한 오래되었음.
6 今因(금인): 이제는. 孝子(효자): 효자의 이름으로.
閥重新(벌중신): 문벌이 다시 빛나게 되었다.
7 若使(약사): 만약 ~한다면. 後孫(후손): 후손이. 繼述(계술): 뒤이어 계승한다면.
8 晉陽花樹(진양화수): 진양(진주 강 씨의 본관)의 꽃나무, 아름답고 명예로운 가문.
獨長春(독장춘): 홀로 봄을 오래 이어가리라.

4-22 초은[1]의 정사에 화답하여

노산의 깊은 곳에 집 한 채 짓고[2]
나무꾼처럼 숨어 사는 것이 본래의 뜻이라[3].
세상을 잊고 스스로를 깨끗이 하며[4]
항상 귀를 씻고 깨끗한 세상 기다리네[5].
학문에 전념하여 도를 닦으니[6]
명성을 구하지 않았으나 스스로 이름이 나네[7].
속세의 때를 일찍이 벗고 세상 밖에서 놀며[8]
원학을 벗 삼아 동행하네[9].

次樵隱精舍韻 차 초은정사 운

在大山老山里

老山深處一齋成 노산심처일재성 潛跡於樵是本情 잠적어초시본정
忘世潔身厭世濁 망세결신염세탁 隨時洗耳待時淸 수시세이대시청
專心道學眞修道 전심도학진수도 不意名聲自得名 불의명성자득명
早脫塵容遊物外 조탈진용유물외 猿儔鶴侶每同行 원주학려매동행

---

1 樵隱(초은): 나무를 하며 은거하는 사람.
2 老山(노산): 지명(대산면 노산).
深處(심처): 깊숙한 곳. 一齋成(일재성): 하나의 정사가 이루어졌다.
3 潛跡(잠적): 자취를 감추고 은거함. 於樵(어초): 땔감을 하는 사람, 나무꾼.
本情(본정): 본래의 성정.
4 忘世(망세): 세속을 잊고.
潔身(결신): 청렴하게 살다. 厭世濁(염세탁): 세상의 더러움을 싫어함.
5 隨時(수시): 때를 따라. 洗耳(세이): 귀를 씻음. 待時淸(대시청): 깨끗한 세상 기다림.
6 專心道學(전심도학): 유교적 수양에 전념함. 眞修道(진수도): 참으로 도를 닦음.
7 不意名聲(불의명성): 명성을 꾀하지 않았으나. 自得名: 저절로 이름이 남.
8 早脫塵容(조탈진용): 일찍 속세의 형상을 벗고.
遊物外(유물외): 사물의 밖, 세속을 벗어난 경지.
9 猿儔鶴侶(원주학려): 원숭이와 학이 벗이 되어. 군자(君子)의 상징.
每同行(매동행): 언제나 함께 걸었도다.

4-23 서울의 정취를 마주하고

예와 다른 경성의 경치 고요하기만 한데[1]
새롭고 기괴한 그 모습에 근심만 쌓이네[2].
산은 고국을 감싸지만 주인은 머뭇거리기만 하고[3]
강물은 텅 빈 도성을 끌어안고 적막하게 흐르네[4].
달은 남쪽 하늘에서 처량한 누각을 조문하고[5]
찬바람은 쓸쓸한 궁전에 시름만 더하네[6].
가련 타! 미국에 바랬으나 어느 곳에 진실이 있는가?[7]
비분한 사나이 초나라 포수처럼 눈물짓네[8].

遇京城韻 우 경성 운

異昔京華景色幽 이석경화경색유　新形奇態摠關憂 신형기태총관우
山圍故國躕躇主 산위고국주저주　水抱空城寂寞流 수포공성적막류
怊悵樓抬南月吊 초창루대남월조　蕭條宮殿北風愁 소조궁전북풍수
可憐望美誠何處 가련망미성하처　慷慨男兒泣楚囚 강개남아읍초수

---

1 異昔(이석): 예전과 다름. 京華(경화): 서울, 수도. 景色幽(경색유): 풍경이 고요하고 쓸쓸함.
2 新形(신형): 새로 들어선 형상들. 奇態(기태): 기이한 모습들.
摠關憂(총관우): 모든(摠) 걱정(憂)과 관련(關)되다, 모두 근심과 걱정을 불러일으킨다.
3 山圍(산위): 산이 둘러싸고 있음.
故國(고국): 예전의 나라, 또는 수도. 躕躇主(주저주): 주인은 머뭇거리며 머물고 있음.
4 水抱(수포): 강물이 감싸 안고. 空城(공성): 텅 빈 성. 寂寞流(적막류): 쓸쓸히 흐른다.
5 怊悵(초장): 허망하고 슬퍼하다, 樓抬(루대): 누대, 높은 건물.
南月吊(남월조): 남쪽 달이 애도함.
6 蕭條(소조): 황량하다, 쓸쓸한. 北風愁(북풍수): 북풍이 한스러움.
7 望美(망미): 미국을 의지함 또는 그 정의를 바라 봄. 미국에 바라다.
誠何處(하성처): 참으로 어디에 있는가.
8 慷慨(강개): 비분강개, 슬프고 분함. 男兒(남아): 지사, 사내.
泣楚囚(읍초수): 초나라의 죄수처럼 눈물짓다 (楚囚: 나라 잃은 포로의 상징).

4-24 열부 경주 이씨 정려에 부쳐

사람이 한 번 태어나 백 세에 이름을 남기나니[1]
행적을 돌아보니 어찌 언행이 진실하지 않으리오[2].
남아들의 칭송이 시로 회자되고[3]
여사들은 절의를 사모하네[4].
마땅히 원학이 되길 간절히 바라노니[5]
웅어를 분별하듯 취사를 분명히 하리[6].
후손이 그 뜻을 잘 이어감을 또한 축하하노니[7]
붉은 문은 천추에 남아 저승에서도 빛을 내네[8].

次烈婦慶州李氏旌閭韻 차 열부 경주 이씨 정여 운

一落人間百世名 일락인간백세명 如何慥慥顧其行 여하조조고기행
韻風膾炙男兒頌 운풍회자남아송 節義羹墻女士英 절의갱장여사영
應爲猿鶴哀怨切 응위원학애원절 辨得熊魚取舍明 변득웅어취사명
且賀胤君能繼緖 차하윤군능계서 千秋綽楔九原榮 천추작설구원영

---

1 一落人間(일락인간): 한번 인간 세상에 태어남. 百世名(백세명): 백세에 걸쳐 전해질 명성.
2 如何(여하): 어찌, 얼마나. 慥慥(조조): 굳세고 신중함, 뜻을 굽히지 않음.
顧其行(고기행): 그 행실을 돌이켜보니.
3 韻風(운풍): 맑은 절개와 기풍. 男兒頌(남아송): 사내들이 노래하며 기리는 대상.
4 節義(절의): 절개와 의리. 羹墻(갱장): 국(羹)과 벽(墻). 경모(敬慕)하고 추념(追念)함을 이르는 말. 女士英(여사영): 여성 중의 뛰어난 이.
5 應爲(응위): 마땅히 ~일 것이다. 猿鶴(원학): 원숭이와 학, 은자적 정서의 상징. 哀怨切(애원절): 슬픔과 원망이 절절함.
6 辨得(변득): 분별하여 얻다.
熊魚(웅어): 드렁허릿과의 민물고기. 맹자 고자(告子) 상(上)에 "생선도 내가 먹고 싶어 하는 바이며, 곰 발바닥도 내가 먹고 싶어 하는 것이지만 이 두 가지를 겸하여 얻을 수 없다면 곰 발바닥을 취하겠다. 또 삶 또한 내가 원하는 것이고 의(義)도 또한 내가 원하는 것이지만 두 가지를 겸해서 얻을 수 없으니 삶을 버리고 의를 취하겠다."라고 했다.
取舍明(취사명): 취하고 버림이 분명함.
7 且賀(차하): 또한 축하하다. 胤君(윤군): 후손, 아들. 能繼緖(능계서): 가문의 전통을 이음.
8 千秋(천추): 천 년 세월. 綽楔(작설): 충신, 효자, 열녀를 표창하기 위하여 그 집 앞에 세우던 붉은 문. 九原榮(구원영): 구원(저승)에서의 영광.

4-25 대한 통일

도탄에 빠졌던 만백성이 삶을 얻으니[1]
평안한 저잣거리에 즐거움이 가득하네[2].
이제 분열되었던 이 땅이 다시 합해지니[3]
자고로 어두움이 있으면 밝음이 있는 법[4].
의구한 강산은 또다시 하나가 되고[5]
새로운 장수들이 왕도를 지키네[6].
휴전이 되고 평화가 남북에 통하니[7]
적들은 이제 다시 무모한 짓 못하리[8].

大韓統一 대한 통일

塗炭萬民共得生	도탄만민공득생	康衢煙月動歡情	강구연월동환정
從今地理分還合	종금지리분환합	自古天時晦復明	자고천시회복명
依舊江山歸正統	의구강산귀정통	迎新熊虎拱王城	영신웅호공왕성
干戈休息通南北	간과휴식통남북	匪類應無敢縱橫	비류응무감종횡

1 塗炭(도탄): 진흙과 숯불, 곧 고통과 재난의 상징.
萬民(만민): 모든 백성. 共得生(공득생): 함께 삶을 얻다.
2 康衢煙月(강구연월): 번화한 큰 길거리에서 달빛이 연기에 은은하게 비치는 모습을 나타내는 말로, 태평한 세상의 평화로운 풍경을 이르는 말. 動歡情(동환정): 기쁨의 정서가 일다.
3 從今(종금): 이제부터. 地理(지리): 국토, 지형. 分還合(분환합)-나뉘었다가 다시 합쳐짐.
4 自古(자고): 예로부터. 天時(천시): 하늘의 때, 운명적 시기. 晦復明: 어두웠다가 다시 밝아짐.
5 依舊(의구): 예전처럼. 江山(강산): 강과 산, 국토. 歸正統(귀정통): 바른 도리에 돌아오다.
6 迎新(영신): 새로움을 맞이하다.
熊虎(웅호): 곰과 호랑이 같은 선비라는 뜻. 용맹한 무사나 장수를 비유적으로 이르는 말.
7 干戈(간과): 무기, 전쟁. 休息(휴식): 멈추다. 通南北(통남북): 남북이 통하다.
8 匪類(비류): 도둑떼, 반도적 무리.
應無(응무): 마땅히 없어야 하고. 敢縱橫(감종횡): 감히 제멋대로 날뛰다.

4-26 귀래정 시회

귀래정에서 함께 정을 나누니[1]
꿈속 같은 세상 풍류를 아는 모임이라[2].
위엄과 예의를 갖춘 나라의 석학들이요[3]
당당하게 춤을 추니 나라의 간성들이라[4].
눈 속에서 봄바람 부니 어느 곳이 따뜻한고[5]
가뭄 끝에 가을비 오니 다른 곳이 개는구나[6].
개중에는 선현에 대한 감회도 있나니[7]
조금이나마 자연의 경중을 알겠노라[8].

歸來亭詩會 귀래정 시회

在淳昌

歸來亭上共舒情 귀래정상공서정　醉夢世間雅會成 취몽세간아회성
棣棣威儀邦彦碩 태태위의방언석　蹌蹌舞蹈國干城 창창무도국간성
雪裏春風何處暖 설리춘풍하처난　旱餘秋雨別區晴 한여추우별구청
箇中尤切先賢感 개중우절선현감　一抹靑山自重輕 일말청산자중경

---

1 歸來亭(귀래정): 전북 순창군 순창읍 가남리 , 조선 전기의 문신인 신말주(申末舟,1429~1503, 신숙주의 막냇동생)는 단종 2년(1454) 과거에 급제하였으나, 세조가 조카 단종을 내몰고 왕위에 오르자 불사이군의 충절을 지켜 벼슬에서 물러나 부인의 고향인 순창으로 낙향하여 1,456년(세조 2) 경에 지었다. 귀래정은 '벼슬을 버리고 집으로 돌아온다.'라는 뜻으로 서거정이 지었으며 신말주는 귀래정을 자신의 호로 삼았다. 共舒情(공서정): 함께 정을 나누다.
2 醉夢(취몽): 술에 취한 꿈같은 세상. 雅會(아회): 고상한 모임, 시회. 成(성): 이루어지다.
3 棣棣(제제): 단정하고 예의 바른 모양. 威儀(위의): 엄숙한 태도.
邦彦碩(방언석): 나라의 훌륭한 선비와 재사들.
4 蹌蹌(창창): 모습이나 행동이 당당하고 위엄이 있음.
舞蹈(무도): 춤을 추다. 國干城(국간성): 나라의 방패이자 기둥.
5 雪裏(설리): 눈 속. 何處暖(하처난): 어디가 따스한가.
6 旱餘(한여): 가뭄 뒤. 別區晴(별구청): 다른 곳은 맑아지다-변별된 경지.
7 箇中(개중): 이 가운데.
尤切先賢感(우절 선현감): 더욱 절절하고 깊이 느껴지는 옛 선비들에 대한 감회.
8 一抹靑山(일말 청산): 한 줄기 푸른 산. 自重輕(자중경): 스스로 무겁고 가벼움을 안다.

4-27 임진년[1]의 역사를 읽고

옛 난리의 사연을 서첩에서 살펴보니[2]
어느 누가 의열 아니며 충신이 아니었던가[3].
산하는 오열하고 백성은 한없이 걱정하는데[4]
왕릉은 쑥밭이 되고 조정은 계책도 없네[5].
노해에서 큰 공을 세워 나라의 명맥을 잇고[6]
용만으로 임금님을 모시니 왕궁이 가깝네[7].
모름지기 역사에 끊임없이 전해져[8]
가히 영웅으로 후세 사람들 감동시켜야 하네[9].

讀壬辰史題感 독 임진사 제감

往劫考諸往牒中 왕겁고제왕첩중 孰非義烈孰非忠 숙비의열숙비충
山河嗚咽塵愁極 산하오열진수극 陵寢荒蕪廟筭空 능침황무묘산공
露海殊功扶國脉 노해수공부국맥 龍灣移御近王宮 용만이어근왕궁
須令歷史傳無替 수령역사전무체 可使前雄感後雄 가사전웅감후웅

---

1 임진왜란(壬辰倭亂)은 1592년(선조 25년) 전국 시대가 끝난 도요토미 정권 치하의 일본이 조선을 침략하면서 발발하여 1598년(선조 31년)까지 이어진 전쟁으로 두 차례의 침략 중 1597년의 제 2차 침략을 정유재란이라고 따로 부르기도 한다. [출처: 위키백과]
2 往劫(왕겁): 지난 세월, 옛 재난(전란).
考諸(고제): 살펴보다, 고찰하다. 往牒中(왕첩중): 옛 기록 속에서.
3 孰非(숙비): 어찌 아니겠는가. 義烈(의열): 의롭고 굳센 정신. 孰非忠(숙비충): 충신이 아니랴.
4 山河(산하): 산과 강. 塵愁極(진수극): 세상의 슬픔이 극에 달하다. 嗚咽(오열): 울부짖음.
5 陵寢(능침): 왕릉과 선대의 무덤.
荒蕪(황무): 거칠고 황폐해짐. 廟筭(묘산): 종묘에서 세운 국가의 계획, 전략.
6 露海(노해): 노량 해전. 노량 해전은 임진왜란과 정유재란이라는 7년 전쟁을 끝낸 전투이자 이순신 생애 최대, 최후의 해전이다.
殊功(수공): 뛰어난 공훈. 扶國脈(부국맥): 나라의 맥을 이어 붙이다.
7 龍灣(용만): 조선시대 압록강 하류 지역. 移御(이어): 임금의 거처를 옮김.
8 須令(수령): 반드시 ~하게 하라. 傳無替(전무체): 끊기지 않고 전해지다.
9 可使(가사): ~하게 할 수 있다. 前雄(전웅): 앞선 영웅들. 後雄(후웅): 후세의 영웅들.

4-28 초산[1]을 차운하다

호남 땅 떠돌기 그 몇 해이런가[2]
밤낮으로 옛 친구를 잊지 못하네[3].
늘 외로운 나그네 시절 생각해 보니[4]
사방을 둘러봐도 낯익은 친구 보이지 않네[5].
강산을 떠돌아다닌 세월 몇 해이런가[6].
집 떠나 천지를 떠돌며 홀로 풍진을 맛보네[7].
기러기 울음소리에 시름겨운 꿈을 깨며[8]
이른 아침 경건한 마음으로 통도를 기원하네[9].

次楚山韻 차 초산 운

朴英來別號

漂泊湖南歷幾春 표박호남역기춘 晝宵不忘故鄕人 주소불망고향인
每思久作孤身客 매사구작고신객 四顧全無舊面親 사고전무구면친
浪跡江山何歲月 낭적강산하세월 浮家天地獨風塵 부가천지독풍진
一聲鴻雁驚愁夢 일성홍안경수몽 暗祝通途坐早晨 암축통도좌조신

---

1 楚山(초산): 박영래의 호.
2 漂泊(표박): 떠돌다. 湖南(호남): 남쪽 지역. 歷幾春(역기춘): 몇 번의 봄을 지내왔는가.
3 晝宵(주소): 낮과 밤. 不忘(불망): 잊지 않다. 故鄕人(고향인): 옛 벗, 고향 친구.
4 每思(매사): 늘 생각하다. 久作(구작): 오래도록 ~로 있다. 孤身客(고신객): 외로운 나그네.
5 四顧(사고): 사방을 둘러봄. 全無(전무): 전혀 없다. 舊面親(구면친): 익숙한 벗.
6 浪跡(낭적): 물결 같은 자취 – 방랑의 흔적. 何歲月(하세월): 얼마나 긴 세월인가.
7 浮家(부가): 집 떠나 정처 없는 삶. 天地(천지): 온 세상.
獨風塵(독풍진): 홀로 속세의 시달림 속에 있음.
8 一聲(일성): 한 소리. 鴻雁(홍안): 기러기, 소식을 전하는 상징.
驚愁夢(경수몽): 시름 어린 꿈을 깨다.
9 暗祝(암축): 속으로 기원하다.
通途: 사람이 마땅히 행해야 할 도의. 坐早晨(좌조신): 이른 아침 앉아서.

4-29 사형 오문영을 추모하며

남극성南極星 정기 받아 돈독하게 태어나[1]
순리를 실천하고 일상의 도리를 지킨 그 모습[2].
엄한 예법을 몸소 실천하여 가정에 모범을 보이고[3]
가족을 사랑하는 어진 마음으로 세상을 깨우쳤네[4].
당신이 가시니 남은 사람들은 준칙을 잃고[5]
홀연히 땅속으로 드니 지하의 성문이 열리네[6].
떨리는 말로 곡을 하는 것은 사돈이자 벗이기 때문인데[7]
우는 새도 황천을 날며 목메어 울지 못하는구나[8].

輓查兄吳文泳詞 만 사형 오문영 사

南極鐘精克篤生 남극종정극독생 踐形過順守常經 천형과순수상경
律身禮法傳家法 율신예법전가법 愛族仁情警世情 애족인정경세정
已別人間人失準 이별인간인실준 忽歸地下地開城 홀귀지하지개성
誄詞以哭查兼友 뇌사이곡사겸우 啼鳥飛泉咽不鳴 제조비천열불명

1 南極(남극): 남극성, 장수를 상징하는 별. 鐘精(종정): 정기를 모으다. 克篤生(극독생): 하늘의 축복을 듬뿍 받고 태어남. 지극한 마음으로 태어남. 정성스러운 성품으로 태어남.
2 踐形(천형): 인간으로 삶을 살아가다. 過順(과순): 지극히 순함.
守常經(수상경): 인륜과 도리를 굳게 지켰다.
3 律身(율신): 몸가짐을 단정히 하고.
禮法(예법): 예의와 법도. 傳家法(전가법): 가문의 법도와 교훈을 전하였네.
4 愛族(애족): 겨레(가족)를 사랑함.
仁情(인정): 어진 정성. 警世情(경세정): 세상을 깨우칠 만한 덕을 품었다.
5 已別人間(이별인간): 이 세상과 이별하니. 人失準(**인실준**): 사람들이 의지할 본보기를 잃다.
6 忽歸地下(홀귀지하): 홀연히 저승으로 돌아감. 地開城(지개성): 땅이 열려 성이 되다.
7 誄詞(뢰사): 죽은 이를 애도하는 글(말).
以哭(**이곡**): 목 놓아 곡을 함. 查兼友(사겸우): 사형(查兄)이 자 벗이었던 분.
8 啼鳥(제조): 우는 새.
飛泉(비천): 황천(黃泉)을 날다. 咽不鳴(열불명): 목이 메어 소리 내지 못함.

4-30 문묘[1] 중수[2]를 보며

말세에도 우리 향교의 덕과 교육은 여전히 밝아[3]
오래된 대성전은 중수로 다시 웅장해졌네[4].
사상의 궁전 담은 옛 빛깔이 되살아나니[5]
해동의 문물이 남성에서 빛을 내네[6].
옛 성현의 제사를 게을리하지 않고[7]
시문과 음악으로 화합하여 후학을 깨우치네[8].
이제 우리 모두 걱정이 없을 터이니[9].
천추에 목탁소리 또다시 울리리[10].

文廟重修韻 문묘 중수 운

叔世吾鄕德敎明 숙세오향덕교명 大成古殿賴修成 대성고전뢰수성
泗上宮墻增舊彩 사상궁장증구채 海東文物燦南城 해동문물찬남성
祀嘗匪懈宗前聖 사상비해종전성 絃誦迭和牖後生 현송질화유후생
吾黨無憂由此日 오당무우유차일 千秋木鐸復振聲 천추목탁복진성

---

1 文廟(문묘): 공자를 모신 사당으로, 중국에서 유래되었다. 문묘라는 명칭은 문선왕묘(文宣王廟)의 약자이며, 공자묘라고도 한다.
2 重修(중수): 건물(建物)등의 낡고 헌 것을 다시 손대어 고침.
3 叔世(숙세): 정치, 도덕, 풍속 따위가 아주 쇠퇴한 세상의 말기. 말세.
吾鄕(오향): 우리 향교(鄕敎). 德敎明(덕교명): 덕과 가르침이 밝았음.
4 大成(대성): 크게 이룸. 古殿(고전): 오래된 사당. 賴修成(뢰수성): 수리되어 완성됨에 힘입다.
5 泗上(사상): 공자가 회수(淮水)의 지류인 사수(泗水) 가에서 도를 가르친 데서 유래한 말. 공자의 門. 宮墻(궁장): 사당의 담장. 增舊彩(증구채): 옛 색채를 더하다.
6 海東(해동): 우리나라, 동방의 나라. 文物(문물): 문명과 예절.
燦(찬): 빛나다. 南城(남성): 남쪽 도성, 즉 문묘가 있는 서울 또는 지방 관청 소재지.
7 祀嘗(사상): 제사. 匪懈(비해): 게으르지 않다. 宗前聖(종전성): 옛 성인을 종묘처럼 숭상함.
8 絃誦迭和(현송질화): 음률과 책 읽는 소리(絃誦) 서로 어우러지다(迭和).
牖後生(유후생): 창밖의 후진들. 가문 또는 학당에서 후학들이 수학하는 모습.
9 吾黨(오당): 우리. 無憂(무우): 걱정 없음. 由此日(유차일): 이날로부터.
10 木鐸(목탁): 가르침의 소리. 復振聲(복진성): 다시 그 소리를 떨치다.

4-31 위성계 운

기강을 세워 진작시키는 일을 소홀히 하지 말아야지[1]
동방 예의지국으로 살아온 세월도 많은데[2].
윤리는 하늘의 해와도 같아 질서가 있지만[3]
도의 본체는 무궁하여 세찬 물결과 같네[4].
목탁 소리 높고 낮음은 옛 법도를 따르고[5]
도끼 자루 길고 짧음도 전 것과 같다네[6].
아름다워라 성인을 모신 금란계여[7]!
성현의 가르침을 후세에 전하는 일을 어찌 폐하리[8].

衛聖契韻 위성계 운

立綱振紀莫斯過 입강진기막사과　禮義東邦歲月多 예의동방세월다
彛倫有序如天日 이륜유서여천일　道軆無窮似潤波 도체무궁사윤파
擊鐸高低依舊鐸 격탁고저의구탁　伐柯長短則前柯 벌가장단칙전가
可憐衛聖金蘭契 가련위성금란계　繼往開來勿廢何 계왕개래물폐하

---

1 立綱振紀(입강진기): 기강을 세우고 질서를 진작시키다.
莫斯過(막사과): 이보다 더한 것이 없다.
2 禮義(예의): 예절과 정의. 東邦(동방): 동쪽 나라, 즉 우리나라.
歲月多(세월다): 세월이 오래되다.
3 彛倫(이륜): 인륜의 상도(常道).
有序(유서): 질서가 있음. 如天日(여천일): 하늘의 해처럼 명백함.
4 道軆(도체): 도의 실체, 유교의 본질. 無窮(무궁): 끝이 없음. 潤波(윤파): 윤택하게 흐르는 물결.
5 擊鐸(격탁): 종을 울리다(교화의 상징). 高低(고저): 높고 낮음-다양한 계층의 조화.
依舊鐸(의구탁): 옛 법을 따르다.
6 伐柯(벌가): 도끼자루를 벰. 도끼자루로 쓸 나무를 벨 때에는 손에 있는 도끼 자루가 기준이 되어, 그만한 나무를 벤다는 뜻으로 본떠야 할 준칙(準則)이 눈앞에 있음을 말함.
長短(장단): 길고 짧음. 則前柯(즉전과): 앞서 깎은 도끼 자루를 기준 삼음.
7 衛聖(위성): 성인을 지키다, 성인을 받드는 이.
金蘭(금란): 친구 간의 굳은 우정 (금보다 단단하고 난초보다 향기롭다).
8 繼往開來(계왕개래): 계왕성개래학(繼往聖開來學)의 준말. 옛 성인들의 가르침을 이어받아 후세의 학자들에게 가르쳐 전함. 勿廢何(물폐하): 어찌 폐기함이 없으랴 (폐하지 말아야).

4-32 운암 수리조합[1]을 지나며

크게 신령스러움은 이제 어디로 사라지고[2]
어디에서 괴물이 나타나 옛 모습을 바꿔놓았는가[3].
긴 강을 막아 바다를 이루고[4]
깊은 골짜기를 막아 길을 열었네[5].
용이 내려 물에 숨을 징조인가[6]
옛날에는 상상도 못 한 사람의 재능과
기계의 신기함이여[7]!
이제 논밭에 물 대기가 이로워진 듯하지만[8]
누가 알리오! 먼 훗날 창생의 일을[9].

過水利組合 과 수리조합
在雲岩

鉅靈今日若無靈 거령금일약무령 怪物何來幻舊形 괴물하래환구형
防築長江江學海 방축장강강학해 塹堙幽壑壑開程 참연유학학개정
龍降水沉先有兆 용강수침선유조 人功機妙古無名 인공기묘고무명
灌漑於今如得利 관개어금여득리 誰知他日若蒼生 수지타일약창생

---

1 雲岩水利組合(운암수리조합): 임실군 운암면. 일제의 동진 수리조합이 주도한 1928년 운암 댐 건설로 생긴 운암 저수지.
2 鉅靈(거령): 큰 신령. 산천의 신. 今日(금일): 오늘날. 若無靈(약무령): 영험하지 않다면.
3 怪物(괴물): 괴상한 존재. 幻舊形(환구형): 옛 형상(모습)을 환영처럼 바꾸어 보이다.
4 防築(방축): 제방을 쌓다. 江學海(강학해): 강이 바다를 배운다-큰 강도 바다처럼 다뤄짐.
5 塹堙(참인): 도랑을 파고 메움. 幽壑(유학): 깊고 어두운 계곡.
壑開程(학개정): 계곡을 열어 물길을 낸다.
6 龍降(용강): 용이 내려와. 水沉(수침): 물에 가라앉음. 先有兆(선유조): 미리 징조가 있었음.
7 人功(인공): 사람의 공력. 機妙(기묘): 기묘한 기계나 수단.
古無名(고무명): 옛날에는 이름 조차없던 것.
8 灌漑: 농사를 짓는 데 필요한 물을 논밭에 대는 것.
於今(어금): 지금에 이르러. 如得利(여득리): 실로 이익을 얻은 것 같다.
9 誰知(수지): 누가 알리오. 他日(타일): 훗날. 若蒼生(약창생): 민중에게 어떻게 될는지.

4-33 삼세 유적비 차운

삼량[1]의 정기 받아 독실하게 태어났으니[2]
그 영광스러운 소문 멀리 전해져도 지나치지 않네[3].
효도와 자애를 다반사로 현달이 전해지고[4]
충성과 믿음을 대대로 물려 성은에 보답했네[5].
자손들은 추모하여 세세 대대 덕을 떨치고[6]
동네마다 가풍을 칭송하는 소리 높아라[7].
세월이 흐르면 사람도 멀어지나니[8]
유적비를 세워 그 뜻을 기리고자 하네[9].

次三世遺蹟碑韻 차 삼세 유적비 운

在淳昌赤城妙洞朴洛陽先世

鍾氣三良克篤生	종기삼량극독생	繼鳴令聞不過情	계명영문불과정
孝慈茶飯傳賢達	효자다반전현달	忠信箕裘報聖明	충신기구보성명
子姓羹墻揚世德	자성갱장양세덕	鄕邦膾炙頌家聲	향방회자송가성
歲久月深人已遠	세구월심인이원	貞珉遺蹟備忘成	정민유적비망성

---

1 三良(삼량): 진나라 목공(穆公)의 어진 신하인 자거씨(子車氏)의 세 아들 엄식(奄息), 중항(仲行), 침호(鍼虎)를 말한다. 이들은 목공이 죽었을 때 순장(殉葬) 당했다.
2 鍾氣(종기): 정기가 모이다. 克篤生(극독생): 참으로 정성스레 태어남.
3 繼鳴(계명): (이름이) 연이어 울리다. 令聞(영문): 좋은 평판, 명성.
不過情(불과정): 실상을 넘어서지 않음, 사실 그대로임.
4 孝慈(효자): 효성과 자애. 茶飯(다반): 일상적인 봉양.
賢達(현달): 현명하고 사물의 이치에 통하여 있음. 또는 그런 사람. 傳(전): 전해지다.
5 忠信(충신): 충성과 신의. 箕裘(기구): 조상의 업을 계승함. 맹자의 고사에서 유래.
報聖明(보성명): 성군의 은혜에 보답함.
6 子姓(자성): 후손들. 羹墻(갱장): 제사 지내는 후손의 예(禮), 조상 공경.
揚世德(양세덕): 대대로 내려오는 덕을 드러냄.
7 鄕邦(향방): 고을과 나라. 膾炙(회자): 널리 회자됨. 頌家聲(송가성): 가문을 찬양하는 명성.
8 歲久月深(세구월심): 세월이 오래 흐르고. 人已遠(인이원): 사람은 이미 저 멀리 떠났지만.
9 貞珉(정민): 굳건한 비석. 遺蹟(유적): 남겨진 자취. 備忘成(비망성): 잊지 않도록 마련함.

4-34 회갑날의 감회를 적다

세상에 태어나서 살기를 예순한 해[1]
귀밑에 백발이 성성하니 감회가 새롭네[2].
예전엔 부모님과 함께 기뻐하던 날이었건만[3]
오늘은 형제들과 희비가 교차하네[4].
선친의 자상한 가르침 귀에 낭랑하거늘[5]
외로운 정 사모하는 마음 잊은 적 없네[6].
이루고자 했던 많은 일 중에 이룬 것 하나도 없고[7]
하는 일 없이 먹고 놀기만 하니 진정 부끄럽구나[8].

回甲生朝題感 회갑 생조 제감

庚寅正月十五日

落地居然六一春 낙지거연육일춘 鬢邊白髮感懷新 빈변백발감회신
椿萱當歲同歡日 춘훤당세동환일 荊棣今朝僖痛辰 형체금조희통신
先訓辛勤如在耳 선훈신근여재이 孤情孺慕不離身 고정유모불리신
百千事業成無一 백천사업성무일 正愧世間素餐人 정괴세간소찬인

---

1 落地(낙지): 세상에 태어나다. 居然(거연): 어느새, 문득. 六一春(육일춘): 예순한 해.
2 鬢邊(빈변): 귀밑머리. 白髮(백발): 흰머리. 感懷新(감회신): 새삼스레 감회가 일어남.
3 椿萱(춘훤): 아버지(椿堂)와 어머니(萱堂). 當歲(당세): 당시. 同歡日(동환일): 함께 즐기던 날.
4 荊棣(형체): 형제. 僖痛晨(희통신): 기쁨과 슬픔이 뒤섞인 아침(晨).
5 先訓(선훈): 선친의 가르침. 辛勤(신근): 고생스러움.
如在耳(여재이): 마치 귀에 생생히 들리는 듯.
6 孤情(고정): 외로운 마음. 孺慕(유모): 자식으로서 부모를 그리는 마음.
不離身(불리신): 몸을 떠나지 않음.
7 百千事業 (백천사업): 수많은 일과 업적을 뜻함. 成無一(성무일): 하나도 이룬 것이 없음.
8 正愧(정괴): 참으로 부끄럽다. 世間(세간): 세상.
素餐人(소찬인): 밥만 축내는 사람, 무위 도식하는 자.

4-35 가을날의 감회를 읊다

사방을 둘러보아도 미인은 보이지 않고[1]
가을이 오니 아득하고 묘한 감회가 새롭네[2].
산천은 언제까지 오열해야 할 것인가[3]
왕릉이 황폐해진 지 또 그 몇 해인가[4].
언제면 비적들이 횡행하는 것을 물리치고[5]
다시 유린당한 진실을 바로잡을 수 있으리[6].
만일 박랑사에서 처럼 때를 만나면[7]
장량의 방망이로 원수를 갚으리[8].

秋日題感 추일 제감

四瞻無方望美人 사첨무방망미인 秋來渺渺感懷新 추래묘묘감회신
山河嗚咽誠何日 산하오열성하일 陵寢荒蕪又幾春 능침황무우기춘
焉除匪類橫行世 언제비류횡행세 更斥異端大亂眞 갱척이단대란진
博浪沙中時若得 박랑사중시약득 張椎蓋起報仇秦 장추개기보구진

---

1 四瞻(사첨): 사방을 둘러봄. 無方(무방): 방향 없음, 갈피를 잡을 수 없음.
美人(미인): 재덕을 갖춘 군주나 이상적인 존재, 혹은 옛 도를 비유함.
2 秋來(추래): 가을이 오고. 渺渺(묘묘): 요원하여 끝이 안 보이는 모양(심정적으로는 공허함.
感懷新(감회신): 감회가 새로움.
3 山河(산하): 나라의 강산. 嗚咽(오열): 슬피 울다.
誠何日(성하일): 진실로 언제까지 이리될 것인가.
4 陵寢(능침): 왕릉. 荒蕪(황무): 황폐함. 又幾春(우기춘): 몇 해가 또 흘렀는가.
5 焉除(언제): 언제 제거할까. 匪類(비류): 도덕적으로 타락한 인간들. 법과 도리를 어기고 사회를 어지럽히는 자들의 무리. 橫行世(횡행세): 세상에 날뛰는 것.
6 更斥(갱척): 더욱 배척하다. 異端(이단): 정통에서 벗어난 사상이나 세력.
大亂眞(대란진): 큰 혼란이 진리를 어지럽힘.
7 博浪沙(박랑사): 중국 허난 성(河南省)에 있는 지명. 장량(張良)이 한(韓) 나라 원수를 갚기 위해 철퇴로 진시황(秦始皇)을 저격했으나 실패했다. 時若得(시약득): 그 시기를 만난다면.
8 張椎: 장량(張良)이 들었던 철퇴(椎). 蓋起(개기): 다시 일으켜 세움.
報仇秦(보구진): 진(秦) 나라에 복수함.

大學
中庸
論語 五
論語 四
論語 三
論語 二

부 차운 축 | 附次韻軸

5 운림정사 차운[1] (운림정사 원운 89쪽 참조)

5-1

남들도 부러워하는 초당은 깊숙한 죽림에 있으니[2]
그 변하지 않는 마음 진실한 뜻 본받네[3].
조용히 살면서 시서에 두루 능하고[4]
단정히 앉아 도의 깊음을 통달하고자 하네[5].
구름 그림자 드리운 다리에 명사가 은거하니[6]
운치 좋은 달밤이면 오랜 친구와 시를 읊네[7].
교룡과 풍악이 동서로 우뚝 솟으니[8]
정사가 중간에 있어 반나절은 그림자에 가리네[9].

수당 최재 | 대산면 대곡리

附次韻 부 차운

羨子幽軒傍竹林 선자유헌방죽림 取其不變許其心 취기불변허기심
靜居能解詩書博 정거능해시서박 端坐欲通道味深 단좌욕통도미심
雲影層橋名士隱 운영층교명사은 風光霽月故人吟 풍광제월고인음
蛟岑楓岳東西屹 교잠풍악동서흘 精舍中間半日陰 정사중간반일음

上守堂崔在大山面大谷里

---

1 次韻(차운): 기존 시의 운자를 따라 시를 짓는 것.
2 羨子(선자): 그대를 부러워함. 幽軒(유헌): 그윽한 누각.
  傍竹林(방죽림): 대나무 숲 곁에 있음.
3 取其不變(취기불변): 변하지 않음을 본받다. 許其心(허기심): 그 마음을 인정하고 높이 봄.
4 靜居(정거): 조용히 거처함. 能解(능해): 잘 통달함. 詩書博(시서박): 시서에 널리 통함.
5 端坐(단좌): 단정히 앉아. 欲通(욕통): 통달하고자 함. 道味深(도미심): 도의 참맛이 깊음.
6 雲影層橋(운영층교): 운교(雲橋)를 뜻함. 운림정사가 있는 지명(地名), 운교리(雲橋里).
  名士隱(명사은): 이름난 선비의 은거처.
7 風光(풍광): 경치. 霽月(제월): 비 갠 뒤의 달. 故人吟(고인 음): 옛 친구와 시를 읊음.
8 蛟岑楓岳(교잠풍악): '교(蛟)'는 용(龍), '잠(岑)'은 산봉우리, 교룡산(蛟龍山)과 풍악산(楓岳山)으로 운림정사의 동·서에 있다. 東西屹(동서흘): 동서로 우뚝 솟음.
9 精舍(정사): 정갈한 선비의 집 또는 강학당.
  中間(중간): 그 한복판. 半日陰(반일음): 햇빛이 반쯤 드는 그늘.

5-2

세속의 화려함을 버리고 유림을 찾으니[1]
시렁에 가득한 금서에 촌심은 더욱 맑아지네[2].
태형의 도를 닦으니 근맥이 더욱 우뚝하고[3]
공자의 가르침을 좇으니 근원이 깊네[4].
이 세상 속박을 멀리하니 큰 빛이요[5]
조용히 산중에 칩거하며 학과 더불어 시를 읊조리네[6].
정갈한 헌창에는 속된 운치 없고[7]
국화 향기 맑은 곳에 대 그림자 정답네[8].

청곤 양병화 | 순창 동계 관전리

紛華謝却訪儒林	분화사각방유림	滿架琹書惺寸心	만가금서성촌심
道挹泰衡根脉屹	도읍태형근맥흘	學從洙泗本源深	학종수사본원심
廻離塵綱鴻斯色	회리진강홍사색	靜蟄雲蹤鶴共吟	정칩운종학공음
瀟灑軒窓無俗韻	소쇄헌창무속운	菊花澹馥竹淸陰	국화담복죽청음

靑蓑楊秉華淳昌 東溪 官田里

1 紛華(분화): 세속의 화려함. 謝却(사각): 버리고 물러나다. 訪儒林(방유림): 유림을 찾는다.
2 琹書(금서): 거문고와 서책. 惺(성): 깨어나다, 밝아지다. 寸心(촌심): 속으로 품은 작은 뜻.
3 道挹(도읍): 도를 가까이하다. 泰衡(태형): 조선 중기의 학자로 노천(魯川)에 서원을 세우고 후세교육에 진력하여 선천군 대산(宣川郡臺山)의 목동서원(睦洞書院)에 주자. 율곡과 함께 동향(同享)되었다. 根脉(근맥): 발원지. 원천. 근원. 屹(흘): 우뚝하다.
4 學從(학종): 학문을 좇다. 洙泗(수사): 중국의 수수(洙水)와 사수(泗水)를 지칭함. 공자가 이 근처에서 강학 활동을 하였다고 하여 이후로는 공자의 도를 지칭.
本源深(본원심): 근본과 근원이 깊다.
5 廻離(회리): 떠나다. 塵綱(진강): 세속의 먼지 같은 그물.
鴻斯色(홍사색): 기러기 같은 고고한 품격.
6 靜蟄(정칩): 조용히 웅크림. 雲蹤(운종): 구름 같은 자취.
鶴共吟(학공음): 학(군자)과 더불어 시를 읊음.
7 瀟灑(소쇄): 깨끗하고 맑은 모습. 軒窓(헌창): 누각과 창. 俗韻(속운): 속된 기운.
8 澹馥(담복): 은은한 향기. 淸陰(청음): 맑은 그늘.

5-3

포암의 정사를 운림이라 부르니[1]
욕심 없이 한 마음으로 진리를 구하네[2].
군자들과 서로 가까이하니 초당도 누추하지 않고[3]
송죽이 서로 푸르러 경내가 깊네[4].
고요한 산수의 경치는 모두 그의 것이요[5]
비바람도 불거나 말거나 상관이 없네[6].
정사에서 지내며 후학들을 가르치고[7]
그대 시간을 아끼며 공부함을 알겠네[8].

청포 이완묵 | 남원읍 죽항리

圃岩精舍號雲林	포암정사호운림	寡欲溯源獨定心	과욕소원독정심
猿鶴相親居不陋	원학상친거불루	竹松交翠境會深	죽송교취경회심
特地煙霞皆所管	특지연하개소관	變天風雨任他吟	변천풍우임타음
營建藏蹤傳後學	영건장종전후학	知君學習惜分陰	지군학습석분음

青圃李浣默南原邑 竹巷里

---

1 圃岩(포암): 저자(著者) 이종엽李鐘燁)의 호. 雲林(운림): 운림정사(雲林精舍)를 지칭.
2 寡欲(과욕): 욕심이 적음. 溯源(소원): 학문의 근원(진리)을 탐구함.
獨定心(독정심): 혼자 마음을 가다듬다, 안정된 마음.
3 猿鶴(원학): 원숭이와 학–자연 속 은자의 벗. 벼슬에 욕심내지 않고 초야에서 제자들에게 학문을 가르치고 심신을 수양하는 선비(隱逸之士)를 의미.
相親(상친): 서로 친하다. 居不陋(거불루): 삶이 누추하지 않음, 오히려 고결한 생활.
4 竹松(죽송): 대나무와 소나무.
交翠(교취): 푸른빛이 서로 엇갈림. 境會深(경회심): 경치가 깊이 어울림.
5 特地(특지): 특별한 곳. 煙霞(연하): 안개와 노을. 皆所管(개소관): 모두 그가 관할하는 바.
6 變天(변천): 날씨가 변함. 風雨(풍우): 바람과 비.
任他吟(임타음): (세상의 변화는) 그저 그에게 맡기고 자신은 읊조릴 뿐.
7 營建藏蹤(영건장종): 정사를 지었으되, 자취는 드러내지 않음 (은둔의 뜻).
傳後學(전후학): 후세 학인에게 전하다.
8 知君(지군): 그대를 앎 (그대가 ~함을 알다).
學習(학습): 배우고 익힘. 惜分陰(석분음): 짧은 그늘 (짧은 시간) 한 자락조차 아낌.

5-4

삼면은 진관을 두르고 한쪽은 수풀인데[1]
날아갈 듯한 정사가 가운데 자리 잡았네[2].
뜰에 국화를 심으니 조화를 이루고[3]
울타리 옆으로 난 길은 높고 깊은 곳으로 뻗어있네[4].
교룡산 우뚝 솟은 곳에 구름이 일고[5]
풍악산에 단풍 드니 가을 달을 노래하네[6].
높은 관에 넓은 소매 옷을 입은 한가한 늙은이[7]
영재를 가르치며 시간을 아끼네[8].

죽포 소재택 | 왕치 내척리

三繞秦關一面林 삼요진관일면림 翼然精舍健中心 익연정사건중심
菊蒔庭隅連上下 국시정우연상하 路緣籬落自高深 노연이락자고심
蛟龍層屹夏雲起 교룡층흘하운기 楓岳丹流秋月吟 풍악단류추월음
峨冠博袖閒翁坐 아관박수한옹좌 教訓英才惜寸陰 교훈영재석촌음

竹圃蘇在澤王峙內尺里

1 三繞(삼요): 세 겹으로 둘러싸임.
秦關(진관): 진 땅의 관문. 곧 세상의 문턱. 一面林(일면림): 한쪽 면이 모두 숲으로 되어 있음.
2 翼然(익연): 날개처럼 펼쳐진 모양. 精舍(정사): 학문이나 수행을 위한 조용한 집.
健中心(건중심): 중심이 굳건하다. 도학적 중심의 확립 의미 포함.
3 菊蒔(국사): 국화를 심다. 은자의 절개 상징.
庭隅(정우): 뜰의 모퉁이. 連上下(연상하): 위아래로 연속되다. 자연과 조화를 이룸.
4 路緣(로연): 길을 따라. 籬落(이락): 울타리. 自高深(자고심): 저절로 높고 깊어 보임.
5 蛟龍(교룡): 운림정사의 동쪽에 있는 산. 상상의 신령한 동물.
層屹(층흘): 겹겹이 솟아 있음. 夏雲起(하운기): 여름 구름이 일어남.
6 楓岳(풍악): 운림정사의 서쪽에 있는 산. 丹流(단류): 붉은 물결. 단풍을 비유.
秋月吟(추월음): 가을 달을 바라보며 읊조림.
7 峨冠(아관): 높고 큰 갓. 博袖(박수): 너른 소매, 전통 유생의 복장.
閒翁-한가로운 노인. 시인의 자아상. 坐(좌): 앉다.
8 教訓(교훈): 가르치고 훈계함.
英才(영재): 재능 있는 젊은이. 惜寸陰(석촌음): 짧은 시간도 아낌(시간의 소중함 강조).

5-5

글쟁이들은 사림에서 늙는 것이 합당하니[1]
문사의 마음 갈고닦기를 몇 해 이던가[2].
정원에서 껄껄 웃어넘기니 국화가 활짝 피고[3]
창밖에 흰 구름 피어나니 정겹기만 하네[4].
바둑으로 소일하며 오래 취하고도 싶고[5]
언덕 위에서 시 한 수 읊어 본다네[6].
속세 밖에서 귀찮은 세상사를 다 잊고[7]
손자 재롱 보며 해당화 나무 그늘에 앉아있네[8].

은림 소명섭 | 남원 보절 진기리

文夫只合老詞林 문부지합노사림 幾載經營此舍心 기재경영차사심
笑殺園中叢菊發 소살원중총국발 愛佗窓外瑞雲深 애타창외서운심
圍碁消日謀長醉 위기소일모장취 舒嘯竪皐試一吟 서소수고시일음
世事不關遊物表 세사불관유물표 抱孫弄坐海棠陰 포손농좌해당음

隱林蘇命燮宝節眞基里

1 文夫(문부): 문인, 글을 짓는 사람.
只合(지합): 마땅히 ~할 따름이다. 老詞林(노사림): 시문(詩文)의 세계에 늙도록 머물다.
2 幾載(기재): 수년, 여러 해.
經營(경영): 꾸리고 가꾸다. 此舍心(차사심): 이 집에 마음을 두다.
3 笑殺(소살): 웃어넘기고 문제 삼지 아니함. 큰 소리로 비웃음. 園中(원중): 정원 속.
叢菊發(총국발): 무더기로 핀 국화.
4 愛佗(애타): 愛-사랑하다, 좋아하다. 佗-저쪽. 저쪽을 사랑하다.
窓外(창외): 창밖. 瑞雲深(서운심): 상서로운 구름이 깊다, 풍경이 그윽하다.
5 圍碁(위기): 바둑. 消日(소일): 세월을 보내다. 謀長醉(모장취): 길게 취할 계책을 꾀하다.
6 舒嘯(서소): 휘파람 불며 읊조리다 조용히 시를 읊다. 또는 시를 읊으며 흥취를 즐김.
竪皐(수고): 높고 맑은 언덕 (은유적으로 은둔의 공간). 試一吟(시일음): 한 수 읊어보다.
7 世事(세사): 세상의 일. 不關(불관): 상관하지 않음.
遊物表(유물표): 세속을 벗어난 바깥에서 노닌다 → 자연 너머 또는 초탈한 세계.
8 抱孫弄坐(포손농좌): 손자를 안고 놀다. 海棠陰(해당음): 해당화 그늘.

5-6

원래 고상한 선비는 운림에 사나니[1]
세 칸 집 정성스레 지은 것은 그의 본 뜻이라[2].
상마가 뜰을 채우니 살림에 부족함이 없고[3]
송죽이 울타리를 이루니 지경이 깊구나[4].
때로는 성현을 우러르며 밤새도록 앉아 있고[5]
관동들과 더불어 종일 시를 읊조리네[6].
팽택의 국화를 옮겨다 심었더니[7]
뜰 앞에 꽃과 잎이 그늘을 이루네[8].

남강 박동우 | 동면 도장리

元來高士處雲林 원래고사처운림 精築三間是本心 정축삼간시본심
桑麻滿院生涯足 상마만원생애족 松竹爲籬地境深 송죽위리지경심
時仰賢聖終宵坐 시앙현성종소좌 每與冠童永日吟 매여관동영일음
應識移來彭澤菊 응식이래팽택국 庭前花葉自成陰 정전화엽자성음

南岡朴東宇雲峰東面道莊里

---

1 元來(원래): 본래. 高士(고사): 고결한 선비. 處(처): 머무르다, 살다.
雲林(운림): 운림정사(雲林精舍)를 지칭.
2 精築(정축): 정성 들여 지은. 三間(삼간): 세 칸짜리 집. 是本心(시본심): 바로 본래의 뜻이다.
3 桑麻(상마): 뽕나무와 삼. 전원생활, 농업 상징.
滿院(만원): 뜰 가득히. 生涯足(생애 족): 삶에 만족하다.
4 松竹(송죽): 소나무와 대나무. 爲籬(위리): 울타리가 되어.
地境深(지경심): 터의 분위기가 깊고 그윽함-세속에서 떨어진 그윽한 공간.
5 時仰(시앙): 때때로 우러러 보고.
賢聖(현성): 현자와 성인. 終宵坐(종소좌): 밤새도록 앉아있다.
6 每與(매여): 늘 함께하며.
冠童(관동): 갓을 쓴 소년. 제자들. 永日吟(영일음): 하루 종일 시를 읊음.
7 應識(응식): 마땅히 알아야 한다. 移來(이래): 옮겨온.
彭澤(팽택): 팽택 영(令)을 지낸 동진(東晉)의 시인이자 처사(處士)인 도잠(陶潛: 도연명陶淵明).
8 庭前(정전): 뜰 앞. 花葉(화엽): 꽃과 잎. 自成陰(자성음): 저절로 그늘을 이루다.

5-7

초당을 새로 지으니 옛 운림이라[1]
주인 늙은이를 보니 그의 마음을 알겠네[2].
집터는 풍우의 해가 없고[3]
청량함은 깊은 산속에 비기겠네[4].
문을 닫아걸고 진룡 나기를 기다리니[5]
강론하는 음성은 늙은 학의 노래 같아라[6].
평천을 사랑하듯 얼마나 가르쳤던가[7].
소나무도 이분보다 더하지 않으리[8].

소초 김양수 | 사매 대당리

草堂新闢古雲林	초당신벽고운림	賞見主翁棲此心	상견주옹서차심
基址判無風雨惡	기지판무풍우악	清涼可敵水山深	청량가적수산심
杜門期在眞龍出	두문기재진용출	講道聲如老鶴吟	강도성여노학음
愛似平泉幾度訓	애사평천기도훈	蒼官不讓此君陰	창관불양차군음

小蕉金良洙巳梅大堂里

1 草堂(초당): 초가집, 은거처. 新闢(신벽): 새로 열다. 古雲林(고운림): 운림정사(雲林精舍).
2 賞見(상견): 기쁘게 보며 감탄함. 主翁(주옹): 주인 어르신.
棲此心(서차심): 여기 머무르려는 마음.
3 基址(기지): 터, 초석. 判無(판무): 확연히 없다. 風雨惡(풍우악): 바람비의 험함, 재난.
4 淸涼(청량): 맑고 서늘함. 可敵(가적): 맞먹을 만하다. 水山深(수산심): 물과 산의 깊은 정취.
5 杜門(두문): 문을 닫고 은거함. 期在(기재): 기대하다, 기다리다.
眞龍出(진용출): 참된 인물이 나오기를.
6 講道(강도): 도를 강론하다, 철학을 논하다. 聲如(성여): 소리 같다.
老鶴吟(노학음): 늙은 학의 울음소리.
7 愛似(애사): 사랑함이 마치 ~와 같아. 平泉(평천): 중국 명사(名士) 왕휘지(王徽之)의 고택 이름에서 유래. 은거지의 대명사. 幾度訓(기도 훈): 몇 번이나 훈계함, 혹은 교육함.
8 蒼官(창관): 푸른 소나무. 자연을 의인화. 不讓(불양): 양보하지 않다. 뒤지지 않다.
此君(차군): 대나무. 王徽之가 빈 집에 잠시 거처할 적에 대나무를 빨리 심도록 재촉하자, 사람들이 그 이유를 물으니, “어떻게 하루라도 此君 없이 지낼 수가 있겠는가? [何可一日無此君耶]”라고 대답한데서 유래. 陰(음): 그늘.

5-8

날아갈 듯한 정사가 운림에 있어[1]
한 번 오르면 세상일을 다 잊겠네[2].
밝은 달이 창문에 비끼면 산은 더 멀어지고[3]
그윽한 대숲이 집을 둘러싸니 들은 더욱 깊구나[4].
세월 가는 줄 모르고 바둑 두는 재미를 누가 알랴[5]
벽에 가득한 책 속에서 홀로 시를 읊네[6].
봄이 되면 꽃이 다투어 피는 것을 알지만[7]
주인 늙은이는 일없이 소나무 그늘에 누워있네[8].

송촌 장해준 | 대산면 길곡리

翼然精舍住雲林 익연정사주운림 一上渾忘物外心 일상혼망물외심
明月斜窓山更遠 명월사창산갱원 幽篁圍戶野還深 유황위호야환심
爛柯碁局人誰識 난가기국인수식 滿壁圖書獨自吟 만벽도서독자음
春到以知花爭發 춘도이지화쟁발 主翁無事臥松陰 주옹무사와송음

松村張海峻大山面 吉谷里

1 翼然(익연): 날개를 펼친 듯한 모양의 지붕. 精舍(정사): 학문을 위한 집, 운림정사(雲林精舍)를 지칭. 住(주): 머물다. 雲林(운림): 구름 낀 숲. 여기서는 운림정사(雲林精舍).
2 一上(일상): 한 번 오르면. 渾忘(혼망): 완전히 잊다. 物外心(물외심): 세속을 벗어난 마음.
3 斜窓(사창): 비스듬히 들어오는 창. 山更遠(산 갱원): 산이 더 멀리 보이다.
4 幽篁(유황): 그윽한 대나무 숲. 圍戶(위호): 집을 두르다. 野還深(야 환심): 들도 여전히 깊다.
5 爛柯碁局(난가기국): 도낏자루가 썩는다는 뜻으로, 바둑 따위의 놀이에 정신이 팔려 세월가는 줄 모름. 세속을 잊는 깊은 경지를 상징. 人誰識(인 수식): 누가 그 사람을 알까.
6 滿壁(만벽): 벽 가득. 圖書(도서): 책과 그림. 獨自吟(독자음): 홀로 읊조림.
7 春到(춘도): 봄이 오면.
以知(이지): 그로 인해 알게 되니. 花爭發(화쟁발): 꽃들이 다투어 피다.
8 主翁(주옹): 주인 어르신. 無事(무사): 일이 없음, 근심 없음.
臥松陰(와송음): 소나무 그늘 아래 누움(전형적인 은자의 모습).

5-9

운림정사는 곧 서당이니[1]

자손을 위하는 것이 본뜻일세[2].

풍악과 교룡은 동북으로 높이 솟아 있고[3]

정원에는 송죽이 우거져 앞뒤가 깊네[4].

늙은이 창밖의 달과 화답하기 일삼고[5]

재자는 누각을 스치는 바람 속에 시를 읊네[6].

마땅히 부모의 이름 길이 전하고자[7]

주인은 흐르는 세월 아까워하지 않네[8].

오전 최병남 | 사매 송수리

雲林精舍卽書林 운림정사즉서림 貽厥爲先是本心 이궐위선시본심
楓岳蛟龍東北屹 풍악교룡동북흘 庭松園竹後前深 정송원죽후전심
細和窓月野翁說 세화창월야옹설 靜聽軒風才子吟 정청헌풍재자음
應使高堂名不朽 응사고당명불후 主人莫惜老光陰 주인막석노광음

梧田崔炳南巳梅 松壽里

1 雲林精舍(운림정사): 남원시 대산면 운교리 소재 (1920년경(추정), 포암산인이 건립, 1975년 소실). 卽書林(즉 서림): 곧, ~ 책의 숲, 즉 학문이 가득한 장소.
2 貽厥(이궐): 자손을 위함. 손자의 이칭(異稱). 爲先(위선): 선대를 따름, 선인을 본받음. 是本心(시 본심): 이것이 본래의 마음.
3 楓岳(풍악): 단풍이 깃든 산(운림정사의 서쪽에 위치).
蛟龍(교룡): 운림정사의 서쪽에 위치한 산. 東北屹(동북흘): 동북방에 우뚝 솟다.
4 庭松(정송): 뜰에 심은 소나무.
園竹(원죽): 뜰에 우거진 대나무. 後前深(후전심): 앞뒤가 모두 깊다.
5 細和(세화): 부드럽게 어우러지다. 窓月(창월): 창에 비친 달.
野翁(야옹): 들에 사는 노인, 은자(隱者)의 이미지. 說(설): 이야기하다.
6 靜聽(정청): 조용히 듣다. 軒風(헌풍): 누각에 부는 바람. 才子(재자): 재능이 출중한 사람.
7 應使(응사): 마땅히 ~하게 하라.
高堂(고당): 높은 집, 부모나 조상의 집. 名不朽(명 불후): 이름이 영원히 사라지지 않다.
8 老光陰(노광음): 늙어가는 세월을 아까워하지 말라.
莫惜(막석): 유한한 삶을 오히려 긍정하라는 말.

5-10

평교에 꽉 찬 구름 대숲을 감싸 돌고[1]
주인 늙은이는 한가히 누워 참마음을 다스리네[2].
환산은 뒤를 감싸 긴 병풍 같고[3]
궁수는 가로질러 길이 깊숙이 돌아드네[4].
경내에 안개 노을은 어디에서나 아름답고[5]
침대 머리 풍월은 때맞춰 시를 희롱하네[6].
관동 대여섯이 와서 서로 물으며[7]
공부하는데 한 치의 시간도 아끼네[8].

초산 박영래 | 평북 초산군

雲滿平橋繞竹林 운만평교요죽림 主翁閒臥養眞心 주옹한와양진심
環山擁後屛長在 환산옹후병장재 弓水橫前路轉深 궁수횡전노전심
境內烟霞隨處好 경내연하수처호 床頭風月弄時吟 상두풍월농시음
冠童五六來相問 관동오륙내상문 爲惜書中一寸陰 위석서중일촌음

楚山朴英來平北楚山郡

1 雲滿平橋(운만평교): 구름이 가득한(雲滿) 평평한 다리(平橋). 운림정사가 있는 운교리(雲橋里)를뜻함. 繞竹林(요죽림): 대숲을 감돌다.
2 閒臥(한와): 한가로이 누움. 養眞心(양진심): 참된 마음을 기르다.
3 環山(환산): 산이 에워쌈.
擁後屛(옹후병): 뒤를 병풍처럼 싸안은 산세. 長在(장재): 늘 그 자리에 있음.
4 弓水(궁수): 활처럼 휘어진 물줄기. 橫前(횡전): 앞을 가로질러. 路轉深(노전심): 길이 점점 깊어진다. 세속에서 멀어진 은둔의 장소. 심오한 도리(道理)로 들어가는 상징적 길.
5 境內(경내): 이 경내, 집 주변. 烟霞(연하): 안개와 노을. 隨處好(수처호): 어디든 좋구나.
6 床頭(상두): 침상 머리맡. 風月(풍월): 바람과 달빛. 弄時吟(농시음): 때때로 시를 읊음.
7 冠童(관동): 갓을 쓴 동자, 공부하는 아이들.
五六(오륙): 대여섯 명. 來相問(내상문): 찾아와 이것저것 묻는다.
8 爲惜(위석): 아껴야 하므로.
書中一寸陰(서중 일촌음): 책 속의 한 치 시간. 공부하는 시간. 학문에의 경계.

5-11

구름다리 위에 운림정사를 짓고[1]
십 년을 경영하며 선심을 기르네[2].
서쪽의 풍악산엔 단풍이 무르익고[3]
동쪽의 용성에는 저문 구름 깊어라[4].
귀한 손과 더불어 바둑과 술을 즐기고[5]
아이들은 시렁 가득한 서책을 읽네[6].
북창에 한가히 누우니 세속의 번거로운 일 없고[7]
때로 주역을 풀이하며 시간 가는 줄 모르네[8].

죽포 오재호[9] | 대강 수홍리 사형

雲橋之上築雲林 운교지상축운림 十載經營養善心 십재경영양선심
楓岳西臨霜葉晩 풍악서림상엽만 龍城東立暮雲深 용성동립모운심
一床碁酒嘉賓樂 일상기주가빈락 滿架詩書稚子吟 만가시서치자음
閒臥北窓無俗累 한와북창무속루 時占周易惜分陰 시점주역석분음

竹圃吳在虎帶江 水鴻里 查兄

1 雲橋(운교): 지명. 築雲林(축운림): 운림정사(雲林精舍)를 짓다.
2 十載(십재): 십 년. 經營(경영): 꾸려오며 가꾸다.
養善心 (양선심): 착한 마음을 기르다. 도덕적 수양.
3 楓岳西臨(풍악서림): 풍악산이 서쪽으로 마주하다.
霜葉晩(상엽만): 서리 맞은 단풍이 짙게 드는 늦가을.
4 龍城東立(용성동립): 교룡산성은 동쪽에 우뚝 서 있다.
暮雲深(모운심): 저녁 구름이 짙게 드리우다, 고요하고 신비로운 경치를 암시.
5 一床(일상): 한 자리에. 碁酒(기주): 술과 바둑. 嘉賓樂(가빈락): 좋은 손님과 더불어 즐긴다.
6 滿架(만가): 가득한 책장.
詩書(시서): 시경·서경, 고전. 稚子吟(치자음): 어린 학생들이 소리 내어 읽다.
7 閒臥(한와): 한가로이 누움. 北窓(북창): 북쪽 창 (전통적으로 은거의 상징).
無俗累(무속루): 세속의 번뇌가 없다. 세속적 얽매임에서 벗어난 삶.
8 時(시): 때로. 占周易(점주역): 주역을 점치다. 유학적 교양 활동. 주역은 점과 철학을 아우름. 惜分陰(석분음): 짧은 시간조차 아껴 쓰다.
9 竹圃吳在虎(죽포 오재호): 포암산인(圃巖散人)의 사돈. 엮은이의 외조부.

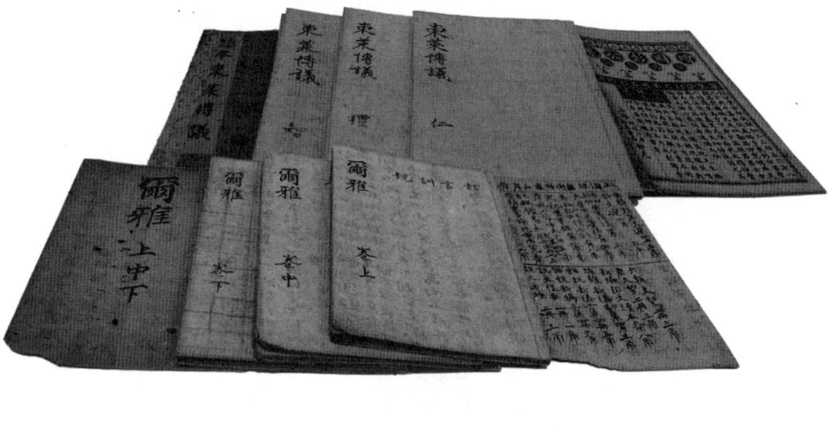
東萊博議
東萊博議
禮
東萊博議
仁
爾雅
上中下
爾雅
卷下
爾雅
卷中
爾雅
卷上

史要 坤
條目在
史要 乾
條目在內衣
乙丑七月五日加衣
秣川世稿 下
秣川世稿 上

부 차운 축 | 附次韻軸

6 포암산인 차운[1] (포암산인 원운 91쪽 참조)

주인 늙은이는 취하고 버림이 분명하여[2]
돌처럼 굳은 마음 누구와 더불어 짝하리오[3].
조용히 책을 읽으며 스스로 터득하고[4]
한가히 도를 즐기니 바랄 것이 또 무엇이랴[5].
아름다워라 체원에 꽃은 길이 피고[6]
향기로 워라 난정에 향기는 끝이지 않네[7].
달빛은 운림에 가득하고 바람은 채전에 가득하니[8]
음풍영월로 세월을 보내네[9].

균파 소헌섭 | 대산 대곡리

附次韻 부 차운

主翁取舍必知籌 주옹취사필지주 盟石堅心孰與儔 맹석견심숙여주
靜裏看書因自得 정리간서인자득 閒中樂道更何求 한중낙도갱하구
英英棣院花長在 영영체원화장재 郁郁蘭庭馥不休 욱욱난정복불휴
月滿雲林風滿圃 월만운림풍만포 吟風咏月送春秋 음풍영월송춘추

筠坡蘇憲燮本面大谷里

1 附次韻(부차운): 附는 누군가의 시에 '운을 따라 덧붙이며 화답하는 문학적 예절'로서의 의미. 圃巖散人 原韻에 답하는 次韻.
2 取舍(취사): 취할 것과 버릴 것. 必知籌(필지주): 반드시 셈(계책)을 알다 = 신중히 판단하다.
3 盟石(맹석): 맹세한 돌처럼 굳은 마음. 여기에서는 圃巖散人을 은유적으로 표현.
孰與儔(숙여주): 누가 함께할 수 있을까? 대적할 이 없음.
4 靜裏(정리): 고요한 가운데. 看書(간서):책을 읽음으로.
因(인): 인하여. 自得(자득): 스스로 깨달음을 얻다.
5 閒中(한중): 한가한 시간 속에서. 樂道(낙도): 도를 즐기니. 更何求(갱 하구): 더 무엇을 바라랴?
6 英英(영영): 꽃이 아름답고 무성한 모양.
棣院(체원): 아름다운 화단. 고상한 공간. 花長在(화장재): 꽃(향기)이 오래도록 머무르다.
7 郁郁蘭庭(욱욱 난정): 郁郁-향기롭고 짙으며 무성한 모습.
蘭庭: 난초가 심어진 뜰. 馥不休(복불휴): 그 향기 쉬지 않다.
8 月滿~風滿(월만~풍만): 달빛과 바람이 가득하다. 운림(雲林)은 雲林精舍, 채전(圃)은 圃巖散人을 은유적으로 표현.
9 吟風詠月(음풍영월): 풍월을 노래함. 送春秋(송춘추): 봄, 가을을 보내다, 세월을 보내다.

6-2

운림에서 밭 갈며 착하게 사는 것이 양책인데[1]
몸으로 실천하는 그 학문 겨룰 자 뉘 있으랴[2].
말보다 생각을 더 많이 하고[3]
행실은 마음 같지 않을까 늘 반성한다네[4].
한서를 두루 읽으니 깨달은 바 많고[5]
누추한 곳에 숨어 살지만 즐겁기만 하네[6].
돌집에서는 응당 궂은비 적음을 알겠고[7]
풍경 좋은 별천지에서 세월 가는 줄 모르네[8].

묵암 정내섭 | 대산 운교

雲林治圃是良籌 운림치포시양주 實地工深世罕儔 실지공심세한주
言因守口常思默 언인수구상사묵 行懼忤心反省求 행구오심반성구
閱盡漢書因有得 열진한서인유득 索居顏巷悅無休 삭거안항열무휴
巖屋應知淫雨少 암옥응지음우소 忘形別景幾春秋 망형별경기춘추

默菴鄭乃燮本里

---

1 雲林(운림): 운림정사(雲林精舍). 治圃(치포): 정원을 가꾸다. 포암산인(圃巖散人)을 의미함.
2 實地(실지): 실제, 이론이 아니라 실천적 영역. 工深(공심): 수양에서 정성이 깊음을 의미. 世罕儔(세한주): 세상에 짝이 드물다. 매우 드문 존재라는 뜻.
3 言因守口(언인수구): 입을 지켜 말(言因)을 삼가고. 思默(사묵): 침묵을 생각함. 신중한 언행과 수신(修身)의 자세.
4 行懼忤心反省求(행구 오심 반성구): 행동(行懼)은 忤心 -남의 마음을 거스르다. 타인을 불쾌하게 하는 일. 反省求-반성하며 구하다. 자기 성찰과 도학적 정진.
5 閱盡漢書:(열진한서) 한서를 철저히 읽음.
因有得(인유득): 그 결과로 깨달음을 얻음, 배운 것이 있음.
6 索居(삭거): 索居-세속을 떠난 고독한 은거 생활. 顏巷(안항): 안회(顏回)가 살던 좁고 누추한 거리. 청빈한 사람들이 사는 곳. 悅無休(열무휴): 그 기쁨이 끊이지 않다.
7 巖屋(암옥): 바위 속 집, 포암(圃巖)의 정사(精舍)를 은유.
應知(응지): 응당 알겠고. 淫雨(음우): 긴 장맛비. 少(소): 적다.
8 忘形(망형): 자기 존재를 잊고 경지에 드는 일종의 도가적 표현. 別景(별경): 다른 경지. 幾春秋(기춘추): 얼마나 많은 세월인가.

6-3

포암의 본 성품이 시문을 즐기니[1]
만사에 박식하여 세상에 견줄 자 드물다네[2].
물욕에 관심 없어 얻은 것이 없어도[3]
다만 공손함과 겸허함으로 근본을 삼네[4].
송죽을 가꾸는 마음 감출 수 없고[5]
청풍명월에 흥취가 한이 없네[6].
한가히 누리는 즐거움 누가 다 기억할까만[7]
운림에 살면서 글 읽은 지 몇 해던가[8].

풍양 양준기 | 대산 운교

圃岩素性好詩籌 포암소성호시주 凡百絶倫世罕儔 범백절륜세한주
非關物利惟何得 비관물리유하득 但尙恭謙是本求 단상공겸시본구
養松翠竹情難掩 양송취죽정난엄 明月淸風興不休 명월청풍흥불휴
幽閒趣旨誰能記 유한취지수능기 棲息雲林閱幾秋 서식운림열기추

楓陽梁準基本里

1 圃岩(포암): 시인(저자)의 호(號). 素性(소성): 타고난 성품.
詩籌(시주): 시로 계책을 삼다-문학적 사유를 삶의 도로 삼음. 好(호): 좋아함.
2 凡百(범백): 모든 것. 絶倫(절륜): 뛰어나 비할 데 없음. 世罕儔(세한주): 세상에서 짝이 드물다.
3 非關物利(비관 물리): 세속의 이익과 무관함. 惟何得(유하득): 생각건대 무엇을 얻겠는가?
4 但尙(단상): 다만 ~만을 숭상하다. 本求(본구): 근본적으로 추구함-삶의 근본 목적.
5 養松翠竹(양송취죽): 소나무와 푸른 대나무를 기름 - 군자의 지조와 은둔자의 삶.
情難掩(정난엄): 정을 감출 수 없음-자연과의 교감 표현.
6 明月淸風(명월청풍): 밝은 달, 맑은 바람. 興(흥): 흥취. 不休(불휴): 그치지 않다.
7 幽閒趣旨(유한취지): 한가롭고 그윽한 생활의 맛과 의도.
誰能記(수능기): 누가 기억할 수 있으랴?
8 棲息雲林(서식운림): 구름 낀 숲 속에 머물며 삶을 보냄.
閱幾秋(열기추): 몇 해의 가을을 보냄-긴 세월의 은거 표현.

6-4

바위와 더불어 밭 갈며 사는 별난 삶[1]
그 행적 속인 들 따르기 어렵네[2].
삼가며 스스로 깨달음이 있고[3]
분수 넘치는 일은 하지를 않네[4].
눈서리 어찌 소나무의 절개를 꺾으랴[5]
바람과 파도도 옥 같은 마음은 어쩌지 못하리[6].
운림에 살면서 몸 숨길 줄 아나니[7]
세상과 멀리한 지 그 몇 해던가[8].

우송 박준철 | 수지 남창리

治圃依巖是別籌 치포의암시별주 見機明蹟俗難儔 견기명적속난주
謹身自有心中得 근신자유심중득 作事全無分外求 작사전무분외구
霜雪何傾松節固 상설하경송절고 風潮不沒玉精休 풍조불몰옥정휴
棲息雲林知遯跡 서식운림지둔적 遐朝遠市幾春秋 하조원시기춘추

又松朴俊哲水旨南倉里

---

1 治圃依巖(치포의암): 圃巖散人의 포암(圃巖)을 의미함.
是別籌(시별주): 이것이 특별한 계획 또는 방책.
2 見機(견기): 변화의 흐름이나 자연의 이치를 꿰뚫음.
明蹟(명적): 자취(행적)를 밝힘. 俗難儔(속난주): 속세에는 짝할 자가 드물다.
3 謹身(근신): 몸을 삼가다. 心中得(심중득): 마음속에 얻는 바.
4 作事全無(작사전무):일을 하다, 일을 꾸미지 않는다. 分外求(분외구): 분수 밖의 탐욕.
5 霜雪(상설): 서리와 눈.
何傾(하경): 어찌 기울이랴. 松節固(송절고): 소나무의 절개는 굳건하다.
6 風潮不沒(풍조 불몰): 바람과 물결에 휩쓸리지 않음.
玉精休(옥정휴): 옥 같은 정기가 사라지지 않음 – 고결한 정신.
7 棲息(서식): 머물며 살다. 雲林(운림): 운림정사. 知遯跡(지둔적): 은거의 길을 아는 것이라.
8 遐朝遠市(하조 원시): 궁궐(권력)과 시장(속세)을 멀리함. 幾春秋(기춘추): 몇 해의 세월.

6-5

포암이라 호를 삼은 것은 삶의 방향을 정한 것이니[1]
속세를 멀리하고 홀로 유유자적하네[2].
자욱한 안개는 모두 나의 것이며[3]
하늘에 닿는 풍월에 무엇을 더 바라랴[4].
몸은 어초에 의탁하며 스스로 즐기고[5]
시와 예를 좇는 마음 늙어서도 변함없네[6].
굳건하고 담백한 인격 여전한데[7].
푸른 등불 붉은 장막 아래 춘추를 읽네[8].

우농 소원섭 | 남원 대산 운교

圃巖爲號定心籌	포암위호정심주	世與相違獨不儔	세여상위독불주
滿地煙霞皆所管	만지연하개소관	連天風月更何求	연천풍월갱하구
身托漁樵閒自樂	신탁어초한자락	心從詩禮老難休	심종시례노난휴
磈礧淸胸圓膽在	위뢰청흉원담재	青燈絳帳讀春秋	청등강장독춘추

又聾蘇元燮本里

1 爲號(위호): 이름으로 삼다, 칭하다.
定心籌(정심주): 마음을 안정시키기 위한 책략 또는 의지.
2 世與相違(세여상위): 세속(世與)과 어긋남(相違). 세속을 멀리함.
獨不儔(독불주): 짝이 없이 홀로 지냄. 무리 짓지 않고 홀로 유유자적 지냄.
3 滿地(만지): 온 땅. 煙霞(연하): 안개와 노을. 皆所管(개소관): 모두 자기의 세계로 삼음.
4 連天(연천): 하늘에 닿은 듯한.
風月(풍월): 자연의 아름다움(바람과 달빛). 更何求(갱하구): 더 무엇을 구하겠는가.
5 身托(신탁): 몸을 맡기다. 漁樵(어초): 물고기를 잡는 일과 땔나무를 하는 일.
閒自樂(한자락): 한가롭게 스스로 즐기다.
6 心從(심종): 마음이 따르다. 詩禮(시례): 시경과 예경, 즉 유학의 가르침.
老難休(노난휴): 늙었어도 그만둘 수 없다.
7 磈礧(위뢰): 울퉁불퉁한 큰 바윗돌(의지나 마음이 단단함).
淸胸圓膽(청흉원담): 맑은 가슴과 원만한 담량. 在(재): 존재한다.
8 青燈(청등): 고요한 독서 환경, 은자의 자세를 표현. 絳帳: 붉은빛의 휘장을 가리킨다. 스승의 자리 또는 학자의 서재. 후한(後漢)의 학자 마융(馬融)이 비단 장막을 치고 그 앞에서 제자들에게 경전을 가르쳤다. 讀春秋(독춘추): 춘추를 읽다.

6-6

아! 그대 은거하는 것이야말로 대단한 계책인데[1]
호를 포암이라 부르며 밭을 매니 이 누가 따라 하리[2].
약초, 화초 키우는 일도 쉬운 일이 아니려니와[3]
세상을 잊고 깨끗이 산다는 것은 더욱 어렵네[4].
평상 가득한 서화를 보노라면 산도 따라 개고[5]
속세를 떠난 그 마음 달빛에도 흥겹네[6].
백이 숙제가 고사리를 캐 온 지도 몇 해이던가[7]
뜰을 반이나 채운 고사리 향기에 가을을 느끼네[8].

난사 김사문 | 남원 주천 주촌리

嗟君遯跡把良籌 차군둔적파량주 鋤圃題巖孰可儔 서포제암숙가주
蒔藥譜花非適取 시약보화비적취 潔身忘世豈伊求 결신망세기이구
滿床書畵山隨霽 만상서화산수제 脫俗精神月興休 탈속정신월흥휴
二子採來今幾歲 이자채래금기세 半庭薇馥感殷秋 반정미복감은추

蘭史金思汶周川周村里

---

1 嗟君(자군): 아, 그대여. 遯跡(둔적): 세속에서 은거함. 把良籌(파양주): 좋은 계책을 쥐다.
2 鋤圃(서포): 밭을 가는 일. 題巖(제암): 호를 포암(圃巖)이라 부름.
孰可儔(숙가주): 누가 이에 견줄 수 있으랴.
3 蒔藥(시약): 약초를 심다.
譜花(보화): 꽃을 가꾸고 분류하다. 非適取(비적취): 함부로 취하지 않음.
4 潔身(결신): 몸가짐을 청결히 하다. 忘世(망세): 세속을 잊다, 유가적 혹은 도가적 이상.
豈伊求–어찌 그것을 구하겠는가? 어렵다는 의미.
5 滿床(만상): 자리를 가득 메운.
書畵(서화): 글과 그림. 山隨霽(산수제): 비 갠 뒤 산의 경치도 따라 좋다 (霽: 비가 그침).
6 脫俗(탈속): 속세를 벗어남. 精神(정신): 여기선 정신적 품격, 기상.
月興休(月: 주어, 興休: 흥취와 평안): 달빛 아래 더욱 흥이 나고 편안함.
7 二子採來: 백이 숙제(佰夷叔齊). 주 무왕이 은나라를 멸하고 새 왕조를 열었을 때, 이를 '불의한 역성혁명'이라며 끝까지 주나라 곡식을 먹지 않고 수양산(首陽山)에서 고사리를 캐며(採來) 은둔하다 굶어 죽었다는 인물. 今幾歲(금기세): 지금 몇 해인가?
8 半庭(반정): 뜰의 절반. 薇馥(미복): 고비(고사리) 향기. 은자의 삶을 상징하는 식물.
感殷秋(감은추): 깊은 가을에 감회가 깊다.

6-7

일찍이 속세를 등지고 은거할 계획을 세우니[1]
포암의 맑은 정취 그 누가 견주 리오[2].
시서를 읽으며 얻는 바 크고[3]
풍월을 읊조리니 바랄 것 더 없네[4].
창밖에 화초를 보니 언제나 봄이요[5]
탑상 위 거문고 소리 밤새 그칠 줄 모르네[6].
때로 자손들이 술을 올리니[7]
어찌 노란 국화가 피어야만 가을이라 하리[8].

송촌 장해준 | 대산 길곡리

遯世隱居早立籌 둔세은거조립주 圃巖淸趣孰能儔 포암청취숙능주
讀去詩書中有得 독거시서중유득 咏來風月外無求 영래풍월외무구
窓前花草春長在 창전화초춘장재 榻上琹調夜不休 탑상금조야불휴
時或兒孫前進酒 시혹아손전진주 何俟黃菊適時秋 하사황국적시추

松村張海峻大山 吉谷里

1 遯世(둔세): 세상을 피하다, 은둔하다. 早立籌(조립주): 일찍이 계획을 세우다.
2 圃巖(포암): 圃巖-이종엽(圃巖散人 李鐘燁)의 호. 淸趣-맑고 고요한 흥취.
孰能儔(숙능주): 누가 짝이 될 수 있으랴?
3 讀去(독거): 책을 읽어 가며. 詩書中(시서중): 시와 경서 가운데. 有得(유득): 얻는 바가 있다.
4 咏來(영래): 읊으며. 風月(풍월): 자연의 경치, 시흥의 대상.
外無求(외무구): 그 밖의 것은 구하지 않음.
5 窓前(창전): 창 앞. 花草(화초): 꽃과 풀. 春長在(춘장재): 봄이 길게 머무는 듯.
6 榻上(탑상): 평상 위에서. 琹調(금조): 거문고 가락. 夜不休(야불휴): 밤에도 그치지 않음.
7 時或(시혹): 때때로. 兒孫(아손): 자손들. 前進酒(전진주): 앞에 술을 올리다, 잔을 올리다.
8 何俟(하사): 어찌 기다리랴. 黃菊(황국): 가을의 상징인 노란 국화. 適時秋(적시추): 때맞춘 가을. (가을 국화가 아니라도 지금 이 삶이 충분히 고결하고 아름답다는 자족(自足)의 미학).

6-8

변수를 알고 때를 알아 운명을 헤아리니[1]
본디 담박한 마음 견줄 이 더 없네[2].
책상에 쌓인 경전 어찌 버릴 수 있으랴[3]
부귀영화는 뜬구름 같으니 좇을 까닭 없네[4].
당에 걸린 사상의 괘로 순리와 역리를 살피고[5]
팔문이 정해지니 생사 흥망을 알겠네[6].
소나무 대나무도 좋지만 산가의 경치는[7]
봄에는 매화와 버들 가을에는 국화로다[8]

초산 박영래 | 평북 초산군

知變知機能運籌	지변지기능운주	素心淡泊更無儔	소심담박갱무주
經傳堆案實難廢	경전퇴안실난폐	富貴如雲何必求	부귀여운하필구
四象掛堂行順逆	사상괘당행순역	八門定局占生休	팔문정국점생휴
松篁以外山家景	송황이외산가경	梅柳三春菊九秋	매류삼춘국구추

楚山朴英來平北楚山郡

1 知變(지변): 변화함을 알고. 知機(지기): 때를 알며. 能運籌(능운주): 능히 계책(籌)을 운용하다.
2 素心(소심): 본래의 순박한 마음. 淡泊(담박): 담담하고 탐욕이 없음.
更無儔(갱무주): 더욱이 짝할 이가 없음-견줄 자가 없다.
3 經傳(경전): 유교 경서와 전적. 堆案(퇴안): 책상 위에 쌓여 있음.
實難廢(실난폐): 실로 폐할 수 없음-쉽게 버릴 수 없는 귀중함.
4 富貴如雲(부귀여운): 부귀는 구름 같아. 何必求(하필구): 어찌 반드시 구할 필요가 있으랴.
5 四象(사상): 주역(周易)에서 언급하는 우주 발생의 개념으로서, 역(易)에 태극(太極)이 있고, 태극은 양의(兩儀: 음과 양. 하늘과 땅)를 낳고, 양의는 사상(四象: 소양, 태양, 소음, 태음)을 낳고, 사상은 팔괘(八卦)를 낳는다. 포암산인이 주역을 가까이하고 있다는 은유.
掛堂(괘당): 당(堂)이나 벽에 걸다. 行順逆(행순역): 순리와 역리를 모두 따르며 행함.
6 八門: 구궁(九宮)에 맞추어서 길흉을 점치는 여덟 문.-휴문(休門), 생문(生門), 상문(傷門), 두문(杜門), 경문(景門), 사문(死門), 경문(驚門), 개문(開門). 定局(정국): 판국을 정하다.
占生休(점생휴): 길한 운(生, 休)을 점치다.
7 松篁(송황): 소나무와 대나무. 以外(이외): 그 외에도. 山家景(산가경): 산중 집의 경치.
8 梅柳(매류): 매화와 버들. 三春(삼춘): 봄의 세 달. 菊九秋(국구추): 가을엔 국화-음력 9월.

6-9

내 평생 한 가지 계책에 빠진 것을 후회하나니[1]
그대 높은 곳에 누워 흰 구름 벗하니 부러워라[2].
신령한 땅이 어찌 세속의 번뇌로 더럽혀지게 하리[3]
검은 돌을 바다 밖에서 찾으려 애쓰지 않네[4].
도를 담론 하니 가슴은 바다와 같아지고[5]
마음을 논하다가 문득 세속의 번뇌가 사라졌네[6].
그 가운데 얻는 것은 한가로운 정취요[7]
베개에 기대어 솔바람 소리 들으니 가을인가 하네[8].

사운 방동원 | 보절 고동

恨我平生沒一籌 한아평생몰일주 羨君高臥白雲儔 선군고와백운주
靈區何染塵中累 영구하염진중루 烏石諒非海外求 오석양비해외구
談道從知胸海闊 담도종지흉해활 論心頓覺俗念休 논심돈각속념휴
箇中剩得幽閒趣 개중잉득유한취 頹枕松風也似秋 퇴침송풍야사추

沙雲房東源寶節狐洞

---

1 恨我(한아): 나는 한스럽도다. 平生(평생): 평생토록.
沒一籌(몰일주): 자신의 세속적인 무력함을 자조적으로 반성하는 표현.
2 羨君(선군): 그대 부러워라.
高臥(고와): 높은 곳에 누움 한가히 누워. 白雲儔(백운주): 흰 구름과 짝이 되다.
3 靈區(영구): 신령스러운 터. 何染(하염): 어찌 물들겠는가?
塵中累(진중루): 세속의 번뇌와 속박.
4 烏石(오석): 검은 돌. 여기서는 이상향 또는 거처의 은유.
諒(양): 좁은 마음에 사소한데 목숨 걸지 않는다. 공자는 "군자는 곧지만 하찮은 신의에 얽매여 분별없이 굴지는 않는다." (子曰: 君子貞而不諒)라고 하였다.
非海外求(비해외구): 바다 밖 먼 곳에서 구할 필요 없음.
5 談道(담도): 도를 말하다. 從知(종지): 따라서 알게 된다.
胸海闊(흉해활): 가슴이 바다처럼 넓다는 것.
6 論心(논심): 마음을 논하다, 즉 자신의 심성(마음)을 성찰하거나 타인의 마음에 대해 논하다. 頓覺(돈각): 문득 깨닫다. 俗念休(속념휴): 속된 생각이 사라짐.
7 箇中(개중):그 가운데서. 剩得(잉득):덤으로 얻은. 幽閒趣(유한취):한적하고 고요한 운치.
8 頹枕(퇴침): 베개를 베고 드러눕다. 松風(송풍): 솔바람. 也似秋(야사추): 마치 가을 같도다.

6-10

주인 늙은이 세상살이 남달라[1]
바위 머리에서 밭을 가니 누군들 흉내 내리[2].
고아한 선비들 늘 모여들고[3]
걸출한 인재들이 날마다 진리를 구하네[4].
풍월 담소에 마음도 흡족하고[5]
농사일 얘기도 나누며 덕을 쌓네[6].
인간 세상사 털어버리기 쉬운 일인가[7]
운림 당상에서 춘추를 읽네[8].

죽포 오재호 | 대강 수홍리 | 사형

主翁處世更持籌 주옹처세갱지주 治圃巖頭孰興儔 치포암두숙흥주
彬彬多士常時會 빈빈다사상시회 濟濟群英逐日求 제제군영축일구
高談風月心猶足 고담풍월심유족 閒話農桑德不休 한담농상덕불휴
抛却人間如許事 포각인간여허사 雲林堂上讀春秋 운림당상독춘추

竹圃吳在虎帶江水鴻里査兄

---

1 主翁(주옹): 주인어른. 處世(처세): 세상을 살아감. 更持籌(갱 지주): 계책을 품고 살아감.
2 治圃(치포): 텃밭을 가꾸다. 巖頭(암두): 바위 머리 – 圃巖散人(포암산인)을 은유적으로 표현. 孰興儔(숙 흥주): 누가 감히 짝할 자 있으랴.
3 彬彬(빈빈): 균형과 조화. 공자는 “질(質)이 문(文)을 이기면 촌스러워 보이고, 문(文)이 질(質)을 이기면 그럴듯해 보이니, 문(文)과 질(質)이 조화를 이룬 후에야 군자라 한다.” 라고 하였다. (質勝文則野, 文勝質則史. 文質彬彬, 然後君子).
多士(다사): 많은 선비들. 常時會(상시회): 늘 모여들다.
4 濟濟(제제): 인재가 가득한 모습. 群英(군영): 무리 진 영재들.
逐日求(축일구): 날마다 학문·도리 등을 구함.
5 高談風月(고담풍월): 고상한 이야기와 자연을 논함. 心猶足(심유족): 마음이 여전히 충만함.
6 閒話(한화): 한가히 이야기함. 農桑(농상): 농사와 누에치기. 德不休(덕 불휴): 덕을 쉬지 않음.
7 抛却(포각): 버리다. 人間如許事(인간 여허사): 세상 사람들의 이리저리 복잡한 일들.
8 雲林堂上(운림당상): 운림정사를 지칭.
讀春秋(독춘추): 『춘추』를 읽는다. (공자가 노나라의 역사서를 편찬한 역사 비평 서).

宋書百選 下
宋書百選 中
宋書百選 上
李子性理書

부 화운 축 | 附和韻軸

7-1 만회와 청사가 방문하여 함께 읊다

운림에 엎드려 보잘것없는 삶[1]
다행히 저버리지 않고 동행으로 알아주네[2].
오랜 세월 헤어져 지냈으니 늘 그리움에 목말랐고[3]
가을 하늘 높은데 손님 맞으니 눈앞이 환해지네[4].
바깥세상 어지러운 소식엔 귀를 틀어막고[5]
가슴을 펴고 즐거움을 얻으니 책상 앞이 태평하네[6].
국화의 계절에 애석하게도 술이 없으나[7]
누가 알았으리 한가한 중에 이런 만남 있을 줄을[8].

晩回吳汶植靑蓑楊秉華見訪共吟 만회 오문식 청사 양병화 견방 공음

跧伏雲林側陋生	전복운림측루생	幸何不負啓同行	행하불부계동행
分衿積歲心常渴	분금적세심상갈	下榻高秋眼忽明	하탑고추안홀명
掩耳厭聽燈外亂	엄이염청등외란	展胸喜得案頭平	전흉희득안두평
黃華佳節憐無酒	황화가절연무주	誰覺閒中此會成	수각한중차회성

1 跧伏(전복): 몸을 낮추고 엎드리다. 雲林(운림): 운림정사.
側(측):곁에. 陋生(루생) 누추한 삶을 사는 사람. 자신을 낮춰 부르는 말.
2 幸何(행하): 다행히도. 不負(불부): 저버리지 않다. 啓同行(계동행): (귀하와) 함께 길을 연 것.
3 分衿(분금): 이별함. 積歲(적세): 여러 해 동안. 心常渴(심상갈): 마음이 늘 목말라 있음.
4 下榻(하탑): 손님을 맞아 극진히 대접함. 高秋(고추): 가을의 맑고 높은 시기.
眼忽明(안 홀명): 눈이 갑자기 밝아짐.
5 掩耳(엄이): 귀를 가린다는 뜻으로 귀를 막고 듣기 싫어함.
厭聽(염청): 듣기 싫어하다. 燈外亂(등외란): 등불 밖의 소란, 즉 세속의 번잡함.
6 展胸(전흉): 가슴을 펼치다. 喜得(희득): 즐거움을 얻다.
案頭平(안두평): 책상 앞이 평온하다.
7 黃華(황화): 국화의 다른 이름. 佳節(가절): 좋은 절기. 憐無酒(연 무주): 술이 없음이 아쉽다.
8 誰覺(수각): 누가 알았으랴. 閒中(한중): 한가로운 중에.
此會成(차회성): 이 만남이 이루어질 줄을.

7-2 화운[1]

난리를 겪으며 백발이 또 얼마나 늘었던가[2]
해가 다섯 번 바뀌어 또 이 길을 왔네[3].
돌 여울에 섬돌 뚫리는 소리 옥소리인 듯[4]
국화꽃이 둘러싸니 집은 황금빛을 입네[5].
학문을 논하다 밤이 깊어 잠들고[6]
달을 보며 감회에 젖다 보니 비 갠 지가 오래네[7].
인가와 멀지 않으나 그윽한 곳[8]
날개 돋친 듯한 그대 거처 부럽기만 하네[9].

만회 오문식 | 대강 소촌

附和韻 부 화운

晩回吳汶植帶江少村

亂中白髮幾添生 난중백발기첨생　五閱星霜復此行 오열성상부차행
石瀨穿階聽玉細 석뢰천계청옥세　菊叢繞屋著金明 국총요옥착금명
論文睡到深更失 논문수도심경실　得月懷同舊雨平 득월회동구우평
人境非遙幽絶處 인경비요유절처　羨君卜築翼然成 선군복축익연성

晩回吳汶植帶江少村

---

1 和韻(화운): 남이 지은 시의 운자(韻字)를 써서 화답하는 시.
2 亂中(난중): 세상의 혼란 속에서. 白髮(백발): 흰머리.
幾添生(기첨생): 얼마만큼 더 생겼는가.
3 五閱星霜(오열성상): 다섯 해를 지남. 復此行(부차행): 다시 이곳을 찾아오다.
4 石瀨(석뢰): 돌 사이 흐르는 시냇물. 穿階(천계): 계단 밑으로 흐름.
聽玉細(청옥세): 구슬 구르는 듯 섬세한 소리.
5 菊叢(국총): 국화 무더기. 繞屋(요옥): 집을 에워싸다. 著金明(착금명): 황금빛으로 빛나다.
6 論文(논문): 글을 논하다. 睡到(수도): 잠이 들다. 深更失(심경실): 깊은 밤중이 지나다.
7 得月(득월): 달을 얻다 (즐기다). 懷同舊(회동구): 옛 벗을 그리다.
雨平(우평): 빗소리가 평온해졌다(비가 잦아졌다).
8 人境(인경): 인간 세상. 사람이 사는 곳. 非遙(비요): 멀지 않다.
幽絶處(유절처): 깊이 고요한 곳.
9 羨君(선군): 그대가 부럽다.
卜築(복축): 거처를 정하다. 翼然成(익연성): 새가 날개를 편 듯한 모습.

7-2-1

동에서 취하고 서에서 시 읊으며 웃고 살다가[1]
운림의 깨끗한 곳에 행장 풀고 머물렀네[2].
보잘것없는 창에 서화는 천금보다 귀하고[3]
섬돌 가에 국화는 세상을 밝히네[4].
땅을 흔드는 풍파는 여전히 호탕하건만[5]
다른 세상의 세월은 저절로 태평하네[6].
복 받은 주인 늙은이 세상에 드물거늘[7].
보배로운 인재를 많이도 길러냈네[8].

청사 양병화 | 순창 동계 관전리

東醉西吟笑此生 동취서음소차생 雲林淨處駐此行 운림정처주차행
薄窓書畵千金重 박창서화천금중 繞砌霜葩萬点明 요체상파만점명
掀地風波猶浩蕩 흔지풍파유호탕 別區日月自昇平 별구일월자승평
主翁完福稀今世 주옹완복희금세 寶極叢叢已養成 보극총총이양성

青蓑楊秉華淳昌東溪官田里

1 東醉西吟(동취서음): 유유자적한 삶, 풍류와 해탈, 자연에 기대어 사는 이상적 인간상. 철학적으로 도가사상, 탈속(脫俗), 무위자연의 삶. 笑此生(소차생): 인생의 굴레를 너무 진지하게 여기지 않고 술과 시로 웃어넘기는 태도.
2 雲林淨處(운림정처): 구름 낀 숲 속의 맑고 고요한 곳. 즉, 운림정사.
駐此行(주차행): 정착 혹은 방문함.
3 薄窓(박창): 얇은 창. 소박한 방.
書畵千金重(서화천금중):예술의 가치를 금전보다 높이 여기며, 고상한 생활을 찬미.
4 繞砌(요체): 돌계단을 에워쌈. 霜葩(상파): 서리가 내릴 때 핀 꽃, 국화.
萬點明(만점명): 수없이 밝게 피어 있음.
5 掀地(흔지): 땅을 들썩이게 하다 (비유적으로 사회의 동요). 猶浩蕩(유호탕): 여전히 크고 거침.
6 別區(별구): 다른 세계, 이곳. 昇平(승평): 나라가 태평함.–속세와 대비되는 이상향.
7 主翁(주 옹): 이곳의 주인. 完福(완복): 복이 완전함. 稀今世(희금세): 지금 세상엔 드문 일.
8 寶極(보극): 극진한 보배. 叢叢(총총): 무성하고 풍성한 모양. 已養成(이양성): 이미 길러 이룩함.

7-3 하병엽 운에 답하다

소식이 끊기고 많은 세월이 흘러[1]
어디에 사는지 알지 못하여 서로 다시 찾을 수 있을까[2].
사람이 헤어지는 것은 인정이 박해서가 아니고[3]
만나기 어려운 것은 세상이 어지러운 때문이리라[4]
창망한 상전이 벽해되어 아름다운 자취를 찾으니[5]
적막한 운림에서 옥음을 접하네[6].
글 뜻도 모른 채 아름다운 시문만 받으니[7]
보잘것없으나마 용기 내어 존음에 답하네[8].

장수 산서 동화리 원월곡

答河秉燁韻 답 하병엽 운

長水山西桐花里元月谷

積阻於今歲月深 적조어금세월심 不知何處更相尋 부지하처갱상심
易分非是人情薄 이분비시인정박 難合是非世亂侵 난합시비세란침
蒼茫桑海探瑤跡 창망상해탐요적 寂寞雲林接玉音 적막운림접옥음
佔畢喜承璦什又 점필희승애십우 敢將鄙抱答尊吟 감장비포답존음

---

1 積阻(적조): 오랜 시간 막혀 있었음. 於今(어금): 지금까지. 歲月深(세월 심): 세월이 깊어졌다.
2 不知何處(부지하처): 어디 있는지조차 알 수 없고. 更相尋(갱상심): 다시 찾아 뵐 길도 없었네.
3 易分(이분): 쉽게 헤어짐. 非是人情薄(비시인정박): 이는 인정이 야박해서가 아님.
4 難合(난합): 다시 합치기 어려움.
是非世亂(시비세란): 시비와 세상의 혼란이. 侵(침): 침범했기 때문.
5 蒼茫桑海(창망상해): 넓고 멀어서 아득한 세상 (변화무쌍한 인생).
探瑤跡(탐요적): 옥 같은 귀한 자취를 찾아 헤매다.
6 ~接玉音(~접 옥음): 귀한 소식을 접함. 귀한 시문이나 말소리 (상대의 글을 높여 부름).
7 佔畢(점필): 글자(字)만 읽을 뿐 그 깊은 뜻은 알지 못함.
喜承(희승): 기꺼이 받아들임. 璦什(애십): 옥같이 귀한 시문. 又(우): 다시, 또한.
8 敢將: 감히 바치다.
鄙抱(비포): 나의 하찮은 뜻, 보잘것없는 마음. 答尊吟: 그대의 고귀한 시문에 답하다.

7-4 원운

지난해 운자韻字를 받고 감회가 깊더니[1]
잡사에 묻혀 찾아가지 못했네[2].
젊은 시절에는 호등이 함께 했으나[3]
어느 사이에 귀밑머리 서리 내리고 병든 몸이 되었네[4].
간간이 소식을 듣기도 하고[5]
장꾼들에게서 어쩌다 안부를 알기도 하였네[6].
친지는 아니련만 의기가 투합하여[7]
원컨대 가까이하면서 더불어 시나 읊조렸으면[8].

附原韻 부 원운

前年授韻感懷深 전년수운감회심 連礴時騷未訪尋 연박시소미방심
俄者青春豪等參 아자청춘호등참 遽然霜鬓病相侵 거연상빈병상침
憑耳間間訓信息 빙이간간훈신식 市便種種聞平音 시편종종문평음
非徒先戚情誼合 비도선척정의합 願做近隣共唱吟 원주근린공창음

---

1 前年(전년): 지난해. 授韻(수운): 운자(韻字)를 받음. 感懷深(감회심): 감정이 깊이 일었다.
2 連礴(연박): 연이어 뒤섞이다. 時騷(시소): 시대의 소요. 未訪尋(미 방심): 찾아뵙지 못했다.
3 俄者(아자): 아까. 지난 젊은 시절. 青春(청춘): 한창의 젊은이들.
豪等(호등): 지혜와 용기, 기개와 풍모가 있는 사람들. 문우(文友)들. 參(참): 참여하다.
4 遽然(거연): 어느 사이에. 霜鬓(상빈): 서리 같은 흰머리. 病相侵(병상 침): 병까지 침범함.
5 憑耳(빙이): 귀로. 間間(간간): 드문드문.
訓(훈): 전하다. 信息(신식): 누군가가 전해주는 안부나 소식.
6 市便(시편): 시장에 나온 사람. 장꾼. 種種(종종): 가끔. 시간적(時間的).
聞平音(문평음): 평온한 소식을 들었네.
7 非徒(비도): 비단(非但). 단지 ~뿐이 아니고. 先戚(선척): 가까운 혈연 혹은 먼저 친한 이.
情誼合(정의합): 정과 의리가 깊이 통하다.
8 願做(원주): 되기를 바라고. 近隣(근린): 가까운 이웃.
共唱吟(공창 음): 함께 시를 읊고자 하네.

7-5 청양 이근우 에게

버들을 시작으로 봄이 오니 세월이 새롭고[1]
삼라만상이 하늘의 본 모습 보이네[2].
송죽 같은 지조로 늘 깨끗한 벗이오[3].
복사꽃 오얏 꽃은 먼저 지지만 이웃까지 향기롭네[4].
다행히도 청포로 인해 그대를 알게 되어[5]
다시 좋은 소식 접하니 속세의 먼지를 씻은 듯하네[6].
다행히도 봄바람이 온화하게 불어와[7]
운림 깊은 곳에서 땔나무 걱정은 하지 않는다네[8].

答靑陽李根宇韻 답 청양 이근우 운

柳燧發春歲色新 유수발춘세색신 千形萬態動天眞 천형만태동천진
晩翠竹松常淨友 만취죽송상정우 先萎桃李亦芳隣 선위도리역방린
幸因靑圃探尊侯 행인청포탐존후 更接玉音洗俗塵 갱접옥음세속진
尙賴東風和暖氣 상뢰동풍화난기 雲林深處不憂薪 운림심처불우신

---

1 柳燧(유수): 버들가지(봄의 상징). 發春(발춘): 봄이 시작되다.
歲色新(세색신): 세상의 빛깔이 새롭다.
2 千形萬態(천형 만태): 갖가지 형태와 모습. 動天眞(동천진): 천진한 이치를 일깨움.
3 晩翠(만취): 늦겨울에도 변하지 않는 푸르름. 竹松(죽송): 대나무와 소나무.
常淨友(상정우): 항상 맑은 친구.
4 先萎(선위): 먼저 시들다. 桃李(도리): 복숭아꽃, 오얏꽃 (일시적 아름다움의 상징).
亦(역): 또한. 芳隣(방린): 향기로운 이웃.
5 幸因(행인):다행히. 靑圃(청포): 지인의 호(號).
探(탐) :찾다(알게 되다).尊侯(존후): 존귀한 사람. 상대방을 높임 말.
6 更接(갱접): 다시 접하다. 玉音(옥음): 고상한 말씀, 시문.
洗俗塵(세 속진): 세속의 티끌을 씻어내다.
7 尙賴(상뢰): 또한, 오히려, 다행히도 의지하다. 和暖氣(화난기): 따뜻하고 부드러운 기운.
8 雲林深處(운림심처): 운림정사 깊은 곳. 不憂薪(불우신): 땔감 걱정이 없다, 곧 생활의 자족.

7-6 원운

문 열고 봄을 맞으니 만상이 새로워[1]
비로소 오묘한 하늘의 참뜻 알겠네[2].
어찌하여 홍리로 홀연히 한 해가 지날까[3]
포암과 더불어 늘 이웃하고 싶어라[4].
소나무는 눈 속에서 고결한 절개 자랑하고[5]
매화는 달그림자를 머금어 더욱 향기롭네[6].
어린 양고기와 좋은 술 더 부러울 것 없는데[7]
누가 다동을 깨워 홀로 땔나무를 베게 할까[8].

附原韻 부 원운

開戶迎春萬像新	개호영춘만상신	始知玄妙自天眞	시지현묘자천진
胡爲鴻鯉忽經歲	호위홍리홀경세	欲使圃巖常作隣	욕사포암상작린
松透雪魂藉孤節	송투설혼자고절	梅含月影艶香塵	매함월영염향진
羔兒美酒皆當世	고아미주개당세	誰攪茶童獨伐薪	수교다동독벌신

---

1 開戶(개호): 문을 열고. 迎春(영춘): 봄을 맞으니. 萬像新(만상신): 만물이 새롭다.
2 始知(시지): 비로소 알다. 玄妙(현묘): 오묘하고 깊은 이치.
自天眞(자천진): 하늘로부터 타고난 참된 본성.
3 胡爲(호위): 어찌하여. 鴻鯉(홍리): 편지-鴻은 '안서(雁書)'를 지칭한다. 흉노에게 억류된 소무(蘇武)의 소식이 적힌 비단이 황제가 잡은 기러기발에 묶여 있었다는 고사에서 나온 말. '鯉'는 '(쌍리척소雙鯉尺素: 두 마리 잉어에서 나온 비단)'를 지칭한다. 당나라 사람들은 편지를 부칠 때 잉어 모양의 두 개의 판자 안에 편지를 넣어 보내거나, 잉어 모양으로 편지를 접어 보냈다고 한다. 忽經歲(홀경세): 갑자기, 문득. 해를 넘기다 (오랜 시간).
4 欲使(욕사): ~하고자 하다. 圃巖(포암): 포암산인. 常作隣(상 작린): 항상 이웃이 되다.
5 松透雪魂(송투설혼): 소나무가 눈 속에서도 고고히 기운을 발함.
藉(자): 의지하다. 孤節(고절): 외로운 절개, 꿋꿋한 기상.
6 梅含月影(매함월영): 매화가 달그림자를 품다.
艶(염): 곱고 아름답다. 香塵: 향기로운 세속(혹은 향기로 속세를 물들이다).
7 羔兒(고아): 성찬의 상징. 美酒(미주): 좋은 술. 皆當世(개당세): 모두 세상에서 귀히 여김.
8 誰攪(수교): 누가 방해하랴. 茶童(다동): 차를 달이는 아이. 獨伐薪(독벌신): 홀로 땔감을 하다.

7-7 청양 이근우에게 답하다

다시금 서신을 받으니 눈이 문득 맑아지고[1]
향기로운 글월에 뜻도 절로 깨닫네[2].
깊은 뜻도 모른 채 늘 힘만 썼는데[3]
답장을 받들어 읽으니 얻은 바 많아라[4].
추운 날이면 책상에 기대어 몸조리나 하고[5]
바람 따스한 날엔 문 앞에 서서 그대 기다리네[6].
보잘것없는 물건을 주고 귀한 물건 얻으니[7]
조용히 앉아 생각해 보니 망형지교忘形之交[8]로다.

答靑陽李根宇韻 답 청양 이근우 운

擊復金音眼忽靑 격복금음안홀청 飽香不覺意隨醒 포향불각의수성
佔畢從知常亹亹 점필종지상미미 報書仰頌益節節 보서앙송익절절
日冷護身依几案 일랭호신의궤안 風和待命立門屛 풍화대명입문병
暫投些物瓊琚得 잠투사물경거득 默坐量情却忘形 묵좌양정각망형

---

1 擊復(격복): 다시 울려 퍼지는. 金音(금음): 맑은 쇠 소리.
眼忽靑(안홀청): 눈이 갑자기 밝아지다.
2 飽香(포향): 향기에 흠뻑 젖음. 不覺(불각): 어느새. 깨닫지 못하다.
意隨醒(의수성): 마음이 따라 깨어남.
3 佔畢(점필) : 시를 완성하여 마치다. 從知: 따라 알게 되다.
常亹亹(상미미): 꾸준히, 부지런히 문장을 꾸준히 다듬는 정성.
4 報書(보서): 답장. 仰頌(앙송): 받들어 읽다. 益節節(익절절): 더욱 얻다(절절히~).
5 日冷(일랭): 날씨가 차가움. 護身(호신): 몸을 따뜻이 함. 依几案(의 궤안): 책상에 기대다.
6 風和(풍화): 바람이 부드럽다. 待命(대명): ~을 기다리다. 立門屛(입문병): 문 옆에 서다.
7 暫投些物(잠투사물): 잠시 자그마한 물건을 드림. 瓊琚得(경거득): 옥과 같은 귀한 것을 얻다.
8 默坐(묵좌): 말없이 앉음. 量情(양정): 마음의 상태를 헤아리다.
却忘形(각망형): 자기의 형체를 잊다. "忘形之交"-지위나 외모, 형식적 예절 따위는 완전히 잊고, 마음과 진심으로만 사귀는 우정.

7-8 원운

고상한 품성을 청려장靑藜杖에 실어 보내니[1]
은거하는 뜻 받들어 깨달은 바 많네[2].
먼 길을 가느라 걸음마다 수고로우니[3]
이제부터는 노쇠한 몸 꿋꿋이 세워 마중하네[4].
시냇물 소리 거문고 소리도 들을 만하고[5]
멀리 산 모습 병풍처럼 기이하네[6].
서로 신선의 문을 두드리며 다음날 다시 와[7]
흉금을 터놓고 시를 주고받느라 나를 잊었네[8].

附原韻 부 원운

高風吹送一藜靑	고풍취송일려청	扶仰橋雲感意醒	부앙교운감의성
行彼遠程勞步步	행피원정노보보	自今衰脚俉亭亭	자금쇠각오정정
住聽溪響愛琹曲	주청계향애금곡	指點山光奇畵屛	지점산광기화병
携叩仙扃來次日	휴고선경래차일	衿懷酬唱也忘形	금회수창야망형

1 高風(고풍): 고결한 품격. 吹送: 바람에 실어 보내다.
藜靑(려청): 명아줏대로 만든 지팡이, 靑藜杖(청려장), 청빈하고 절제된 삶을 상징함.
2 扶仰(부앙): 기대어 올려다보다. 橋雲(교운): 숨어 사는 사람이 세상의 일로부터 단절한다는 것을 비유. 感意醒(감의 성): 감정이 일고 뜻이 깨어남.
3 行彼(행피): 저 길로 향해 가다. 遠程(원정): 먼 여정. 勞步步(노 보보): 걸음마다 고단함.
4 自今(자금): 이제는. 衰脚(쇠각): 쇠약한 다리.
俉亭亭(오정정): 俉는 맞이하다, 접대(接待) 하다. 亭亭은 당당하고 곧은 모습.
5 住聽(주청): 멈춰 서서 듣다. 溪響(계향): 계곡물소리. 愛琴曲(애금 곡): 거문고소리를 사랑하다.
6 指點(지점): 손가락으로 가리키며 말하다.
山光(산광): 산의 풍경. 奇畵屛(기 화병): 기이한 그림 병풍.
7 携叩(휴고): (손에 들고) 두드리다. 즉 직접 찾아오다.
仙扃(선경): 신선의 문. 은자의 집이나 시적 교류의 공간. 來次日(래 차일): 다음 날 찾아오다.
8 衿懷(금회): 회포. 마음속 정을 담아. 酬唱(수창): 시(詩)를 주고받음. 也忘形(야 망형): 시심과 감흥이 극에 달하여 자아를 잊는 경지, 즉 망형 지교(忘形之交)의 실현.

7-9 청양 이근우에게 배율[1]

운림 속에 은거[2]하면서
해가 바뀜을 한탄하네[3].
한창은 달빛을 영접하고[4]
녹죽은 바람에 흔들리네.
홍안은 어제인 듯한데[5]
벌써 백발이 다 되었네[6].
청양의 자리를 어찌 얻을까[7]
나의 무지를 깨우치네[8].

答青陽李根宇排律 답 청양 이근우 배율

跧伏雲林裏 전복운림리	堪嘆歲欲移 감탄세욕이
寒窓迎月色 한창영월색	綠竹動風枝 녹죽동풍지
紅顏如昨日 홍안여작일	白髮到今時 백발도금시
安得青陽席 안득청양석	啓吾所不知 계오소부지

1 배율(排律): 율시(律詩)의 일종으로, 8구(句) 이상의 시에서 짝을 이루는 구절들이 많아지는 형식. 주로 10구 이상을 의미하며, 짝을 지어 나열된다는 점에서 “배(排)”라고 부름. ① 수련(首聯): 시작-1~2구, 시의 배경과 정조(情調)를 제시. ② 승련(承聯): 전개-3~4구, 수련의 내용을 이어받아 전개. ③ 전련(轉聯): 전환-5~6구, 내용의 전환점, 주제 심화. ④ 결련(結聯): 마무리-7~8구, 시의 종결과 주제의 완성. ⑤ 이후 구절들: 배련--구 이후의 짝지어진 구절들로 계속 이어짐.
2 跧伏(전복): 몸을 낮추고 움츠림. 겸손한 자세 또는 외로운 은거의 모습.
3 堪嘆(감탄): 탄식할 만하다. 歲欲移(세욕이): 해가 바뀌려 한다 (세월의 흐름).
4 寒窓(한창): 겨울 창가. 세월의 추위를 상징하는 시어. 迎月色(영월색): 달빛을 맞이하다.
5 紅顏(홍안): 젊은 시절. 如昨日(여작일): 어제와 같은 듯하지만 (세월이 빠름을 강조).
6 白髮(백발) : 흰머리. 到今時(~도금시): 지금 이르러.
7 青陽(청양): 이근우의 호. 青은 동쪽을 의미하는 것으로, 청양(青陽)은 명당(明堂)의 동쪽에 있는 방인 청양전(青陽殿)을 지칭한다. 安得(안득): 어떻게 ~할 수 있으랴.
8 啓(계): 깨우치다. 吾所不知(오소부지): 내가 아직 알지 못한 것.

7-10 원율

해가 저문 데 무엇을 할까[1]
모두 하늘이 할 일인데[2].
인간사 또한 이와 같아[3]
고금에 성쇠는 하늘이 알아서 했다네[4].
세월은 고리처럼 빨리 가니[5]
내 또한 더디 가지 못함이 안타깝네[6]
한 일도 없이 세상을 살았는데[7]
문뜩 귀밑머리 세어 가네[8].
거울 속의 늙은이에게 묻노니[9]
내가 나를 알아보지 못하겠구나[10].

附原律 부 원율

歲暮欲何爲	세모욕하위	盖是天然之	개시천연지
人事亦於此	인사역어차	古今興替隨	고금흥체수
光陰跳如環	광음도여환	恨不延我遲	한불연아지
陸陸閱世道	육육열세도	遽爾鬢隹紛	거이빈추분
問爾鏡中叟	문이경중수	以我我不知	이아아부지

1 歲暮(세모): 한 해의 끝, 세모. 欲何爲(욕하위): 무엇을 하고자 하는가.
2 盖是(개시): 대개는, 본디. 天然之(천연 지): 자연의 것, 자연스러운 이치.
3 人事(인사): 인간사. 亦於此(역어차): 또한 여기에 있다.
4 古今(고금): 과거와 현재. 興替(흥체): 흥망성쇠. 隨(수): 따른다, 흐른다.
5 光陰: 세월, 시간. 跳如環(도여환): 튀듯이 흘러 고리같이 반복됨.
6 延我遲(연아지): 나를 위해 시간을 늦춤. 不(부): ~못함이. 恨: 한스러움, 아쉬움.
7 陸陸: 평범하여 쓸모가 없는 모양. 閱世道(열세도): 세상 이치를 체험하고 겪다.
8 遽爾(거이): 갑작스레. 鬢隹(빈추): 귀밑머리. 紛(분): 어지럽게, 성글게 섞임.
9 問爾(문이): 너에게 묻노니. 鏡中叟(경중수): 거울 속의 노인.
10 以我我不知(이아아부지): '나는 누구인가?'라는 실존적 고뇌.

저 추위 속의 소나무를 바라보니[1]
늦게까지 푸르러 홀로 뽐내네[2].
봄에 피는 매화를 사랑하노니[3]
눈 속에서도 그 약속을 저버리지 않는구나[4].
모든 사물이 이러할진대[5]
인정 또한 누구에게 하소연할까[6].
깊은 생각에 잠겨[7]
뜰을 거닐며 매화 가지를 당겨 보네[8].

瞻彼歲寒松 첨피세한송　　晩翠獨秀奇 만취독수기
愛此春放梅 애차춘방매　　雪裡不負期 설리불부기
物事能如此 물사능여차　　人情亦訴誰 인정역소수
不勝悠然思 불승유연사　　步階曳節枝 보계예절지

1 瞻彼(첨피): 저것을 바라보다. 문어체 시어로 많이 쓰임. 歲寒(세한): 추운 계절, 특히 겨울.
2 晩翠(만취): 늦은 겨울에도 푸른빛. 獨秀(독수): 홀로 빼어나게 자람. 奇(기): 기이함.
3 愛此(애차): 이것을 사랑하다. 春放梅(춘방매): 봄에 피는 매화.
4 雪裡(설리): 눈 속. 不負期(불부기): 기약, 약속을 저버리지 않음 (제때 피어남).
5 物事(물사): 만물이 能如此(능여차): 이와 같이 지조를 지키거늘.
6 人情(인정): 사람의 마음은(변덕스러우니). 亦訴誰(역소수): 또한 누구에게 하소연할까.
7 不勝(불승): 어떤 감정이나 느낌을 억눌러 참아내지 못함. 사모하는 마음이 복받쳐 참지 못함. 悠然思(유연사): 한가하고도 깊은 생각.
8 步階(버계): 섬돌을 걷다, 뜰을 걷다.
曳節枝(예절지): 마디 있는 가지를 끌어보다. 사색적 행동, 혹은 매화 가지를 의미.

아이를 불러 묵은 벼루를 닦고[1]
어렵사리 시 한 수를 얻었네[2].
시는 언제나 마음을 말해주는 법[3]
이는 늙어감을 한탄할 뿐[4].
술에 흠뻑 취하여 크게 읊조리니[5]
세월 감을 깨닫지 못하겠네[6].
언제 또 포암을 만날 수 있을까[7]
신은 항상 일상을 달리는데[8]…

呼童掃荒硯	호동소황연	賊得一篇詩	적득일편시
詩則能言志	시즉능언지	志在白首悲	지재백수비
縱酒亦放吟	종주역방음	不覺歲月移	불각세월이
又何圃巖上	우하포암상	神馳每常時	신치매상시

1 呼童(호동): 아이를 부르다. 掃荒硯(소황연): 벼루를 닦다.
2 賊得(적득): 도둑처럼 느닷없이 얻다. 一篇詩(일편시): 한 편의 시.
3 詩則(시즉): 시는 곧.
能言(능언): 말하는 수단이다. (시경(詩經)의 "詩可以言志"). 志(지): 뜻을.
4 志在(지재): 뜻은 ~에 있다. 白首悲(백수비): 늙어감에 대한 슬픔 (백발의 비애).
5 縱酒(종주): 술을 마음껏 마시다 (縱: 풀어놓다). 放吟(방음): 시를 자유롭게 읊다.
6 不覺(불각): 깨닫지 못한다. 歲月移(세월이): 세월 가는 것을.
7 又何(우하): 다시, 또, 또한 어찌.
圃巖上(포암상): 포암 곁에 있기를 바라지 않으랴. 포암을 그리워하지 않겠는가.
8 神馳(신치): 정신이 그리로 달려가다(神: 정신, 馳: 달리다). 每常時(매상시): 늘, 언제나.

7-11 청양 이근우에게 배율[1]

잊지 않고 다녀오려 생각하였는데[2]
헤어진 지도 이미 오래되었구나[3].
들에는 누런 보리 물결치고[4]
우물가 오동나무 상쾌한 기운 감도네[5].
세월은 사어[6]처럼 빠르기도 하여
언제 벌써 찬 기운 역력하네[7].
어이하여 연홍[8]같은 이별인가
흡사 견우와 직녀[9]의 이별 같네.

答靑陽李根宇排律 답 청양 이근우 배율

耿耿往來思 경경왕래사 　分袂亦多時 분메역다시
野麥黃波起 야맥황파기 　井梧爽氣垂 정오상기수
歲月飛梭魚 세월비사어 　炎涼迅速隨 염량신속수
何似燕鴻別 하사연홍별 　恰如牛女難 흡여우여난

1 排律(배율): 오언 배율. 1구 5자로 10구 이상의 시. 2, 4, 6, 8, 10과 같이 짝수가 운자.
2 耿耿(경경): 불빛이 깜박깜박함. 마음에 잊히지 아니함. 往來思(왕래사): 오고 가는 생각.
3 分袂(분메): 이별하다. 헤어지다. 亦多時(역다시): 또한, 많은 시간, 오래되었다.
4 野麥(야맥): 들판의 보리가 黃波起(황파기):누렇게 물결친다. 보리는 여름철 이별의 배경.
5 井梧(정오): 우물가의 오동나무, 계절감 부여(가을 기운).
爽氣(상기): 서늘하고 맑은 기운. 垂(수): 드리웠네.
6 梭魚(사어): 꼬치고기. 꼬치고기과의 바닷물고기. 사어처럼 날쌔다.
7 炎涼(염량): 더위와 서늘함이.
迅速隨(신속수): 너무 빨리 따라온다. 계절 변화의 속도. 인생 덧없음.
8 何似(하사): 비교하여 어떠한가~. 燕鴻(홍연): 제비와 기러기처럼 길이 엇갈려 만나지 못함.
9 恰如(흡여): 흡사~과 같다. 바로~와 같다. 牛女(우녀): 견우와 직녀. 만나기 어려운 상징.

외람되이 오랜 의리를 입어[1]
홀연 구슬 같은 시구를 받았네[2].
설초를 그리고 스스로 웃었더니[3]
지란芝蘭의 향기를 흠모하네[4].
외로운 감회가 늘 이러하니[5]
이 회포를 누구에게 말하리[6].
귀밑머리는 벌써 은빛인데[7]
어느덧 콧수염에도 서리가 내리려 하네[8].
늘 그대를 사모하나니[9]
의중은 항상 동쪽으로 달려가네[10].

猥蒙舊雨誼	외몽구우의	忽承璦瑤詩	홀승애요시
自笑畵雪蕉	자소화설초	深仰樓室芝	심앙누실지
孤懷常如此	고회상여차	此懷說向誰	차회설향수
雪光已上鬢	설광이상빈	霜色亦染髭	상색역염자
常念貴絳帳	상염귀강장	意事常東馳	의사상동치

1 猥蒙(외몽): 송구스럽게 은혜를 입다(猥: 비루하게, 함부로).
舊雨(구우): 옛 친구, 오랜 친구. 誼(의): 정(情)의(예:의좋은 형제). 옳다.
2 忽(홀): 문득, 갑자기, 뜻밖에. 璦瑤詩(애요시): 귀하고 아름다운 시.
承(승): 받다, 이어받다(주로 윗사람으로부터 무엇을 받을 때 사용).
3 自笑(자소): 스스로 웃는다. 畵雪蕉(화설초): 눈 덮인 파초를 그리다.
4 深仰(심앙): 존경심 어린 동경의 표현.
樓室芝(누실지): 학문 높은 인물의 고결함을 상징. 지초(芝草) 난초(蘭草) 모두 향초(香草)로, 높고 맑은 재질(才質)을 비유할 때 쓰는 말. 고결한 문장을 지닌 당신을 깊이 존경.
5 孤懷(고회): 홀로 간직한 마음, 외로운 생각. 常如此(상여차): 항상 이와 같다.
6 此懷(차회): 이 회포를. 說(설): 말하나. 向誰(향수): 누구를 향해서.
7 雪光(설광): 눈빛이 上鬢(상빈): 귀밑머리(鬢)를 희게 비추다. 백발이 되었음.
8 霜色(상색): 서리의 흰색을 비유. 亦染髭(역염자): 또한 콧수염에도.
9 常念(상념): 늘 생각하다. 絳帳(강장): 스승의 자리. 고귀한 사람의 거처 비유.
10 意事(의사): 뜻과 일, 마음. 常(상):
東馳(동치): 항상, 늘 상대가 있는 방향(동쪽)을 향한 생각.

비록 시골에 묻혀 살기를 즐기나[1]
외로움은 달랠 길이 없네[2].
백발은 때가 되어 온 것이요[3]
청운은 본래 바라지도 않았네[4].
인생의 덧없음[5]을 슬퍼하노니
이 또한 헛된 걱정[6]이라네.
다만 그대에게 답하고자[7]
부끄럼을 잊고 감히 이 시를 드리네[8].

雖甘跧巷樂	수감전항락	難勝面牆悲	난승면장비
白髮是公道	백발시공도	靑雲非本期	청운비본기
蕉鹿憐得失	초록연득실	弓蠅亦憂疑	궁승역우의
但將顧答意	단장고답의	忘拙敢呈之	망졸감정지

1 雖甘(수감): 비록 (은거가) 달콤하다. 跧巷(전항): 시골에 은둔 생활. 樂(락): 즐기다.
2 難勝(난승): 감당하기 어려움, 견디기 힘듦.
面牆悲(면장비): 벽만 마주하는 고독함. 또는 내면과 마주하는 고독한 시간의 상징.
3 是(시): ~이다. 公道(공도): 공평한 도리, 자연의 이치, 하늘의 공정한 법칙.
4 非本期(비본기): (출세)는 본래 내 뜻이 아니었다. 속세 명예를 추구하지 않았음을 의미.
5 蕉鹿: 파초와 사슴. 인생의 득실(得失)이 허무하고 덧없는 것. 중국 정(鄭) 나라 사람이 사슴을 잡아 땔나무로 덮어 감추어두었으나 너무 기쁜 나머지 그 장소를 잊어버려 찾지 못하고, 그것을 한바탕 꿈으로 체념했다는 고사에서 유래한 말.
6 弓蠅(궁승): 쓸데없는 근심과 의심. 사소한 일에 놀라 근심함. 활 그림자와 파리-어떤 사람이 친구 집에서 술을 마시다가 술잔 안에 뱀 같은 그림자가 비친 것을 보고 독사라 착각하여 병이 들었는데 알고 보니 벽에 걸린 활(弓)의 그림자였다는 것.
7 但(단):다만, 오직 (단지 ~뿐이다). 將(장): ~하려 하다.
顧答意(고답의): 상대방의 정에 보답하고자 하는 마음.
8 忘拙(망졸): 내 졸렬함을 잊고. 敢呈(감정): 감히 드러내다. 之(지): 그것을. 겸손한 시인의 태도 표현.

7-12 원율

남으로 와서 홀로 그리운 마음[1]
서로 만난 지도 참으로 오랜 시간이 흘렀네[2].
연초록 수초는 아직 여리고[3]
노란빛의 버들은 강 언덕에 늘어졌네[4].
세월은 어찌 그리 빨리 가는가[5].
더위와 추위가 서로 바뀌며 간다네[6].
이 삼상의 흐름을 어이 할까[7]
그대와 동서로 헤어져 있는 것과 같다네[8].
오랜 우정을 생각할 때마다[9]
운림에 머물렀을 때의 시를 읊조린다네[10].

附原律 부 원율

南來孤懷思	남래고회사	相見已多時	상견이다시
軟綠江草細	연록강초세	嬌黃岸柳垂	교황안류수
日月何轉跳	일월하전도	炎凉相代隨	염량상대수
奈此參商作	내차참상작	如彼東西離	여피동서리
每思久友誼	매사구우의	秖誦停雲詩	지송정운시

1 孤懷(고회): 외로운 마음. 思(사): 생각하다, 그리워하다.
2 相見(상견): 서로 만나다. 已多時(이다시): 이미 시간이 오래 지남.
3 軟綠(연록): 부드럽고 연한 초록색. 江草(강초): 강가의 풀. 細(세): 가늘다, 여리다.
4 嬌黃(교황): 고운 노란빛. 岸柳(안류): 강둑의 버드나무. 垂(수): 드리우다, 늘어지다.
5 何(하): 어찌, 왜. 轉跳(전도): (빨리) 움직이다, 도는 듯이 흐르다.
6 炎凉(염량): 더움과 추움 = 계절 변화. 相代(상대): 번갈아 들다. 隨(수): 따르다, 바뀌다.
7 奈此(내차): 이를 어찌하랴. 參商: 멀리 떨어져서 그리워하다. 作(작): 되다, 이루다.
8 如彼(여피): 저것과 같고. 東西離(동서리): 동쪽과 서쪽으로 갈라져 떨어짐.
9 每思(매사): 늘 생각하다. 久友誼(구우의): 오래된 벗과의 우정.
10 停雲(정운): 운림정사(雲林精舍)에 머물 때. 秖誦(지송): 다만 외울 뿐이다.

살아가는 계책으로 난을 그렸더니 우습고[1]
지초를 사른 것이 한스럽기만 하네[2].
서로가 이같이 그러했거늘[3]
장차 누구에게 의탁할 수 있으랴[4].
세월이 가면 늘 손가락을 꼽다가도[5]
고뇌는 수염을 적실만큼 깊어진다네[6].
옛날에는 흐르는 반딧불도 주으며[7]
얼마나 말 타고 달리기를 원했던가[8].

活計笑畵蘭 활계소화란
兩相應如此 양상응여차
經世常屈指 경세상굴지
往昔流螢拾 왕석유형습

兩相應如此 양상응여차
更將屬諸誰 갱장속제수
費念獨燃髭 비념독염자
幾多意馬馳 기다의마치

---

1 活計(활계): 생계. 현실적인 생활. 笑畵蘭(소화란): 난초를 그리니 우습다. 고고한 선비가 살아가는 계책이나 걱정해야 하는 현실적인 비애를 비유.
2 深嘆(심탄): 깊이 탄식함.
惜焚芝(석분지): 지초는 뛰어난 인재나 덕성을 지닌 존재의 상징, 그것을 불태움은 '이상의 상실'. 지분혜탄 芝焚蕙歎/芝焚蕙嘆 -지초(芝草)가 불에 타면 같은 난초과의 풀인 혜초(蕙草)가 탄식한다는 뜻으로, 무엇에 대하여 가슴 아프게 생각함 을 이르는 말.
3 兩相(양상): 서로가. 應如此(응여차): 이렇게 될 수밖에 없음. 공감 또는 체념.
4 更將(갱장): 다시, 장차 다시.
屬諸誰(갱장속제수): 더 이상 누구에게 맡기겠는가? 의탁할 곳이 없음.
5 經世(경세): 세상을 다스려(경륜) 이끎. 세속 일.
常屈指(상굴지): 늘 손가락을 접어 셈함. 세월 헤아림.
6 費念(비념): 마음을 씀, 애를 씀.
獨燃髭(독염자): 홀로 수염을 적심. 염(燃)은 촉촉이 적시 다의 뜻 (눈물로 수염을 적신다).
7 往昔(왕석): 지난날, 옛 시절. 流螢拾(유형습): 유성처럼 흘러 다니는 반딧불을 줍던 시절.
8 意馬馳(의마치): 뜻이 말처럼 달리다. 포부와 야망의 상징. 幾多(기다): 얼마나 많은.

대저 선비의 일이란[1]
세상살이 다툼이 끝없어 슬프나니[2]
늙도록 불우함[3]을 한탄했지만
청운은 기대할 수 없었네[4].
삼홍이 비록 삼묘하다 하나[5]
아홉 길 높이의 산[6]이 또한 혼돈스럽네[7].
모름지기 고금의 자취를 더듬어[8]
돌아보며 한 번 웃고 말아야지[9].

大抵書生事	대저서생사	無限世諮悲	무한세액비
白首恨不遇	백수한불우	靑雲負應期	청운부응기
三紅雖三妙	삼홍수삼묘	九仞亦九疑	구인역구의
須將古今跡	수장고금적	回眺一笑之	회조일소지

---

1 大抵(대저): 대개, 대체로. 書生(서생): 선비, 학자. 事(사): 일, 삶. 선비의 삶.
2 世諮悲 (세액비): 세상과의 다툼에서 오는 슬픔.
3 白首 (백수): 흰머리, 노년. 늙도록. 恨不遇(불우): 뜻을 펼치지 못한 한스러움.
4 負應期(부응기): 마땅히 응당 받았어야 할 시기를 저버림. 즉, 시운을 놓침.
5 三紅(삼홍): 매우 뛰어난 재주를 비유함 (주로 미색, 재주, 문장). 단풍 들어 산이 붉게 타니 산홍(山紅). 산홍이 계곡물을 물들여 수홍(水紅). 산수 간에 노니는 사람 마음도 붉어져 인홍(人紅). 三妙(삼묘): 세 가지 아름다움. 삼홍과 병렬적 이미지로 사용됨.
6 九仞(구인): 인(仞)'은 길이를 재는 단위 '길'을 뜻하므로, 구인(九仞)은 아홉 길 높이의 산을 의미함. 서경 여오편(旅獒篇)에 "구인의 산을 만드는 데에 완성 단계에서 한 삼태기의 흙이 모자라도 일을 다 이루지 못한다. [위산 구인지공 휴 일궤 爲山九仞之功虧一簣]"라고 한 데에서 인용한 말. 끝 마무리가 제대로 이루어지지 않으면 모든 일이 허사로 돌아간다는 뜻.
7 九疑(구의): 구의 산(九嶷山)을 말함. 현재의 중국 후난 성(湖南省) 영원현(寧遠縣)의 남쪽임. 주명(朱明)·석성(石城)·석루(石樓)·아황(娥皇)·순원(舜源)·여영(女英)·소소(蕭韶)·계림(桂林)·재림(梓林)의 아홉 봉우리가 있는데 모두 모양이 같아 보는 사람들이 혼동을 일으켜 구의(九疑)라고 말함.
8 須將(수장): 반드시. 마땅히. ~을 해야 한다.
古今跡(고금적): 옛사람과 지금 사람들의 자취, 전례.
9 回眺(회조): 되돌아보며 바라봄. 一笑之(일소지): 그저 한번 웃어넘김.

雲林藏本
孔子家語上
孔子家語中
孔子家語下

天
地

부록 포암산인 육필원고-상

圃巖散人 肉筆原稿-上

四二九〇年歲次丁酉五月十三日加[illegible]

李[illegible]錫[illegible]藏本

國漢[illegible]本[illegible] 上

圃巖散人私稿

詩 五言絶句

偶題 在永寺

躍魚游淵底飛鳥拂天風句此天地理默識吾無中

藏禮精舍偶題 精舍在浮爲東溪新建之

洞中歲月流三稷久淹留能甘埋土玉正愧處囊錐

贈松張崔葉班 名淳爲東溪宣四星良齋門人

草堂逢諸兩木榻坐淸風莫非傳厚友詎獲寂寥中

矣庵偶題 寓壽墻精舍時

霜氣動琴江雪月照洞窓門外人來否忽聞獨吠尨

圃巖散人私稿

詩 五言四律

晩悔懲感

默想保身基難勤戒不務澄其心存敬勤由志有爲立本何
末培根立達枝慎終喬篤始悠覺老衰時

寄新思友

山窓客到稀尋文閉眠詐本無孫可是今有見何非若歡遠
王壽逆去我衣一條清流水此身無不肥

與友共吟 弟金堤吟

適來酒欲寬座上一心歡慇懃論赤照離遊洛樹寄看可講田子

學焉金玉節寔盡是知音友敬慕更德彈

挽韓世松朴公 從祖姑母夫

鍾氣篤生時天心暫不移雲耕恒恭儉忠孝是無裘戴白寧云

擬論壽自有勿念餘因疾作以耳平尚怨誰

文

緣想平生事天真謹厚姿忠信純行已孝慈又治家人何策家

少居亦服齋多需染人爲已怡呼痛我私

挽孝子李歎 居共稱甘文面玉川生

誠孝創門菲路謀亦不菲每有疾親嘗居長一手進室豈評謚

淸度潤具甘肥哭聲騰口說因古此人稀

賀孝子李吉宰韻 居光州 敍在下

此人雖世出可使楚時人定省勤修志順承務悅親而心從地

義孝惟李天仁因一知餘行賢聲滿四隣

次潘都室出居韻 生公城三坡面淸溪里 松菴傑東鶴

別逕穩合家保健洞靈丹數琴松風擺圍碁桂月欄不改筭齡

渠猶歎缺字寬生涯知濱洵灘笑孟郊寒

次北農韻 李炳路 号迎安人 洛東新村

傷心世不平避北隱然耕魯海從能決張稚根未成藏井梅稿

志遠子德公情關山千里外弟待小華明

圃巖散人私稿

詩 七言絶句

秋夜奉詩 寄藏書精舍 時

和敬待人謙自牧孝悌遵訓道齊脩造次不離北戒中心持去

是依皈寫

坦平正路晩來尋謹依聖門大道深〻係修風流如此采何壽浮〻

世少知音

敬以持身義卽從今如其石節其松志聞天命元來定豈君侯

窮敎爲鍾

默耕田地輕而軒不出自家行每〻暗誦默思箴四勿千秋行

佛立程門

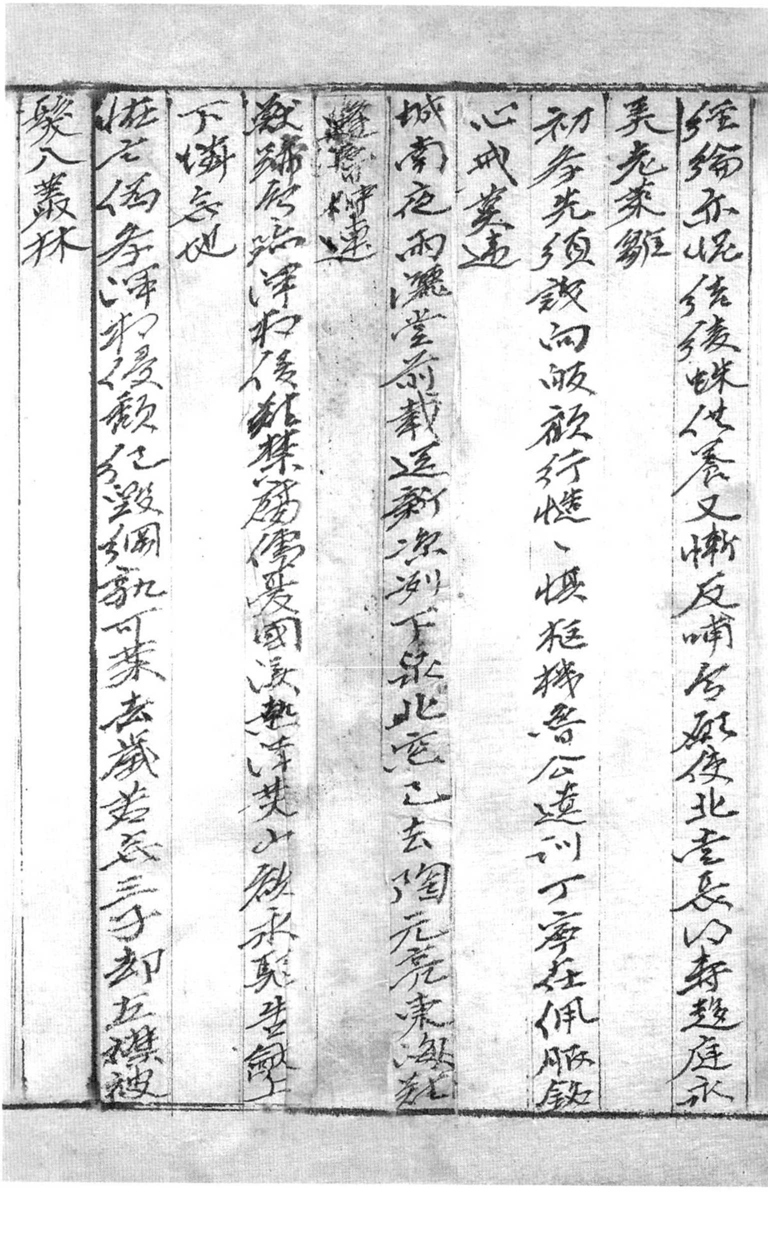

倦御鶴頭任地侵東方日月久況〻仇怨共難固并力胡越同

舟亦一心

匪類係猿猴戴冠何妨遺野養出閑渡淺流水人情舊疲弊高

山世道難

毀我衣裳頸戮我蛾忍看匪類敢引猿猴傷心忽憶前朝事惟有風

聲兮高聲

看手此地收年餘浪〻多沛乎張聲息何論兩朵秋斷廷何事當

年今家奇

幽關草塵不到此身羈旅迄三年矣左言追家斷遠又自我祖

先風有緣

雲散風淸月滿天千村萬落共收烟惟有杜鵑啼盡恨長瑞鵑

送旅遊前

夏日吟詩 弟藏磯精舍時

綠樹陰濃西日長茅堂無事送年光忽憶前朝爲陳跡吉山綠水共蒼蒼

且風且雨夏全淸如畫良辰百鏈輕綠樹靑山深淺處荷花黃

招友求聲

千丈不入我江山三合接遠百畝洞洞變自有田園累日荷

鈍帝月遠

雲林精舍莊庭

竹林深處草堂高歲好新涼動野亭青天有月來相照知是臺

濤聽更遙

燈下相親是勝遊清風席上月山致案何今夜鼓聲亂不覺闌

中宵為秋

濤風不覺醉烟霞出洞雲林似隱家過客不須世說一醉聽紛

擾歡如麻

天庭元詩 蒼莊稿精舍作

寂寥天庭感懷新四海年年上職塵多聲望天遙不覺可憐席

捲寂無人

過湖亭巖 蒼莊稿時

野婆生光前夜雨山禽哭舌仲春風幽深空谷澗花立矣我哀
時此過中
差笑旅人多此過小波不務長流中今日落殘緣有在李橋乗
梓拝親宮
訪趙東建不遇 寿堂先生 於蜀程穆時
朋友和松本以文華堂寂寞未逢君獨坐終宵題鳳去怱怱行
爲驚過雲
與張枸桓共吹 寄金賢時
呼交慈友是花春情意隨深坊再逢休道牧人知且隨章孩從
日每相從

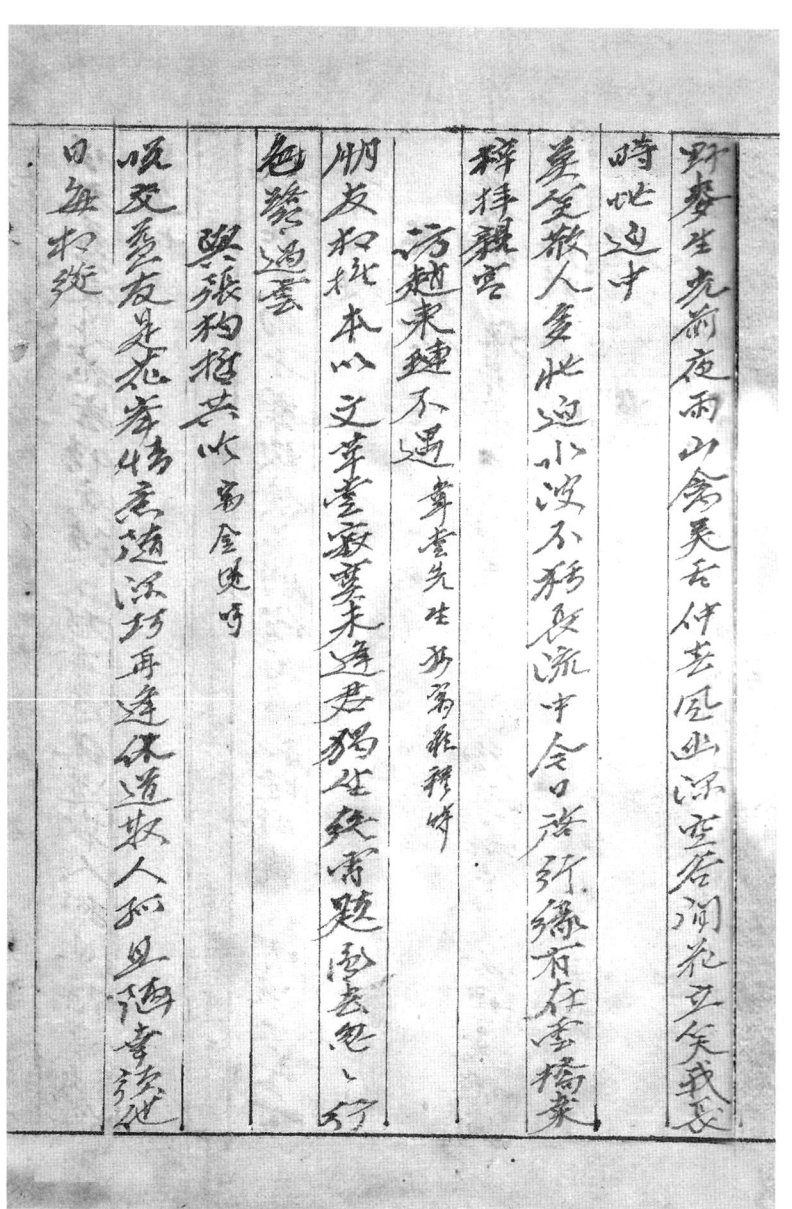

天河北日雨千聲 故使良朋從君遊 相逢時勝終有恨 不下百
年日無從

與張樊一共吟 居新漢里 居安吟

益友相分湖東秋 只憐筆月似川流 穠年莊忠交分重 來燬斷
追半勝遊

過京城大漢門 居安吟

德壽宮前春草綠 中和殿外織塵飛 吾穀臣民今日痛 新亭英
作楚囚悲

對鏡題感 居安

洞前鏡中白髮翁 南顏彷彿我顏容 哀吾漢笑居隨動 始衰

觀照鏡中

咏耳鳴聲

有聲雖辨是何聲彷彿窓間蟋蟀聲尋合在無鳴蟋〻蟀〻聲夜說
是耳鳴聲

咏菊

霜下傑然獨擅香寒風能不畏淒涼淵明採〻千秋後逆擷餘
英泛我觴

咏竹

掃月梳風上拂雲歲寒不畏雪紛〻虛心直節多經歲孰不閑
中簧北巷

詠孤松

先我淵明撫而手立庭北口志隨新亦有大冬風雪惡誰知勁
節寄長去

松竹堂原韻 鄭居常行廊

有松無竹松還俗有竹無松竹不奇此地有松兼有竹吾堂應
以命題之

敬輓淵齋宋先生

隻手難扶大廈傾吾邦欲振恃人情十條雖好猶為晩何暇參
兵坊職矣

敬輓勉菴崔先生

痛哭冬天淚似絲先生一去國家何可憐街所爲懷前亦後傷

門百世師

敬輓忠貞河永煥公

以前全節遂知意然後成仁尚見心若使當年無死節千秋遂

沒受君深

敬輓密使李儁公

一死能明邦國恨長生爲國一時勞可憐世界平和院空帶蒼

爲吾救頌

敬輓壯士安重根氏

一擧快殺璽公歷壯士爲高邊大出跳強識略獨餘事恨不渡

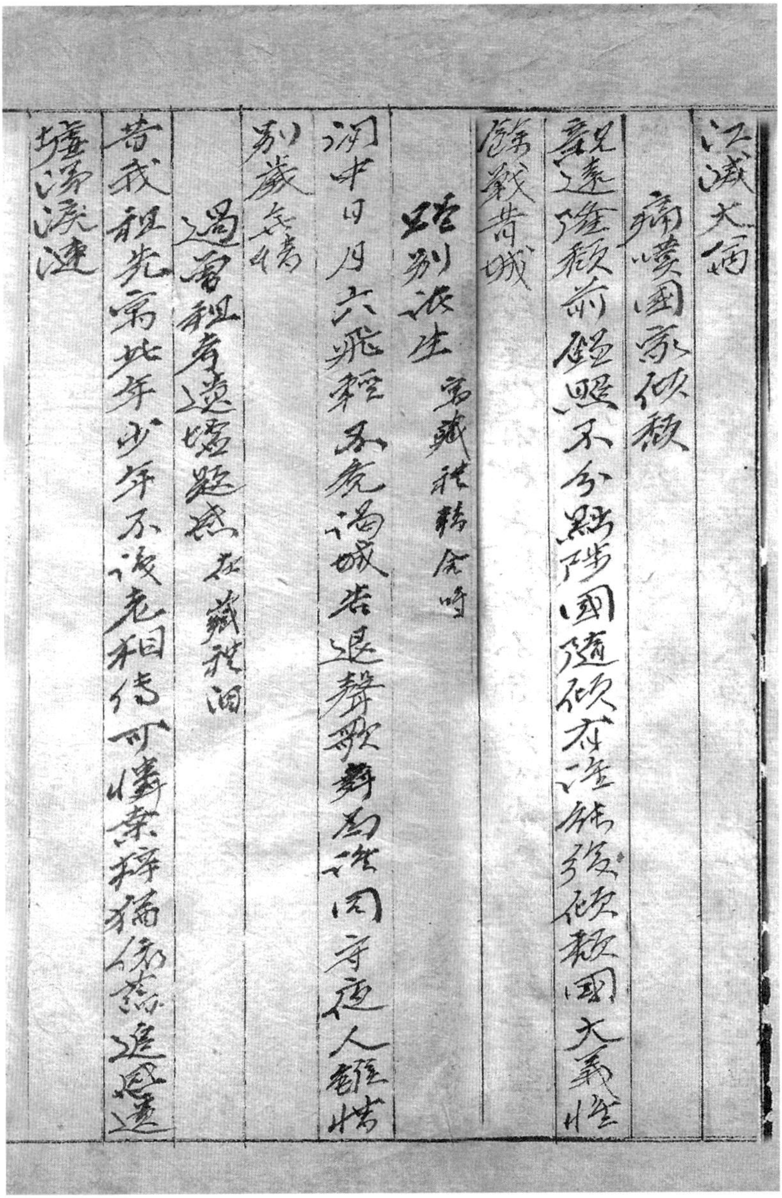

江城大酒

痛嘆國家傾覆

親逢隆慶前盛熙不分黜陟國隨傾否住餘殘傾覆國大義性

餘戰昔城

臨別族生 寓藏拜精舍時

洞中日月六飛輕 不應萬城苦退歸 歌舞為誰同可憐人難懂

別歲無情

過曾祖考遺墟題感 在藏拜洞

昔我祖先寓此年 少年不識光相傳 可憐棄擇猶依舊 追感遠

墟湧淚漣

圃巖散人私稿

詩 七言四律

自警詩 入青邱風雅續誌

誠敬於人是德基 平生戒惺一心持 務遵古則成儀則 不厭修規執矩規 恥其無恥將無恥 爲比有爲必有爲 揭諸座右常常在 老大那忘鞠養時

雲林精舍原韻 入南原誌 次韻在別軸 海東詩林

晩年營築是雲林 物外徜徉存養心 基址寂寥雖涉僻 嶂臺遙迺易疑深 何須更屋嘉賓賀 但願春蒙功婦吟 每有冠童同得伴 討經論傳送光陰

次楓窓精舍韻 主族弟鍾炫

爲斧千年闢此區鍾靈留待主人來約閑開戶雲生榻暮捲
簾月上鉤晴迎嵐暮適三逕無塵兒孫坐十洲樓迎楓岩占甲
子芳蘭叢菊自春秋

國蔽敵人原韻 次韻在別軸

爭素根無迺點箭依然治國與疆傳係水書山前筆取清風明
月後淫求雖知義理生雖以不免仁任死不殊憐世舊林山甲
子花開繁蘿自春秋

次鍾坡韻 蘇臺號別號

鍾坡韻本洞庭見斯鳥看表姑人盡心非但從多生清德不

猶然有儀形見規矩堪承遺訓務移矯克安貧別業輞川淮上
下鳳凰台上那尋真

次春圃韻 次芳鏡叟別號

雲林治國萬山春物外綸經静養真既似驪壇金處士均勿草
野務慕人願以均添時雨露厭聽紛擾世風塵三餘玩古心無
定遠裏也然春日新

先祖 贈吏書參判諱潤樊蓋敎鑑遣吟集入湖南古今詩

先祖精忠貫日明三槐七百共垂名春秋家谷行經術晩有荒
華勳義聲青史長存千載烈紫泥子節九原榮裴英後孫在羅屯
楊倍切雲仍感慕情

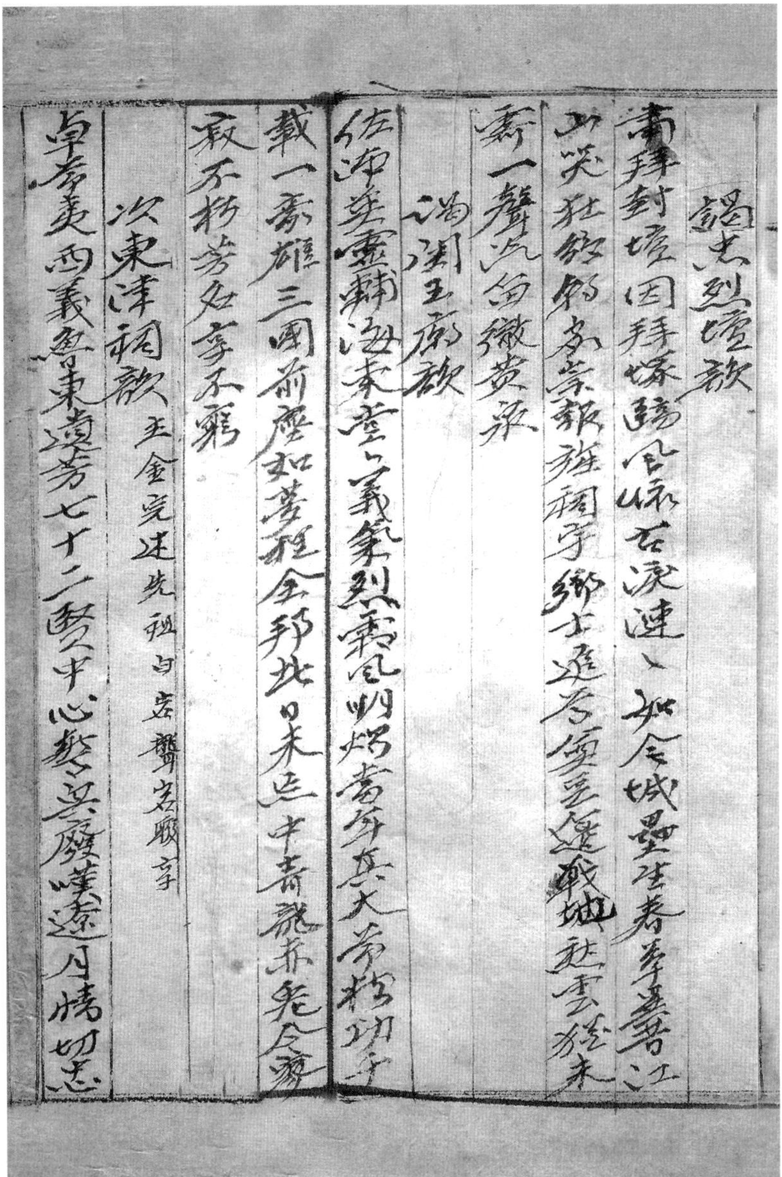
謁忠烈壇韻

肅拜封壇因拜塚 臨風依舊淚漣漣 如今城壘生春草 善江

山哭[illegible][illegible][illegible]家崇報 旌祠守鄉士追[illegible] [illegible][illegible]戰地起雲孫來

壽一聲流留徽[illegible][illegible]

謁關王廟韻

佐漢英靈[illegible]海東 堂堂義氣烈霜風 明燭高節其大節 [illegible]功于

載一家雄三國 前歷如夢[illegible]全邦 北日未忘 中青龍赤兔今[illegible]

寂不移芳名亦不窮

次東津祠韻 主金完述先祖白巖[illegible]名[illegible]亭

卓哉東西義聲 東遺芳七十二賢中 心懸無廢 嘆遠月情切忠

邪溪泪風精神百世無窮白氣像千秋海日紅東藝天性今猶
古仰慕年年每會同

遠慕齋 二十世祖考菊堂孫遠 在元孝交河

先祖貞忠潤我東遺孫文孝位三公崇陰百姓扶陽脈術道今
來振義風孫揚世德千秋下人欽家聲百代中不昧精靈常涉
降修齋遠慕祿韻同

河岳鍾精文海東延吾先祖菊堂公淵源私淑行經術氣像吾
德動直風貞忠卓節壽墻裏道德文章給炙中不億雲仍追遠
慕鉄齋揭額致誠同

遠慕齋成揭我東安吾先祖菊堂公起元賀赦持忠節流餘攘

祁尚豆風千秋子姓首嚴隊百世邦家景仰中陟降精靈如在
上歆藝之時享致齋同
三公位重德加東古頌今傳我先公用菊題壹椅以篤以文蒙
澄動儒風邦家賜衾子孫下子姓寔膺百世中陟降精靈常在
陳揭齋遠之慕安祭司
守淵齋 七世祖贈通德郎公 以下北城祭閣在石山里東訪 花巖口入南原誌
勠力爲財且擇地成此其祈報先祖千秋敬享遠孫百
世致齋情廣弟宗族知道念勞彌精靈陟降舞無舊揭秉禮
顧依名思義慨然乃醒
失庭題感

雪月霸乎夜天羅暇耿丶感此先發言老在世後修行道
須多以前旋天既往隣爲愛可勵向來恐作術歲不我延如水
逝焉吾老矣又今年

題感

正路曲岐兩競通曲岐捨路世爭鋒曲岐有意猶多去正路尋
心正步從程入曲岐非南非正尋正路是陞功曲岐正路非難
辨正正曲邪是共公
此攻其是丶攻非誰丶有是非正是非是步辯論難題是此多叉
歸易變非是丶丶此終辨是非丶丶是却亦非是亦似此丶似
是丶非自有是而非

白玉埋塵山入霧 誰知白玉與青山 韜光塵裏光常玉 蔽色霧中色亦山 白玉埋塵非玉玉 青山入霧是山山 玉若逃塵山脫霧 誰知白玉與青山

古意秋色

寂寞寒窓又晩秋 寒霜蒼葉戰階了 殘菊花含露依依 敷院鴻雁隨陽了 向暮叫聲路 帆落南月弔其門 空閑北風愁聲泣 若無聲事舊凄凄凉淚未收

松肌粥 斗 癸巳春國人民多以草根木皮資生 以松皮作粥 家家皆然 故吾亦次

聚斂先萌是禍胎 可憐他日盡山材 多難世界風塵滿 稿閭閻 迷回本無邦國壽 荒政更有昊天降旱災 雖非真味去身

耕長幼何分共一歷

答崔漢植

風饌秋分坊結隣扶暘於我西來人既因金語常忱想更接主
音去氣新如鴻世間〃道醉夢熟料遠處獨尋真多少塵埃何足
流一生共以牙儒巾

次巢水亭韻 在谷城古達水越里 主河吉鎬爲先作

亭斷雨來起斷亭據前千峯面一汀江雨乍晴山吐月峯雲已
宿水吞星閣流長澤人注後學堂不遠子獨醒風塵豈敢揵靈
境韻幾君宗世〃亭

次百源亭韻 在松潭亭于江 主尹正學爲親作

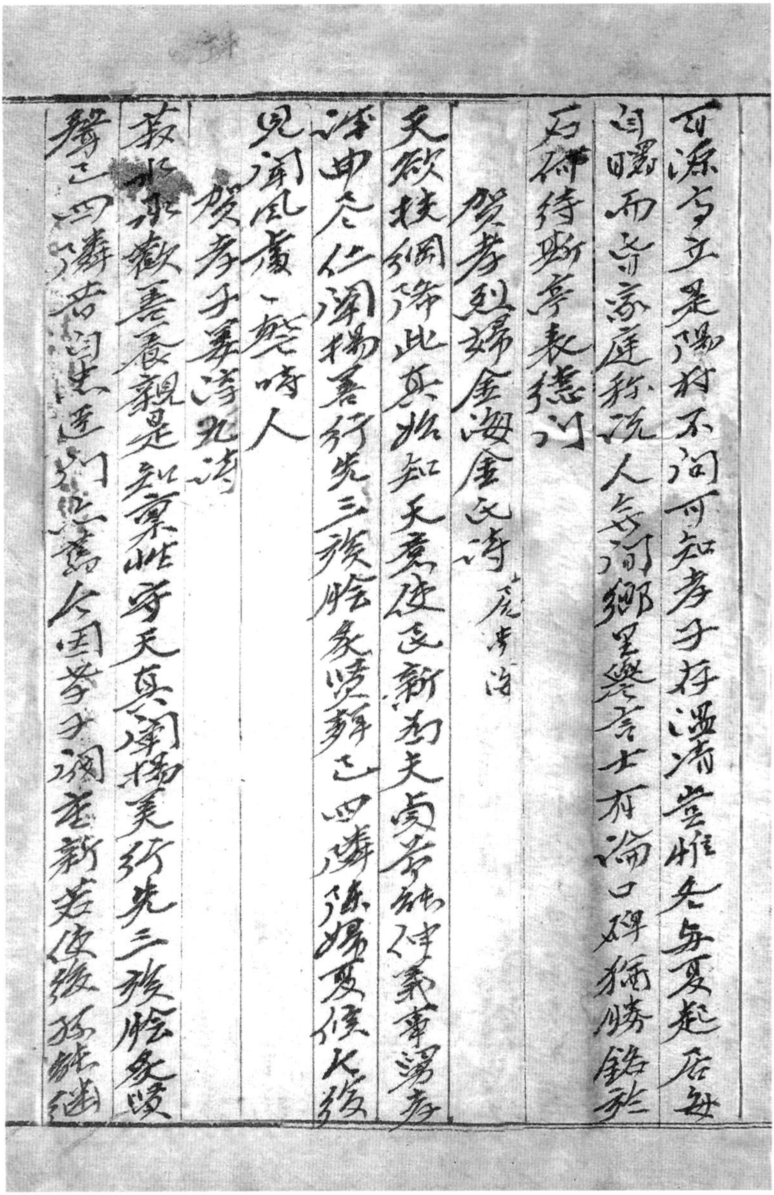

百源亭主是陽村不問可知孝子存溫凊豈惟冬無夏起居無
間曙而寄孫庭稱況人無間鄉里與言士有論口碑猶勝銘於
石何待斯亭表德門

賀孝烈婦金海金氏詩 大庵 李治

天欲扶綱綸此其然知天意使良新烈夫貞節律義韋湯孝
深由於仁潤揚善行先三族除象賢彝之四隣族婦夏侯大後
見聞風廣々感時人

賀孝子姜洋九詩

菽水承歡善養親是知至稟性守天真潤揚美行先三族除象賢
彝之四隣昔聞忠逆門從此爲令因孝子潤基新若使後孫能繼

送青陽花林郡長去

次樵隱精舍韻 在大山先山里

老山深處一齋成 潛跡於樵是本情 忘世潔身厭世濁 隨時洗耳待時清 專心道學真修道 不患名聲自得名 早晚塵寰遊物外 猿儔鶴侶每同行

過京城韻

異哉京華景色幽 新形奇態總閑要 山圍四國瑚璉主 水抱金城寂寞流 烟帳猶在南月市 蕭條宮殿北風愁 可憐望美誠何處 慷慨男兒泣楚囚

次烈婦慶州李氏旌閭韻

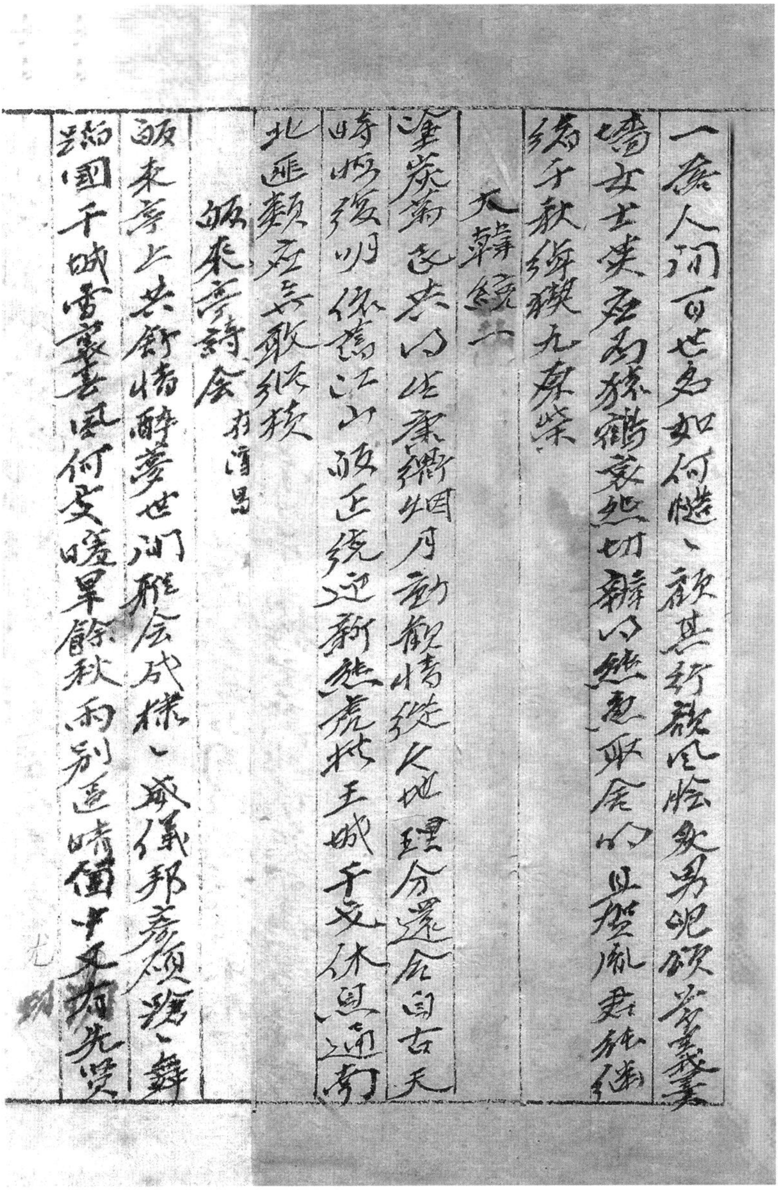

一落人間百世名如何慥〻顧其行歡風怡象男兒欲□義美
嬌女士英名高孫鶴冠然切辯以然意取舍以且撥亂君能衛
緒千秋衡璞九原榮

大韓鏡一

金炭菊花老以作康衢烟月動觀情從人地理分還合自古天
時晦復明依舊江山改正統迎新態虎拔王城千文休且通南
北匯數百年敢縱技

皈來亭詩會 孫淳昌

皈來亭上共舒情醉夢世間能合成樣〻威儀邦彥頌雞〻舞
護國干城雷霰去風何交暖早餘秋雨別逅晴留十丈功先覺

感一抹靑山自重輕

讀壬辰史題感

往劫前後往蹀中 孰非義烈孰非忠 山河皆困塵埃捲 陵寢荒蕪府庫空 露梁殊功扶國脈 龍灣移御近王宮 欲令歷史傳無替 可使前雄感後雄

次楚山韻 并英來別号

深幽幽邃居來盡日不返 以人無思久猿狐牙客四歡全無語面觀 浪跡江山何歲月 浮家天地獨風塵 一聲鶴鳴驚夢晴 梳通途坐早眠

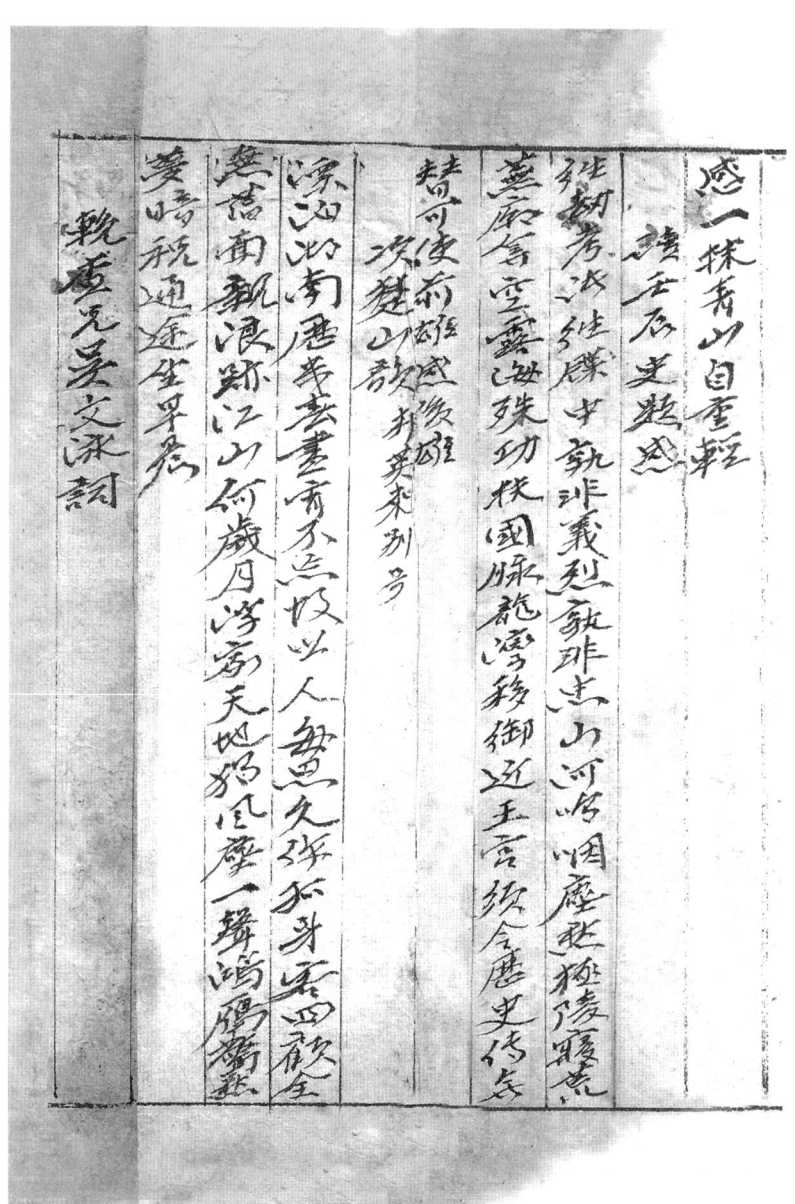

輓盧兄昊文泳詞

南極鍾精 充等生殘所過順府常經緯身秘法待家法愛護仁
情疑世情之別人間人先學恩頒地下地南城諸詞以哭產兼
反端爲乖氣困不悟

文廟重修歌

叙世吾以德敎明大成古殿賴修成泗上宮墻增舊新海東文
物燦南城祀寄匪懈宗前聖緒講造私歸後生吾黨奠基由兆
日千秋永釋後依贊

衛聖契歌

立綱振紀莫斯過禮義東邦歲月多彝倫有序如天日道體今
窮似瀾波擊譯高低依舊譯伐何長短則前何可嗚衛聖金鑑

契繼經綸來勿廢何

過水利組合 在雲岩

鉎壺今日若無靈在物何來幻篤形彷彿長江〻為海擊堙出窪〻洞程龍降水泥先有此人功拜妙古無名濯溉於今如利澤知他日蒼生

次三世遺蹟碑韻 在淳昌赤城妙洞朴洛陽先世

鍾氣三良克篤生繼吟今備不過情孝忠恭簡傳賢達遺志僾裒藏璧明日姓名揚世德鄕邦傍及頌家聲歲久月深人也遠貞珉遺跡備立成

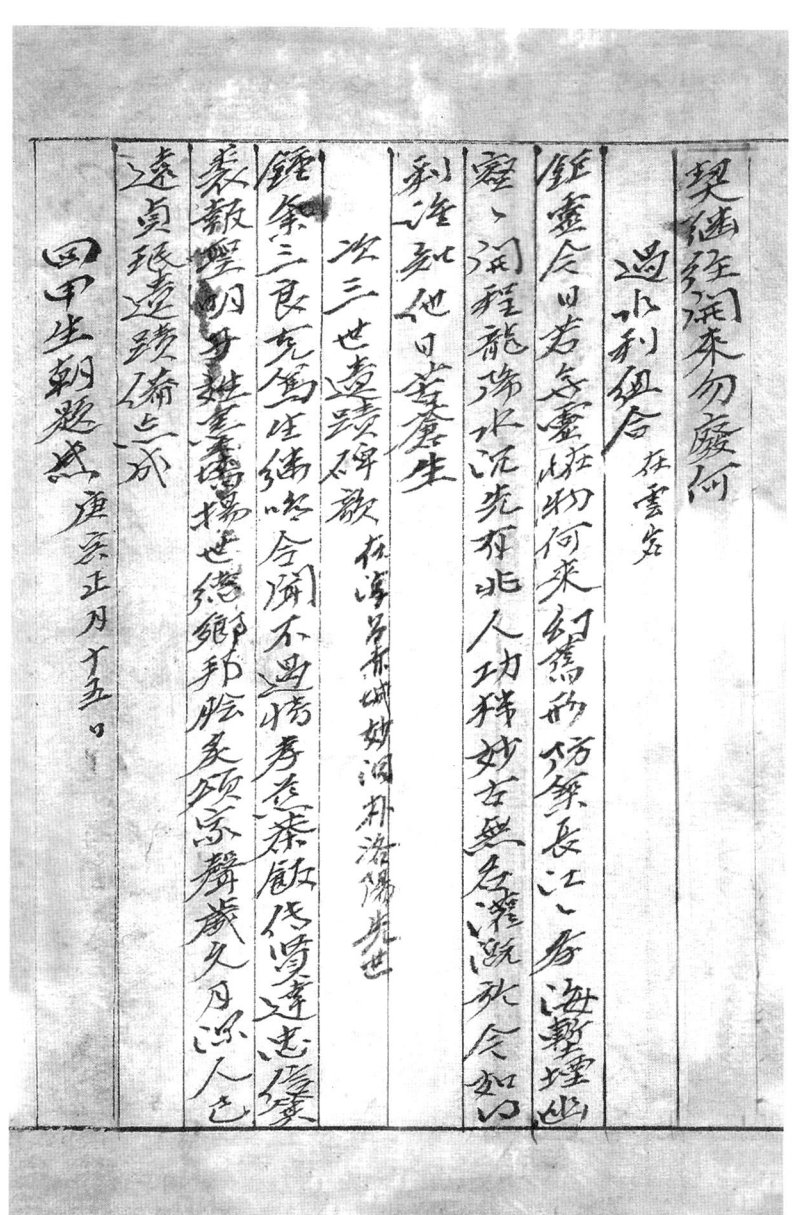

四甲生朝題感 庚辰正月十五日

嗟也居世六十一春髮邊白鬢感懷新猜意當歲同歡日剩棲人
剝倍痛衣光川辛勤知在耳孤情揣慕不雅身百千事業成空
一正愧世間素餐人

秋日述懷

四曠寄方望美人秋來渺渺感懷新山河嗚咽誠何日遠寢蕪
義父弟兄爲陰匪數棱殄世更亦長端大亂其博浪沙中時若
得張椎盡起報仇秦

附次韻軸

雲林精舍原韻

晩年營築是雲林物外徜徉養心甚處寂寥兼翰墨僻境遙

匪物疑深何須夏屋盡須賛但頼甚藥功婦以毎有難吉因而

修討經綸傳送光陰

附次韻

斯子此軒倚竹林取其不變許其心靜居能解詩書博端坐欲

適道味深雲動喬橋名士隱風光霽月撒人以埃岑柱落東西

此精舍中閒半日陰 右牙壹樵 在 水南大谷里

終華謝却訪儒林兩架琴書慳寸心遁道揺奏衛枝脉此多從深

泗本源深迥挺塵網鴻斷色靜韓雲蹤鶴去以瀟灑軒窓客係

敎菊花潛馥吟清陰　右青蓑楊秉肇　浮石東溪官田里

園岩精舍號雲林寄傲湖源獨定心猿鶴相親居不隨竹松茂

翠境全深將地烟霞皆所管變天風雨任他以常逢花蹤倚徽

參知君參習惜分陰　右壽園李浣默　新原芝竹巷里

三僥泰閑一面林翠然精舍健中心菊蒔庭隅連上下路緣蘿

巷自高深旋龍層岭夏雲起楓岳丹流秋月以峨冠博袖洞鄉

任敎剡華才惜寸陰　右竹園蘇在澤　王峙村又里

文英匹合老詞林我載經營此舍心笑殺園中叢菊發箋從窓

外瑞雲深園居消日課長醉飾嘯望舉試一以世事不關遊物

奉挽採英生海棠吟

右隱林蘇命燮 主峯英基 呈

元來高士處雲林精舍三開是本心桑麻兩院生涯足松竹為

鄰地境深時似覺聖賢齊生無安冠壹衣日以孤淑稜來動靜

菊庭前花藥自成吟

右南岡朴東宇 雲峰東面道莊 呈

草堂新開高壺林豈見主翁樓北心基址判無風雨懸濤漾可

鼇水山深社門頭在真龍出滄道舞如老鶴收發似平張洛座

訓倉官不讓比君吟

右小蕉金良洙 巴松大梁 呈

瞿然精舍住雲林一上淨忘物外心明月斜窓山更遠出望國

戶路還深烟樹暮向人誰識扁鑿圖畫將日以春到以知花爭

發主翁無事到松吟

右松村張海峻 本面吉谷 呈

雲林精舍歸書林路厥爲先是本心楓水新蛟龍東北從庭梅園
竹後前溪細和遮月到翁洗靜聽軒風才子以茲使留臺爲不
朽主人莫惜老光陰　右穆田崔炳勳　巳撫松壽星
雲前平橋繞竹林主翁閒臥養眞心環山擁後屏長在馬水橫
前路鶴溪繞内烟霞隨處好來歌風月美詩以冠蓋五六來相
詢爲惜書中一寸陰　右楚山朴英來　平北楚山郡
雲橋之上築雲林千載經營養壽心楓樹西遮霜葉晩龍城東
立暮雲深一來甚酒嘉賓與樂翁架寺書雁子吟閒臥北窓無俗
累時占周易惜分陰　右竹園吳在虎　黃江 丞元 水渭里

附次韻軸

圃巖敬人原韻

平素恨無遯跡籌依然治圃與盤儔係水青山爲業取清風明月後逢求莊知義理生涯以不免仁任死不休棲息雲林忘甲子花開菓落自春秋

附次韻

主翁取舍以義盟石堅心執安衛靜裏看書自日以閒中樂道更何求美々樑院花長在郁々蘭庭菊不休月滿雲林風滿圃以風味月送春秋　右鈎坡蘇憲燮 本面大谷里

雲林治圃是良籌處世工深世罕儔實因守己常思然行懼竹

心友有來閑盡漢書因有以素居寂寞恍忘休岩屋底知空雨
少憩所別來幾春秋　右默菴鄭乃慶　本呈
園居素性好清靜已百絶論世事衡非閑物利權何以但尚恭
濂是本來蒼松翠竹晴輝掩明月清風興不休幽閑趣皆遊絲
迎樓思雲林閑幾春秋　右楓陽梁澤璧　本呈
游園依岩是別翁見殘明髮俗趣衛村渡身因有心中何作畫全
吾分外求需雲何須松蒼園風潮不沒玉樓休樓思雲林知遊
蹤遊朝遠幾春秋　右又松朴俊哲　加字前僉呈
園岩為號定心靜世與物遠務不衛當地烟霞當所皆達天風
月更何求寄托漁樵閑自來心清詩禮光輝休環彌清聲園臨月

挂壽燈飾帳讌春秋　右又顰蘇元慶 本里

嗟君遯跡把良籌勵國題名孰可儔詩藥譜花非適取潔身志

世業伊求滿床壽壽山隨處脫俗精神丹溪休二子採來今我

歲半庭薇發感穀秋　右蘭史金思汶 洞川洞村里

遯世隱居早立籌國名清趣孰能儔濃去詩書中有日咏木風

月外無求憑前花草去長在欄上琴聞庭不休時或兒孫前途

酒何俟菊適時秋　右松村張海峻 本面光谷里

知處知機能遠籌求心淡泊更無儔經傳嗜業愛難廢高其志

處何必求四象掛壹行順逆八門定而占生休松壑以外山家

景觀柳三春菊九秋　右楚山朴英來 平北楚山郡

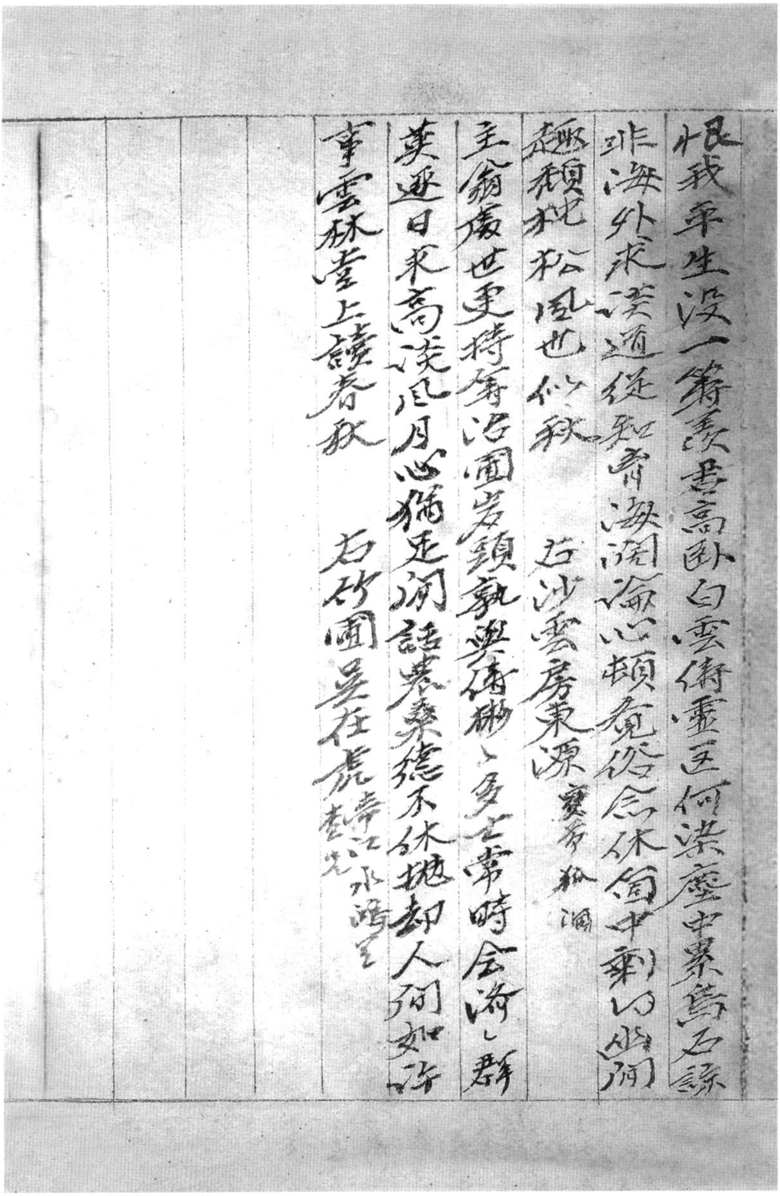

恨我平生沒一籌長爲高臥白雲儔靈區何渫塵中累焉石訴
非海外求淺道從知有海闊淪心頓覺俗念休個中剩得幽閒
趣頹枕松風也似秋　右沙雲房東源 寶蒼拙潤
主翁處世更持籌治圃岩頭孰與儔勝勝多士常時會濟濟群
英逐日來高談風月心猶足閒話農桑德不休抛却人間如許
事雲林臺上讀春秋　右砂圃吳在虎 帝江水鴻室 臺先

附和歎軸

晚回吳汶植青義楊秉華見訪共吟

詮伏雲林倒陋生幸何不負登同行今秋幾歲心常渴下榻高
叙眠忽明掩耳厭聽燈外亂展奇喜以業顯平秉華佳篇鱗
酒海通澗中此會成

附和歎

亂中何變景漆生五洞星霧綫此行石瀨穿階聽玉細菊叢繞
屋舊金明論文睡到深更失以月懷同舊雨幸人境非遠幽絶
處吳君卜築翠微城

右晚回吳汶植 華江少斫

秉醉而吹笑此生雲林冷變駐此行苦無書卷千聖重繞硏齋

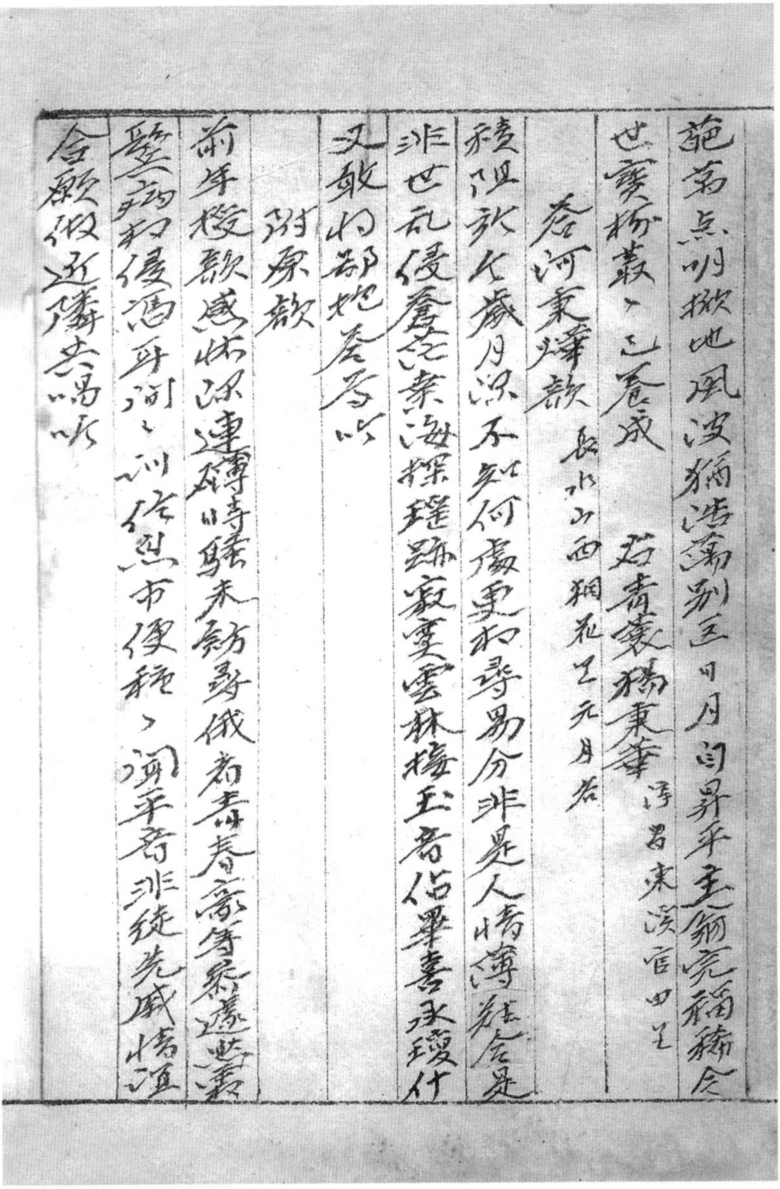
葩萼点明撒地風波猶浩蕩別三日月自昇平主翁亮稱稱仝
世實楊蕤之蒼成 若青襄孫東華 浮君来沃官四星
答河東輝款 長水山西翔花 元月 若
積阻秋冬歲月深不知何處更相尋易分非是人情薄莫合是
非世亂侵蒼茫桑海探瑶跡寂寞雲林接玉音佔畢書承瓊什
又敬次郑地蒼為吟
附原款
前年擾款感依深連傳時騎来訪尋儀者壽春豪等緣遠逝處
鑿病相侵酒罕開之詞佐兕市便稱之閑平音非徒先感情誼
合歡假近隣共唱吟

答靑陽李根字韻

柳庭飛雪歲華新 千形萬態動天眞 晩翠竹松常淨友 先春桃李亦芳隣 幸因靑園探花後 更接玉音洗俗塵 前賴東風知暖氣 叅雲林深處不驚新

附原韻

洞府迎春萬像新 始知玄妙自天眞 切爲鴻鯉忽經歲 欲使園花常伴隣 松邊雪說藕孫節 枝含月影艷香塵 況美酒嘗勸世 誰攜茶童將伐薪

答靑陽李根字韻

擊讓金音恨忽靑 餘香不覺意隨醒 位擧況知常盡一報書仍

坡臺亭亭日夜渡斗依几案風和待命主人扉暫捿琴物瑤璣

囘然坐壘情都忘形

附原歌

高風吹送一藜青扶仰橋雲感覺醒行彼遠程勞步步回大衆

脚踏亭亭往聽溪獨愛琴尊指點山光奇畫屛捿仰仙扃來次

曰 於彼酬唱也忘形

吞青陽李根字排律

登眺雲林氣勢嘆歲歇移寒空逆月色縈飲動風枝紅葉如咏

曰 句題到大時安可青陽物序登吾所不知

附原律

歲暮欲何爲盡是天然之人事亦殊此古今興替遂遂光陰忽如

環脈不延我逢逢陶世道遽爾變遷向隅鏡變以我我

不知幾殘歲寒松晩翠獨秀奇姿此去孜梅雪程不負期物事

依如此人情之浙淮不勝悠然然此皆宵節枝時催掃英硯戯

以一篇詩詩以緖不忘忘在白不悲從酒之故以不覺歲月移

又何圖送上神馳每當時

春青陽陽季根字排律

耿耿雙來思分秋之多時野麥麥波起井梧爽氣垂歲月飛騰

急來深延遲隨隨何似燕鴻別時如牛女種猿蒙隋雨須須忽環

蹉蹉自笑盡香莊沐何殘空生杯林常如此此林洗洗間種雪光

已上疑霜色亦深龍常念炎絺悵意方常東馳錦甘旋卷柴莊
憐面牆悲由疑是公道者雲非本期花底憐以先弓魄亦遠疑
仍以欽答意亦拙敢呈之

附原律

前來相思思相見已多時軟絲江草細嬌黃花柳垂日月何轉
眺走流相從隨奈此參商依如彼東西難無見久交誼秘漏停
雲情遺計笑書蘭深嘆情禁若兩相思如此更將病復淮經世
黃岳指賀怠猶憐熱發法者流鶯捨夷多慮馬馳犬捷壽生事哉
恨世誤悲由無恨不遇者雲處爲則三紅顏三妹九仞亦九疑
須以古人詩回眺一笑之

부록

포암산인 육필원고-하
圃巖散人 肉筆原稿-下

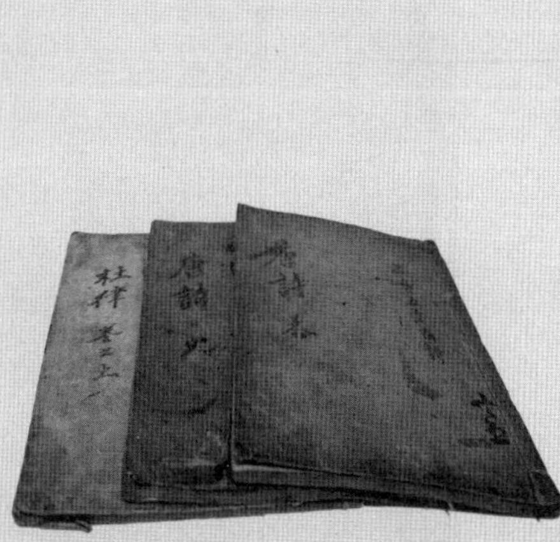

四六全集 [illegible]

雲林精舍藏本

圓覺最大秘訣 千

圃巖散人私稿

太極圖

太極圖說

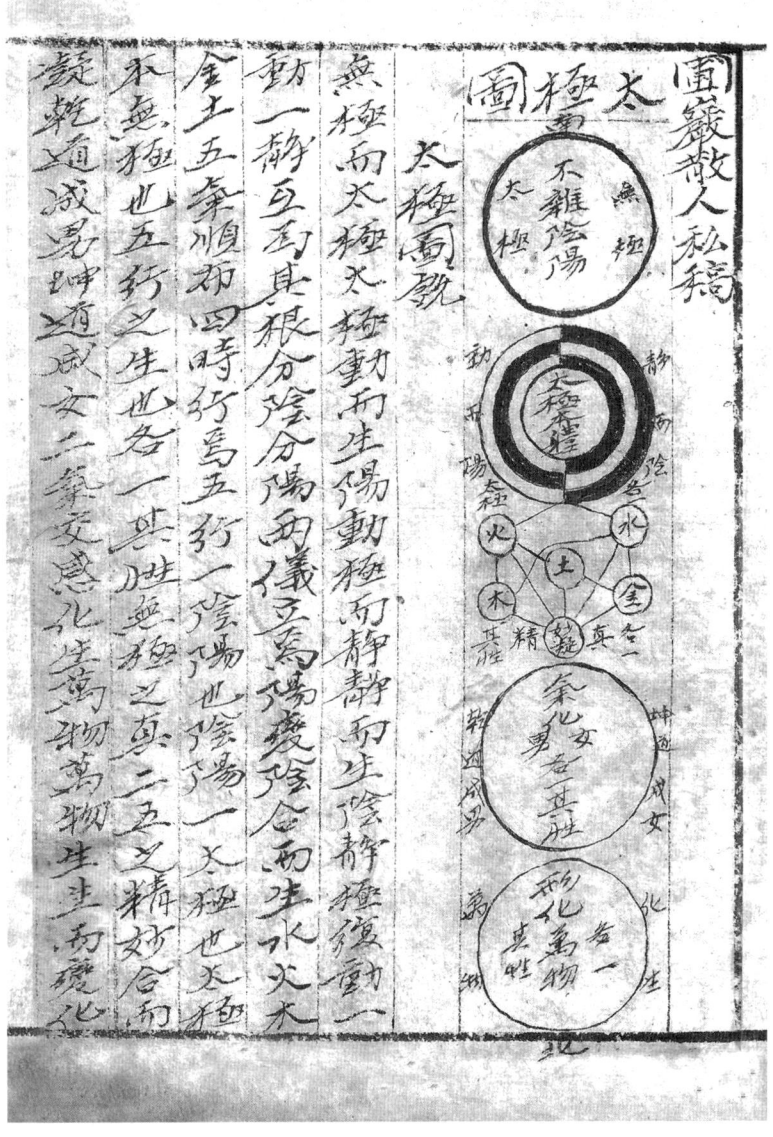

無極而太極太極動而生陽動極而靜靜而生陰靜極復動一動一靜互爲其根分陰分陽兩儀立焉陽變陰合而生水火木金土五氣順布四時行焉五行一陰陽也陰陽一太極也太極本無極也五行之生也各一其性無極之眞二五之精妙合而凝乾道成男坤道成女二氣交感化生萬物萬物生生而變化

無窮焉惟人也得其秀而最靈形既生矣神發知矣五性感動
而善惡分萬事出矣聖人定之以中正仁義而主靜立人極焉
故聖人與天地合其德日月合其明四時合其序鬼神合其吉
凶君子修之吉小人悖之凶故曰立天之道曰陰與陽立地之
道曰柔與剛立人之道曰仁與義又曰原始反終故知死生之
說大哉易也斯其至矣

朱子曰圖說首言陰陽變化之原其後即以人所稟受明之
自惟人也得其秀而最靈純粹至善之性也是所謂太極也
形生神發則陽動陰靜之為也五性感動則生水火木金土
之象也善惡分則成男成女之象也萬事出則萬物化生之

氣也至聖人立人極焉則得乎太極之全體而與天地渾合
無間矣故又言聖人不假修爲而自然也未至此而修之君
子之所以吉也不知此而悖之小人之所以凶也修之悖之
亦在乎敬肆之間而已矣敬則欲寡而理明寡之又寡以至
於無則靜虛動直而聖可學矣
右濂溪周子作圖并說平康葉氏謂此圖即繫辭易有太
極是生兩儀兩儀生四象之義而推明之但易以卦爻言
圖以造化言朱子謂此是道理大頭腦處又以爲百世道
術淵源也

秋巒鄭創述
天命圖
退溪李訂正
天命
理妙
氣凝
智
性
存敬養
人
形
頭圓足方
平正直立
地
方
午

天命圖叙 未見本說故忘僭而紀

右圖秋巒鄭公講求性理旨歸準明性理微妙攄太極圖述中庸皆質諸慕齋兩先生訂諸退溪李先生者也而太極圖係五事天命圖係一圈者太極圖亦上天命物之道而分爲五則無以曉人天命圖亦人物稟生之理不合爲一則不成位置此圖之陰之因子至午卽彼圖之陽中有陰也此圖之陽之因午至子卽彼圖之陰中有陽也而彼主待對故爲客者在中爲主者在外也此主運行故當時者在裏成功者在表也陰陽位置之彼此變易者彼圖在南而觀者在北故四方不易此圖在北而觀者在南故四方互易彼圖之由上當午方此圖之由上當子

方者卽彼此皆當中直者下來非偏當于方也彼圖之上圈
始太極者亦上天之命物也此圖之上面始妙凝者亦人物之
稟生也彼圖之五行卽此圖之四德也彼圖之萬物化生卽此
圖之人與物形也彼說之得秀而靈者卽此圖之心性之圈也
彼說之五性感動者卽此圖之五性旁通也彼說之善惡分者
卽此圖之善惡幾也彼說之萬事出者卽此圖之四七情也此
圖之敬存養卽彼說之主靜立極而子思之戒懼致中之謂也
此圖之敬省察卽彼說之定之修之而子思之謹獨致和之謂
也此圖之善幾從出卽彼說之君子修之吉者也此圖之惡幾
橫出卽彼說之小人悖之凶者也

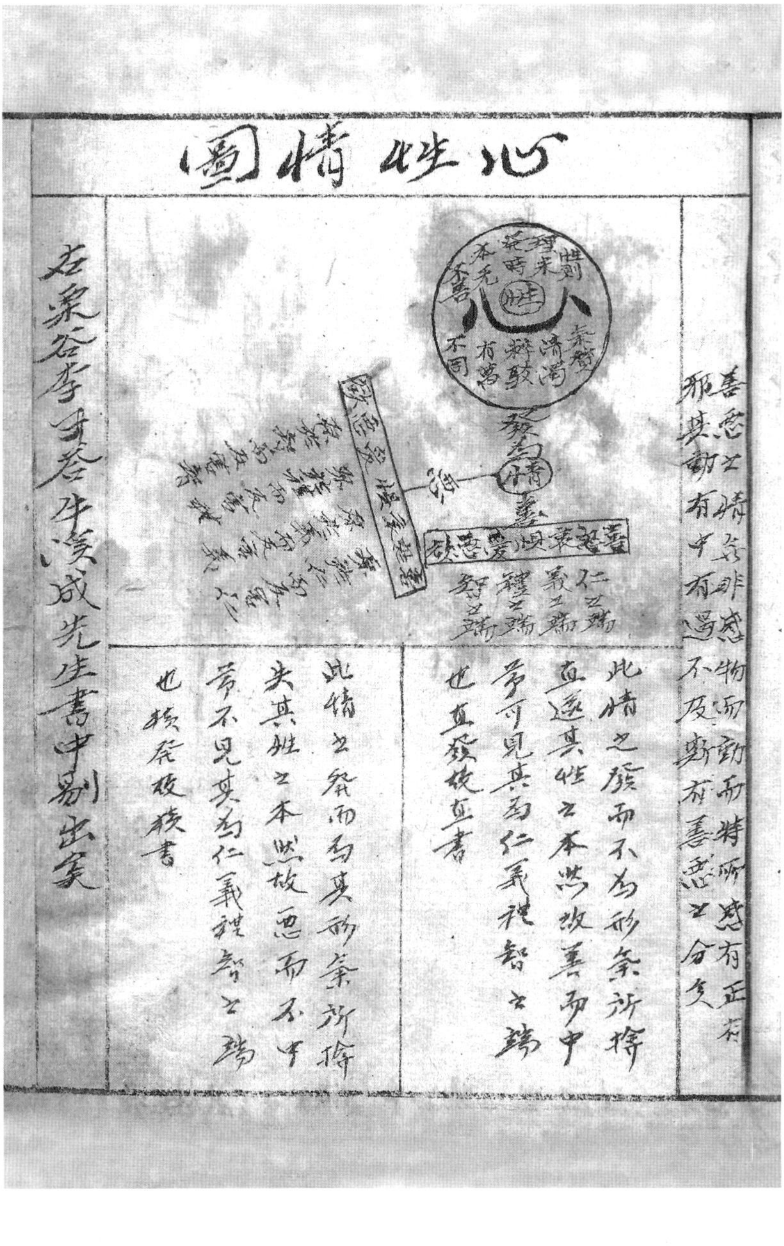

心性情圖
善惡之情莫非感物而動而特所感有正有邪其動有中有過不及斯有善惡之分矣
此情之發而不爲形氣所揜直遂其性之本然故善而中節可見其爲仁義禮智之端也直發故直書
此情之發而爲形氣所揜失其性之本然故惡而不中節不見其爲仁義禮智之端也橫發故橫書
右栗谷李子答牛溪成先生書中剔出矣

人心道心圖

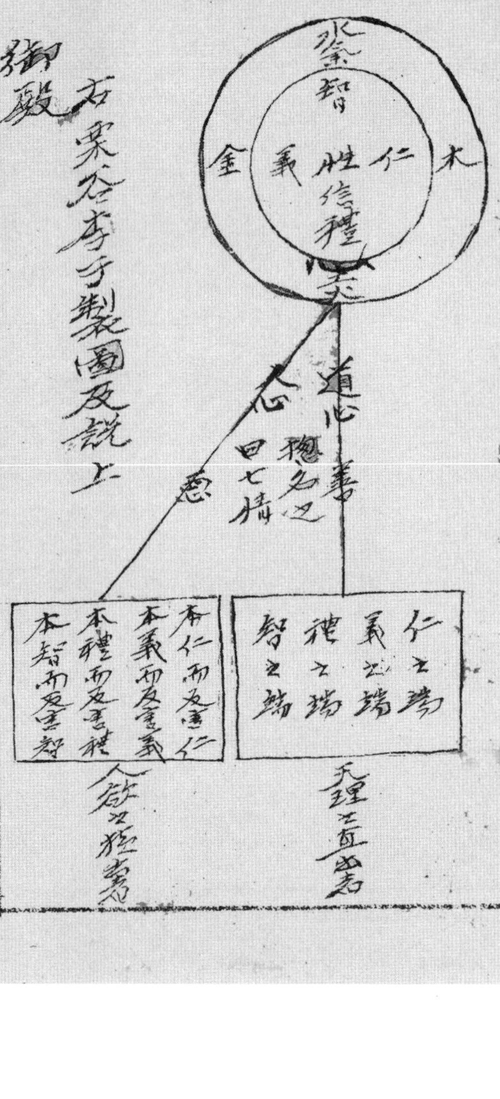

右栗谷李子製圖及說上
御覽

人心道心圖說 引李[illegible]減臣按二字尾減 臣謹依圖如右文字也

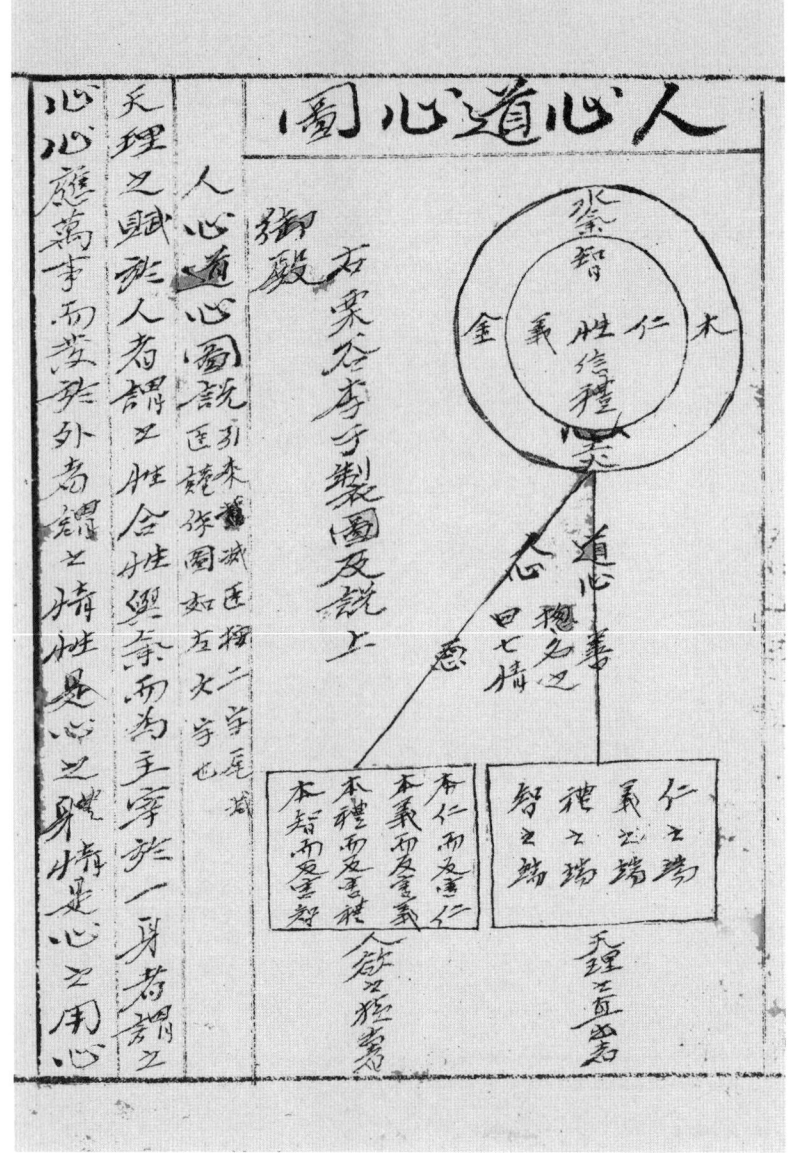

天理之賦於人者謂之性 合性與氣而為主宰於一身者謂之心 心應萬事而發於外者謂之情 性是心之體 情是心之用 心

是未發已發之總名故曰心統性情性之目有五曰仁義禮智
信情之目有七曰喜怒哀懼愛惡欲情之發也有爲道義而發
者如欲孝其親欲忠其君見孺子入井而惻隱見非義而羞惡
之過宗廟而恭敬之類是也此則謂之道心有爲口體而發者如
飢欲食寒欲衣勞欲休精盛思室之類是也此則謂之人心理
氣渾融元不相離心動爲情也發之者氣也所以發者理也非
氣不能發非理無所發但道心雖不離乎氣而其發也爲道義
故屬之性命人心雖亦本乎理而其發也爲口體故屬之形氣
方寸之間初無二心只於發處有此二端故發道心者氣也而
非性命則道心不發原人心者理也而非形氣則人心不生此

所以或原或生公私之異者也道心純是天理故有善無惡人
心也有天理也有人欲故有善有惡如當食而食當衣而衣聖
賢所不免此則天理也因食色之念而流而爲惡者此則人欲
也道心只可守之而已人心易流於人欲故雖善亦危治心者
於一念之發知其爲道心則擴而充之知其爲人心則精而察
之必以道心節制而人心常聽命於道心則人心亦爲道心矣
何理之不存何欲之不遏乎真西山論天理人欲極分曉於學
者功夫甚有益但以人心專歸之人欲一意克治則有未盡者
朱子既曰雖上智不能無人心則聖人亦有人心矣豈可盡謂
之人欲乎以此觀之則七情卽人心道心善惡之摠名也孟子

就七情中剔出善一邊目之以四端四端即道心及人心之善
者也四端不言信者程子曰既有誠心爲四端則信在其中矣
蓋五性之信如五行之土無定位無專氣而寄旺於四時論者
或以四端爲道心七情爲人心四端固可謂之道心矣七情豈
可只謂之人心乎七情之外無他情若偏指人心則是擧其半
而遺其半矣子思子以七情之未發者謂之中已發者謂之和
論性情之全德而只擧七情則豈有偏擧人心之理乎此則較
然無可疑者矣性具於心而發爲情性既本善則情亦宜無不
善而情或有不善者何耶理本純善而氣有淸濁氣者盛理之
器也當其未發也氣未用事故中體純善及其發也善惡始分

善者清之氣之發也惡者濁之氣之發也其本則只天理而已情之善者乘清明之氣循天理而直出不失其中可見其爲仁義禮智之端故因之以四端情之不善者雖亦本乎理而既爲汙濁之氣所揜失其本體而橫生或過或不及本於仁而反害仁本於義而反害義本於禮而反害禮本於智而反害智故不可謂之四端耳周子曰五性感動而善惡分程子曰善惡皆天理朱子曰因天理而有人欲皆此意也今之學者不知善惡由於氣之清濁求其說而不得故爲以理發者爲善氣發者爲惡使理氣有相離之失此是未瑩之論也

因太極圖參此變化物圖之經述故弁于書首

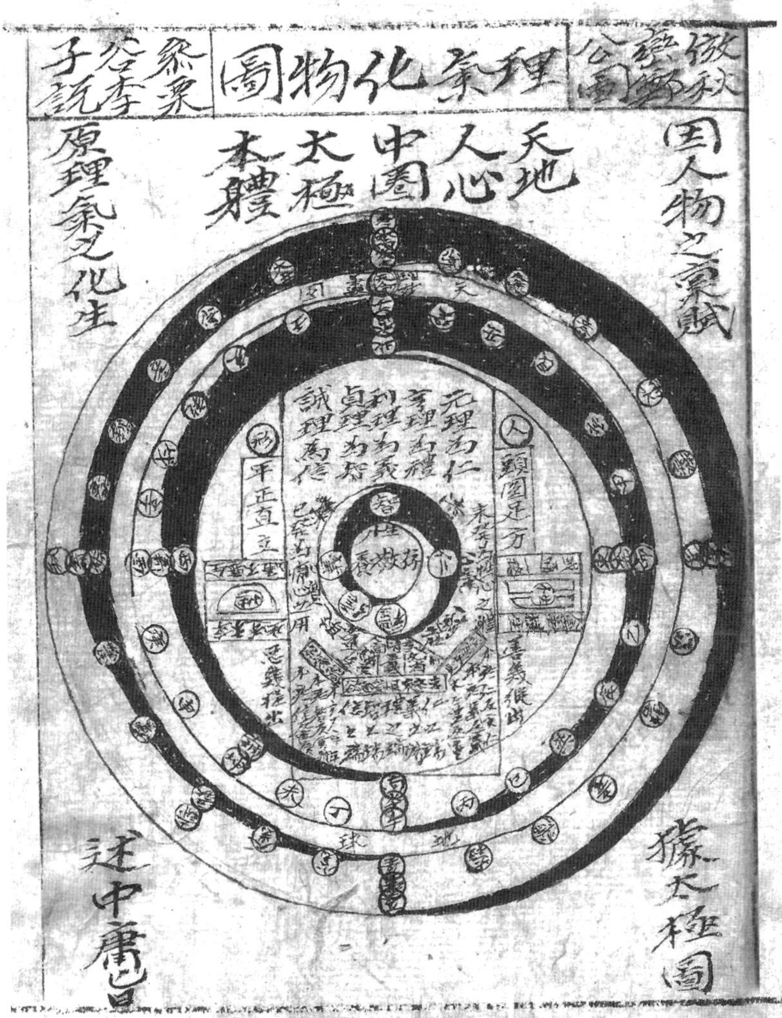
理氣化物圖
天地
人心
中圜
太極
本體
原理氣之化生
因人物之稟賦
元理爲仁
亨理爲禮
利理爲義
貞理爲智
誠理爲信
述中庸旨
據太極圖

理氣化物圖敍

易曰立天之道曰陰與陽立地之道曰柔與剛立人之道曰仁與義剛柔卽陰陽也仁義亦陰陽也則地球亦有陰陽也人心亦有陰陽也稱乾之道曰元亨利貞稱坤之德曰元亨利牝馬之貞則天亦有元亨利貞地亦有元亨利貞人也受天地之中以生則人性有信天地無誠則信何因而得焉孔子曰誠者天之道也天亦有誠也天亦有誠則地亦有誠也水火木金土在天爲五星在地爲五行則天亦有水火木金土也地亦有水火木金土也太極旣圓則天體亦圓多地球亦圓多人心亦圓多而曰天圓地方者天無東西南北之定位故曰天圓地有東西

南北之定位故曰地方四時及二十四節天之行也四方及二
十四位地之方也是故天體地球人心皆畫陰陽也天體置五
德及五星也地球載五德及五行也天體地球人心皆圓畫而
置中圈者太極本體也四時及二十四節係之於天四方及二
十四位載之於地置地球於天之太極本體中置人物於地之
太極本體中是皆繫之羅也至天之四德及五星理氣妙凝之
圈人形頭圓足方乎正直立禽獸橫生或通一路草木逆生全
塞不通氣圈之心氣質氣圈中五性及敎存焉五性旁通情意
及敎省察盡是鄭公圖也若善惡幾從橫出鄭公李子皆然而
惡幾分揀鄭公圖也善幾七情系李子圖改鄭公圖也惡幾七

情奈李子圖分排鄭公圖也善錢之仁之端義之端禮之端智
之端惡錢之本於仁反害仁本於義反害義本於禮反害禮本
於智反害智盡是李子圖也若從牟圖而居中仁義禮智四性
與天地之元亨利貞四德爲十字形以昭著人心之五性受天
地之五德之綠路氣之清濁粹駁昇降判之而置善惡錢
之間五德之爲五性未發爲性心之體已發爲情心之用善錢
之信之端惡錢之本於信反害信天圖之外傍題之數是亡背
聲之罪也

理氣化物圖前說 入金儒林錄

理氣形而氣有形也理氣爲而氣有爲也氣形氣爲而爲有形

有爲之主宰有形有爲而爲無形無爲之乘器非理則氣無所
根柢非氣則理無所依着理不離氣氣不離理元不相離而似
是一物既非一物非一物故一而二也理不離氣氣不離理元
不相離而似是二物既非二物非二物故二而一也理無形而
氣有形故理通而氣局理無爲而氣有爲故氣發而理乘氣動
而生陽則理亦乘於動而在陽動極而靜而陰根乎動氣靜而
生陰則理亦乘於靜而在陰靜極而動而陽根乎靜一動一靜
一陰一陽互爲其根而動靜無端陰陽無始陰中有陽陽中有
陰分陰分陽兩儀立焉陽升爲天陰凝爲地天不能獨陽而生
物故陽中有陰左旋而爲地不能獨陰而成物故陰中有陽右

旋而發陽中有陰故兼動靜而主動其行健陰中有陽故兼靜
動而主靜其行順兩儀變合而生四象即水火木金土也各一
其性在天爲五星在地爲五行而五氣順布四時行焉五方定
焉木主乎東而行乎春火主乎南而行乎夏金主乎西而行乎
秋水主乎北而行乎冬土主乎中央而兼行乎四時之季木火
金水待土而生四象變合而生八卦亦水火木金土也在天爲
九星在地爲八方八卦相盪而成六十四卦亦水火木金土也
布天而敷地陰陽之消復舒慘鬼神之屈伸消長至誠無息故
生物之多至於無窮焉天地生物之心其德有五曰元亨利貞
誠而元爲生物之始於時爲春而始生萬物亨者生物之通於

時爲夏而長養萬物利者生物之遂於時爲秋而成熟萬物貞
者生物之成於時爲冬而閉藏萬物誠者生物之久元亨利貞
不誠無物以天之生物之德稱之則曰乾父以地之成物之德
稱之則曰坤母乾坤交感而化生萬物以陰陽德行氣以成形
而理亦賦焉性爲萬物之生固有名乃其氣以爲魂魄五臟之形焉
得其理以爲健順五性之德雖理通而乘於氣局之定理本一
統爲氣分萬殊故形其萬殊而性亦萬殊惟人也稟五行之秀
得木之氣而爲肝得火之氣而爲心得金之氣而爲肺得水之
氣而爲腎得土之氣而爲脾五臟無非氣化之而理乘之也惟
心也爲五臟之主而虛靈洞徹具此五性而應其萬事曰五德

之純得元之理而爲仁得亨之理而爲禮得利之理而爲義得
貞之理而爲智得誠之理而爲信五性無非賦予理而具於氣
也惟仁也爲五性之長而渾全統其衆理而具於一心然
則心即氣也性即理也而特就氣質之上專指其理而命之曰
本然之性本然之性隨在氣質之中然後兼指其氣而命之曰
氣質之性非謂有兩性專言理兼言氣之不同也本然之性純
善無惡而不能兼氣質之性氣質之性且有善惡而却能兼本
然之性本然之性固可謂之未發之中而天下之大本也氣質
之性不可謂之未發之中而天下之大本也形旣生矣外物觸
其形則感於中矣其心動則五性旁適而情意出爲善惡分焉

情則性之發也不得自由爲地發動處則心之發也緣是情而
商量運用情之目有七曰喜怒哀懼愛惡欲也七情之中欲爲
較重尋常因欲而生得其欲則喜逆其欲則怒失其欲則哀過
其欲則懼順其欲則愛拒其欲則惡蓋喜哀愛欲之發而中喜
哀愛欲之節者爲仁之端也當怒惡之發而中怒惡之節者爲義之
端也當懼之發而中懼之節者爲禮之端也當知其七情之所當
與不當之發而中知其七情之所當與不當之節者爲智之端也
誠實此四者信之端也此則情之善也當喜哀愛欲之發而戾
喜哀愛欲之節者本於仁而反害仁當怒惡之發而戾怒惡之
節者本於義而反害義當懼之發而戾懼之節者本於禮而反

善禮者知其七情之所當與不當之際而反知其七情之所當
與不當之節者本於智而反害智不誠此四者本於信而反害
信此則情之不善也七情之中別出善一邊合之以五端則惻隱
之心仁之端也羞惡之心義之端也恭敬之心禮之端也是非
之心智之端也誠實之心信之端也以五端準乎七情則惻隱
爲愛羞惡爲惡恭敬爲懼是非爲知其七情之所當與不當之
情誠實是誠實此四者之情七情之外別是五端全善惡之情
發於感物而動而將所感有正與邪其動有中與過不及斯有
善惡之分而善情之發不爲形氣所掩而直遂其性命之本然
故善而中節可見其爲仁義禮智信之端惡情之發爲其形氣

所掩而稍失其性命之本然故惡而不中節不見其爲仁義禮
智信之端五端七情之善一邊也專言理而不能兼七情不如
七情之全七情五端之總會者也兼言氣而却能兼五端不如
五端之粹五端是本然之情故純善無惡七情兼氣質之情故
兼其善惡通情意而言之曰人心道心道心純是天理也人心
兼其人欲也二者皆發於性而及其發也爲其道義而發者即
原於性命之正而氣順正理不爲形氣所掩而理爲之主故主
乎理而目之以道心七情之善一邊也爲其口體而發者即生
於形氣之私而氣已用事爲其形氣所掩而氣爲之主故主乎
氣而目之以人心七情之合善惡也則五端專言道心也七情

合言人心道心也方寸之間初無二心只於發處有此二端故
發道心者氣也而非性命則道心不發氣人心者理也而非形
氣則人心不生道心之發本為道義也如火始燃如泉始達造
次雖見故惟微因其發而察而正之則純善無惡而無不中節
因其發而經而直之則或過不及而有不中節人心之發本為
口體也如鷹解韝如馬脫羈飛騰難制故惟危因其發而察而
正之則亦善無惡而無不中節因其發而放而縱之則或善或
惡而有不中節道心之中節人心之中節固可謂之中節之和
而天下之達道也道心之不中節人心之不中節不可謂之中
節之和而天下之達道也然人莫不有是形氣故雖上智不能

無人心如當飢欲食臨渴欲飲肌寒欲衣膚癢欲搔身勞欲休
精盛思室之類耶之人心上智之所不免也因此而流於惡者
是人欲之私也如貪利淫色之類是也亦莫不有是性命故雖
下愚不能無道心如見孺子入井而惻隱見過失當前而羞惡
過宗廟之前而恭敬見事物當前而是非見父母而慈愛見兄
長而尊敬之類耶之道心下愚之所不忘也因此而過於度者
非天理之公也如斷指割股之類是也二者雜於方寸之間而
不知所以治之則危者愈危微者愈微而天理之公卒無以勝
夫人欲之私矣精察於二者之間而不雜一守其本心之正而
不離然後道心之中節者常爲一身之主而人心之中節者每

聽命焉則危者安微者著動靜云為自無過不及之差矣意則
審於已發之際精察其善惡之幾遏人欲之私存天理之公斂
較運用矣故自修莫如誠意意誠則心正身修矣聖人稟氣極
清賦質極粹德性全備而與天地合其德與日月合其明與四
時合其序與鬼神合其吉凶不待修為而發皆中節故其道甚
性之發而行道道猶仁之發而有父子之親猶義之發而有君
臣之義猶智之發而有夫婦之別猶禮之發而有長幼之序猶
信之發而有朋友之信是則所謂五常之德也而五品之中亦
有三綱子統於父故父為子綱臣統於君故君為臣綱婦統於
夫故夫為婦綱亦有六紀姪理於叔故叔為姪紀弟理於兄故

兄爲弟紀族理於宗故宗爲族紀甥理於舅故舅爲甥紀生理於師故師爲生紀朋友相理而相紀是乃天地之常經古今之通義也行達道而有得於心故揭達道而施教於人聖人千言萬語皆是從達道中說出來而只是爲教萬民而設者也故爲天下萬世不易之常法也自大賢以下則不能無氣質之拘物欲之蔽故從之者爲君子而吉悖之者爲小人而凶矣其物也則心不能統禀理性不能禀全德禽獸則横生而或通一路虎狼有父子之親蜂蟻有君臣之義鴛鴦有夫婦之別鴻鴈有兄弟之序雞有司早晨之信鶴有司半夜之信草木則逆生而全塞不通理雖若不復可論仁義禮智信之彷彿然亦不可謂無是

性也松柏經雪而不變故君子象其節而守節操堅固而拔
茂故君子象其本而立本芙蓉不垂故君子澄其形以治心胡
桃艷媚故君子取其氣以斂肺見蘭菊之潤落而可知其月之
大小見蓍草之指佞而可知其人之善惡得宜另而可解父母
之憂見紫荊而復合兄弟之分時方嚴凝而生意固在故物有
堅貞而能久為時方長養而陰陽潛施故物有浮脆而難速為
實理氣之所主所為而各正性命者也渾然之理理之本然也
浩然之氣氣之本然也理本一統而氣分萬殊故在天地而為
天地之理在人物而為人物之理天地人物雖各有其理而天
地之理卽萬物之理萬物之理卽吾人之理也此所謂統體一

性也松柏經雪而不變故君子象其節而守節務操堅固而枝
茂故君子象其本而立本芙蓉不垂故君子澄其妙以治心胡
桃竊綠故君子取其氣以斂肺見菖蒲之劍落而可知其月之
大小見蓂草之指佞而可知其人之善惡得宜男而可辨父母
之憂見芝蘭而後含元氣之分時方嚴凝而生意固存故物有
堅貞而能久爲時方長養而陰滋潛施故物有浮脆而純達爲
實理氣之所主所爲而各正性命者也渾然之理理之本然也
浩然之氣氣之本然也理本一統而氣分萬殊故在天地而爲
天地之理在人物而爲人物之理天地人物雖各有其理而天
地之理卽萬物之理萬物之理卽吾人之理也此所謂統體一

太極也雖曰一理而人之性於物之性天之性於牛之性也此
所謂無一其性者也則理氣爲天地之父母而天地又爲人物
之父母至聖人爲衆人之準則而吾人又爲萬物之主宰至爲
萬物之主宰而反不如萬物之有知者可乎學者詳能知其天
命之全備於己尊德性道問學而不昧於理欲敬以存養於未
發之中敬以省察於已發之際遏人欲而存天理則可以踐大
頭圓足方而平正直立背陰抱陽而與天地參三之者矣

理氣化物圖後說 徐世永 好存之亦好

理無形而氣有形也理無爲而氣有爲也無形無爲而爲有形
有爲之主宰有形有爲而爲無形無爲之乘輿非理則氣無所

根柢非氣則理無所依着理不離氣氣不離理元不相離而似
是一物既非一物非一物故一而二也理不離氣氣不離理元
不相離而似是二物既非二物非二物故二而一也非一物者
何謂也理氣雖相離不得而妙合之中理自理氣自氣不相挾
雜而不見其為一物故非一物也非二物者何謂也理氣雖相
離不得而妙合之中理乘氣氣載理不相間雜而不見其為二
物故非二物也理無形而氣有形故理通而氣局理無為而氣
有為故氣發而理乘理通而氣局者何謂也理無形迹故無本
末無先後而理之本然則純一淨金而已本無偏正通塞清濁
粹駁糟粕煨燼糞壤汚穢之理而惟其乘氣流行升降飛揚而

未嘗止息參差不齊而萬變生焉有不失其本然者有失其本然者氣偏則理亦偏而不正氣正則理亦正而不偏氣通則理亦通而不塞氣塞則理亦塞而不通氣淸則理亦淸而不濁氣濁則理亦濁而不淸氣粹則理亦粹而不駁氣駁則理亦駁而不粹至於糟粕煨燼糞壤汙穢之中理無所不在而理之本然則不害其自若也此之謂理之通也而卽理之一也氣有形迹故有本末有先後而氣之本然則湛一淸虛而已本無偏正通塞淸濁粹駁糟粕煨燼糞壤汙穢之氣而惟其氣之流行升降飛揚而未嘗止息參差不齊而萬變生焉有不失其本然者有失其本然者偏者偏氣也非正氣也正者正氣也非偏氣也通

者通氣也非塞氣也塞者塞氣也非通氣也清者清氣也非濁
氣也濁者濁氣也非清氣也粹者粹氣也非駁氣也駁者駁氣
也非粹氣也至於糟粕煨燼糞壤汚穢之氣非湛一清虛之氣
也非若理之於萬物本然之妙無所不在也此之謂氣之局也
而鄙分之殊也氣發而理乘者何謂也太極動而生陽靜而生
陰太極者本然之妙也動靜者所乘之機也動靜者氣也所以
動靜者理也非氣不能動靜非理無所動靜其動其靜者氣之
所發也所以動所以靜者理之所乘也氣動而生陽則理亦乘
於動而在陽動極而靜而陰根乎動氣靜而生陰則理亦乘於
靜而在陰靜極而動而陽根乎靜一動一靜一陰一陽互為其

根而動靜無端陰陽無始陰中有陽陽中有陰分陰分陽而兩儀立焉陽升爲天陰凝爲地而得理氣之至正至通至清至粹者故有正性而純一無變更無修爲之術天不能獨陽而生物故陽中有陰左旋而息地不能獨陰而成物故陰中有陽右旋而發陽中有陰故兼動靜而主動其行健陰中有陽故兼靜動而主靜其行順兩儀變合而生四象陽合陽而爲太陽水陽合陰而爲少陰火陰合陽而爲少陽木陰合陰而爲太陰金水火金木待土而生則土在其中矣以天地之極數之則天一生太陽水而地六成之地二生少陰火而天七成之天三生少陽木而地八成之地四生太陰金而天九成之天五生中央土而地

十成之太陽之精為日太陰之精為月少陽之精為水少陰之
精為山水火金木土各一其性在天為五星在地為五行而有
相生之道有相克之理五氣順布四時行焉五方定焉木主乎
東而行乎春春則微溫火主乎南而行乎夏夏則大熱金主乎
西而行乎秋秋則微凉水主乎北而行乎冬冬則大寒土主乎
中央而兼行乎四時之季天干有十地支有十二甲乙寅卯屬
木丙丁巳午屬火庚辛申酉屬金壬癸亥子屬水戊己辰戌丑
未屬土四象變合而生八卦太陽合陽而為乾太陽合陰而為
兌少陰合陽而為離少陰合陰而為震少陽合陽而為巽少陽
合陰而為坎太陰合陽而為艮太陰合陰而為坤乾兌屬金離

離爲火而兼陰陽之始終震巽屬木坎獨屬水而兼陰陽之始
終艮坤屬土在天爲九星在地爲八方八卦相盪而成六十四
卦乾姤遯否觀剝晉大有屬金兌困萃咸蹇謙小過歸妹屬金
離旅鼎未濟蒙渙訟同人屬火震豫解恒升井大過隨屬木巽
小畜家人益无妄噬嗑頤蠱屬木坎節屯旣濟革豐明夷師屬
水艮賁大畜損睽履中孚漸屬土坤復臨泰大壯夬需比屬土
布天而數地陰陽往復而舒慘鬼神屈伸而消長四時之運行
有二十四節干支之布列有二十四方節氣之往來過一朞而
爲一歲一歲之中有十二月日月之往來序四時而錯合錯合
之次有十二辰日陽也其行遲而每日常不及天一度故滿三

百六十五日四分日之一而與天會月陰也其行緩而每日常
不及日十二度十九分度之七故滿二十九日有奇而與日合
陽辟以天與日相會之期斷故主乎日而曰陽曆陰辟以日與
月相合之期斷故主乎月而曰陰曆天干之運行有五運甲己
合化土而行乎芒種乙庚合化金而行乎立秋丙辛合化水而
行乎立冬丁壬合化木而行乎大寒戊癸合化火而行乎清明
地支之運行有六氣子午少陰君火而行乎春分寅申少陽相
火而行乎小滿辰戌太陽寒水而行乎大暑卯酉陽明燥金而
行乎秋分丑未太陰濕土而行乎小雪巳亥厥陰風木而行乎
大寒日月之錯行代明節氣之運行代序春夏之雨露秋冬之

霜雪四時之風雲雷電無非陰陽之往復舒慘鬼神之屈伸消長而至誠無息故生物之多至於無窮為天地生物之心其德有五曰元亨利貞誠而元者生物之始於時為春而始生者物亨者生物之通於時為夏而長養萬物利者生物之遂於時為秋而成熟萬物貞者生物之成於時為冬而閉藏萬物誠者不息之久元亨利貞不誠無物春夏秋冬雖不同而同出乎春春則春之生也夏則春之長也秋則春之成也冬則春之藏也而終萬物始萬物元雖四德之長然元不生於元而生於貞蓋由天地之化不翕聚則不能發散理之固然也以天之生物之德稱之則曰乾父以地之成物之德稱之則曰坤母乾坤交感而

化生萬物化之者氣也所以化者理也非氣不能化非理無所
化以陰陽德行氣以成形而理亦賦性焉應一歲之數而裸族
三百六十而人爲之長毛族三百六十而麟爲之長羽族三百
六十而鳳爲之長介族三百六十而龜爲之長鱗族三百六十
而龍爲之長草有三百六十而芝草有神蓍草有靈蘭草有香
木有三百六十而松木經霜竹樹經雪椿木長壽動植之物有
萬其衆而各得其氣以爲魂魄五臟之形亦得其理以爲健順
五性之德然理通而棄於氣局之定理本一統而氣分萬殊故
形其萬殊而性亦萬殊惟人也稟氣之正且通者而氣之清濁
質之粹駁有萬不同應七曜之數而兩其耳兩其目兩其鼻一

其口應九星之數而兩其耳兩其目兩其鼻一其口一其肛一
其腎應五行之數而一其頭兩其手兩其足而已五其手指五
其足指應四時之數而四其肱節應四方之數而四其股節應
二十四節之數而二十四其脊節應二十四方之數而二十四
其脇數應七十二候之數而七十二其經絡應一歲之數而三
百六十其穴竅五運而爲五臟得化木之氣而爲肝魂靈居爲
謀慮出爲實則勇敢決斷虛則懶弱惧怕有軟堅高下大小偏
正而亦主色白入爲青入心爲赤入脾爲黃入肺爲白入腎爲
黑得化火之氣而爲心神明居爲主宰萬事上智七竅而應七
星三毛而應三台故此心至誠則上帝感爲中智五竅二毛下

智三竅一毛凡人二竅無毛愚人一竅而天下愚一竅而小形
如未開芙蓉有軟堅高下大小偏正而亦主臭自入爲焦入肝
爲臊入脾爲香入肺爲腥入腎爲腐得化金金氣而爲肺治節
出焉氣脉主焉亦主聲自入爲哭入肝爲呼入心爲言入脾爲
歌入腎爲呻吟得化水水氣而爲腎腎有兩枚左主男而右主
女納氣收血而化精壯志造無而成有男女交媾而瀉精精主
液自入爲唾入肝爲淚入心爲汗入脾爲涎入肺爲涕得化土
土氣而爲脾輔心而養臟臟主味自入爲甘入肝爲酸入心爲
苦入肺爲辛入腎爲鹹稟六氣而爲六腑得濕土土氣而爲胃
上透咽門而受香冊接小腸而傳腐與脾相接而清升濁降得

相火之氣而爲小腸上接胃口而受精下達大腸而傳滓亦達
膀胱而傳水與心相表而右迴疊積得燥金之氣而爲大腸上
接小腸而受滓下達肛門而放糞與肺相表而右迴疊積得寒
水之氣而爲膀胱上接小腸而受水與腎相接而盛溲施溺得
風木之氣而爲膽無出入竅而與肝相合藏其精汁而不瀉得
君火之氣而爲命門寄右腎而配左腎與膀胱施溺之穴相并
而出是乃精氣所泄之道也若女子則子宮胞門而與膀胱施
溺之穴相并而出臟者藏諸神而精氣流通腑者受諸物而出
納轉輸臟藏精氣而不瀉故滿而不能實腑傳化物而不藏故
實而不能滿臟腑兄弟世而同氣異形心肺在上爲陽而主呼

出肝腎在下為陰而主吸入脾居中而為一身之運幹臟腑分
陰分陽而脾胃居中之太極也天腑氣表體在上而用在下地
臟血裏體在下而用在上陰陽互相為用天氣左旋而下降地
氣右旋而上升天地交泰氣血和表裏都人身是小天地也百
體無非氣化之而理乘之也腔心也為百體之主而虛靈洞徹
具此五性而成其萬事賦五德而為五性得元之理而為仁是
溫和慈愛底道理得亨之理而為禮是恭敬撙節底道理得利
之理而為義是斷制裁割底道理得貞之理而為智是是非分
明底道理得陞之理而為信是真實無妄底道理仁仁也而禮
則仁之著義義也而智則義之藏仁禮陽也義智陰也信是居

中之太極矣故仁義禮智不信無物仁義禮智雖不同而同出
乎仁仁者仁之本體禮者仁之節文義者仁之斷制智者仁之
分別而終爲理始爲理仁雖四德之長然仁不生於仁而生於
智蓋由天地之化不翕聚則不能發散理之固然也此理循環
無窮膠合無間寂然不動而爲心之體五性無非識亦理而乘
於氣也惟仁也爲衆理之長而涵育渾全統其衆理而具於一
心然則心卽氣也性卽理也而特就氣質之上專指其理而命
之曰本然之性本然之性隨在氣質之中然後兼指其氣而命
之曰氣質之性非謂有兩性專言理兼言氣之不同也本然之
性仁義禮智信五者也純善無惡而不能兼氣質之雖氣質之

性之清濁粹駁有萬不同且有善惡而却非本然之性氣之至
清者爲上智至濁者爲下愚質之至粹者爲大聖至駁者爲不
肖然氣質中本然之性則無智愚聖凡之殊而不害其自若也
本然之性固可謂之未發之中而天下之大本也氣質之性不
可謂之未發之中而天下之大本也然心之爲物虛靈洞徹濁
者可變而之清駁者可變而之粹故修爲之功獨在於人氣形
旣生矣外物觸其形則感於中矣其心動則五性旁通而情意
出爲善惡合爲感動之際發之者氣也所以發者理也非氣不
能發非理無所發情則性之發也不得自由蓋地發動意則心
之發也總是情而爲運用情之固有七曰喜怒哀懼愛惡欲

也七情之中欲爲較重餘皆因欲而生得其欲則喜逆其欲則怒失其欲則哀過其欲則懼順其欲則愛拒其欲則惡是喜哀愛欲之際而中喜哀愛欲之節者仁之端也是怒惡之際而中怒惡之節者義之端也是懼之際而中懼之節者禮之端也是知其七情之所當與不當之際而中知其七情之所當與不當之節者智之端也誠實於四者信之端也其則情之善也是喜哀愛欲之際而失喜哀愛欲之節者本於仁而反害仁是怒惡之際而失怒惡之節者本於義而反害義是懼之際而失懼之節者本於禮而反害禮是知其七情之所當與不當之際而失知其七情之所當與不當之節者本於智而反害智不誠於四

者本於信而反害信此則情之不善也七情之中別出善一邊
命之以五端惻隱之心仁之端也羞惡之心義之端也恭敬之
心禮之端也是非之心智之端也誠實之心信之端也以五端
準乎七情則惻隱屬愛羞惡屬惡恭敬屬懼是非屬知其七情
之所當與不當之情誠實是誠實此四者之情七情之外更無
五端爲善惡之情情非感物而動而特所感有正與邪其動有
中與過不及斯有善惡之分而善情乘於淸粹而發故不爲形
氣所掩而直遂其性命之本然善而中節可見其爲仁義禮智
信之端惡情乘於濁駁而發故爲其形氣所掩而稍失其性命
之本然惡而不中節不見其爲仁義禮智信之端五端七情之

善一邊也專言理而不然兼七情不如七情之全七情五端之
總會者也兼言氣而却純兼五端不如五端之粹五端是本然
之情故純善無惡七情兼氣質之情故兼其善惡通情意而言
之曰人心道心道心純是天理而全無人欲也人心雖是天理
而兼有人欲也二者皆發於性而及其發也爲其道義而發者
謂原於性命之正而氣順正理不爲形氣所掩而理爲之主故
主乎理而目之以道心感動爲固是形氣而其發也直出於性
命之正而不爲形氣之掩蔽七情之善一邊也爲其口雜而發
者謂生於形氣之私而氣也用事爲其形氣所掩而氣爲之主
故主乎氣而目之以人心感動者輕本性命而其發也專由乎

口體之私而須非性命之本然七情之合善惡也則五端專言道心也七情合言人心道心也方寸之間初無二心只於發處有此二端故發道心者氣也而非性命則道心不發原人心者理也而非形氣則人心不生道心之發本為道義也而天理之奧也如火始然如泉始達造次難見故惟微因其發而察而正之則不失天理之奧而純善無惡無不中節因其發而徑而直之則易失天理之奧也或過不及而有不中節人心之發本為口體也而人欲之萌也如鷹解鞲如馬脫羈飛騰難制故惟危因其發而察而正之則不流人欲之萌而亦善無惡無不中節因其發而放而縱之則易流人欲之萌也或善或惡而有不中

者道心之中者人心之中者固可謂之中者之和而天下之達
道也道心之不中者人心之不中者不可謂之中者之和而天
下之達道也然人莫不有是形氣故雖上智不能無人心如當
飢欲食臨渴欲飮肌寒欲衣膚癢欲搔身勞欲休精盛思室之
類謂之人心上智之所不免也因此而流於惡者是人欲之私
也如貪利溢色之類是也亦莫不有是性命故雖下愚不能無
道心如見孺子入井而惻隱見過失當前而羞惡過宗廟之前
而恭敬見事物當前而是非見父母而慈愛見兄長而尊敬之
類謂之道心下愚之所不忘也因此而過於度者非天理之公
也如斷指割股之類是也二者雜於方寸之間而不知所以治

之則危者愈危微者愈微而天理之公卒無以勝夫人欲之私
矣精察於二者之間而不雜一守其本心之正而不離必使道
心之中節者常為一身之主而人心之中節者每聽命焉則危
者安微者著動靜云為自無過不及之差矣意則當於已發之
際精察其善惡之幾遏人欲之萌存天理之奧討較運用於彼
自修焉如詩意意謂則心正身修至聖人獨得理氣之至正至
通至清至粹者也亦有定性而純一無變與天地合其德與日
月合其明與四時合其序與鬼神合其吉凶不待修為而發之
中節故直遂其性之發而行達道循仁之發而有父子之親循
義之發而有君臣之義循智之發而有夫婦之別循禮之發而

有長幼之序循信之義而有朋友之信是則所謂五常之情也
五品之中亦有三綱子統於父故父爲子綱臣統於君故君爲
臣綱婦統於夫故夫爲婦綱亦有六紀姪理於叔故叔爲姪紀
弟理於兄故兄爲弟紀族理於宗故宗爲族紀甥理於舅故舅
爲甥紀生理於師故師爲生紀朋友相理而相紀是乃天地之
常經古今之通義也行達道而有得於心故獨達道而施教於
人聖人千言萬語皆是從達道中說出來而已是爲教焉後而
設者也故爲天下萬世不易之常法也自大賢以下則不能無
氣質之拘物欲之蔽故未至此而脩之者爲君子而昔不知此
而悖之者爲小人而亦至其物也則得理氣之偏且塞者也故

心不能統攝理性不能稟全德而有定性而長養爲禽獸之類
然而或通一路虎狼有父子之親蜂蟻有君臣之義鴛鴦有夫
婦之別鴻雁有兄弟之序鷄有司晨之信鶴有守夜之信
麒麟之不履生草仁也鳳凰之飢不啄粟廉也慈烏之反哺孝
也豺獺之報本鷹鳥之報本禮也虎嘯而風生龍吟而雲起知
雨而魚以羽物風而鶴下燕知戊己虎知破衝烏鵲知來猩猩知
往鵲知物雨蟻知物風鸛鶴學言鸚鵡能言猿猴知人善惡獬
豸別人曲直鴻能傳書鵉能受尊驢以年時以子時以龍以
春分騰以秋分潛蚌含明珠而與月盈虛蠙含紫貝而與日出
納龍靈之行也有錦猿猴之孫也有靈灼靈龜而告吉凶鬪杜

穢而驕人事㛹虛身而求付殘斷毛而求續巢居者知風穴居

者知雨智也鴈隨陽而秋南春北往來不失時燕乘暖而秋南

春北往來不失時信也鴈不再偶故婿執以爲摯雉性耿介故

士執以爲摯鷄有五德可警人之失德者狗有五倫可警人之

亂倫者狒狒善笑而聾可戒人之善笑者猩猩善飲而聾可戒

人之善飲者鶼爲比翼而飛鰜魚以比目而游鰩魚身爲翼而

羣飛風生蝙蝠鼠身爲翼而夜飛晝伏螳螂不量力而拒轍蟋

蟀鳴知寒而促織鯉魚定象七星而夜仰拱北鮫魚人形織綃

而淚墜成珠食水者善游而耐寒食土者無心而不息食木者

多力而罷食草者善走而愚食穀者知慧而巧食桑者有絲而

藻寄根於水葵傾心於日故近陽而性暖菱背日而性寒椒莉七絶松貫四時稻稟陰陽之半故未熟而俯麥受六陽之全故成熟而仰菽稟火氣也故至水旺而枯蘗稟水氣也故至土旺而絶衍沃之地以種而毓不毛之地以氣而化有同幹而榮悴殊者有同枝而遲速異者時方嚴凝而生意固在故物有堅貞而能久焉時方長養而陰慘潛施故物有浮脆而遽速爲華靡而爲螢麥潤而飛蛾蟯螬蟄而蟲堅久螻泥則化爲石竹蘊而粮堅久埋地則化爲石燧取火於日鑑取水於月磁石引針琥珀引芥黃星隕而渤海決銅山崩而洛鍾鳴龍馬負圖出河而伏羲畫八卦軒轅係甲子神龜負書出洛而夏后平水土箕子作

洪範雉入海而爲蜃雀入海而爲蛤蝶入海而爲蝦燕入海而
爲蛤蚌雉化爲蟒蠐螬化爲蟬水蠆爲蜻蜓螳螂爲蝴蝶蠶化
蛹而化蛹蛹脫蛹而爲蛾松脂爲茯苓茯苓爲琥珀膠投爲漆
鉛同錫合鏡照善惡照邪正兎舐雄毛而孕鶴和雄聲而孕
鵲交雄音而孕覩以抱子鼈交雄龜而孕覩而抱卵龜以蛇交
而孕鰻鱺以鱧交而孕螟蛉有子蜾蠃負子鱉魚常負雄雌鳩常
別雌雄鳻化爲鰟鵊化爲蚡鷹化爲鳩鳩化爲鷹鼠化爲鴽鴽化
爲鼠蛇以眼聽鼈以眼聽牛以鼻聽龍以角聽虎不見佚龍不
見石鷹見乎星驢走乎星鴟狎人而惡殘犬以盜而露棒鵲鴉
多鳴以鴞鳴則水潮溢狐多疑死則首丘禽有九尾鴞獸有九尾狐

橋梓一仰一俯以喻父子鶺鴒相鳴相應以比兄弟鯤化鵬而
日飛三萬里龍化馬而日走數萬里鵷鶵舞而天下鳳凰見
而天下妻是皆異形而相殊異物而相感而無理氣之所主所
爲而各正性命者也渾然之理理之本然也浩然之氣氣之本
然也理本一統而氣分萬殊故在天地而爲天地之理在人物
而爲人物之理天地人物雖各有其理而天地之理卽萬物之
理萬物之理卽吾人之理也此所謂統體一太極也雖曰一理
而人之性猶物之性犬之性猶牛之性也此所謂各一其性者
也則理氣爲天地之父母而天地又爲人物之父母矣聖人爲
衆人之準則而吾人又爲萬物之主宰矣爲萬物之主宰而反

不如萬物之有知者可首參秀渾能知其天命之全備於己尊德性道問學而不昧於理欲敬以存養未發之中敬以省察於已發之際遏人欲之萌而存天理之奧則可以稱夫頭圓足方而平正直立背陰抱陽而與天地參三之責矣

雲林精舍問答

雲林精舍瀟洒秋日主人軸簾而無伴隱几披閱古昔陳編歷覽帝王興亡有客踵門而至曰現今時代差此未知何時可定耶主人嘗泣嘆曰噫以若無能鈍庸人何以推後事之將至耶

客曰設有王者起則何以治之耶主人曰吁是何言耶孔子曰不在其位不謀其政以在野草莽之人又何以謀將來之國政乎且當其時豈無謀政底人哉客曰是乃設辭何係於此而不欲言乎主人曰不然詩曰旣明且哲以保其身孟子曰夫士窮則獨善其身雖未有善身之道豈不效保身之戒哉客曰設若擾攘則豈如此說秘而不發今何拘於此哉主人曰然愼勿向時人說話夏尙忠殷尙敬周尙文因其流弊之救而有所損益也三綱六紀則三代共之然則將來之政可爲損益之秋也若曰然則何者爲先主人曰莫如先均民產客曰何哉主人曰天地生民乾爲父坤爲母爲其父母而使其子女孫非父母之道

世故必授之職爲天地之民而無祿也天地之心也以天地民
德也民之公有底物也非一二人之私有底物也故古之聖人
繼天而王盡務分地家家受田戶戶耕桑家家有粟戶戶有帛
至秦以下仁政已廢貧富者或有兼并而財擬王者貧者卑身
困窮而地無立錐是乃自剛克者之不能順天心抗民意而移風
易俗也雖現今民無不均生民塗炭莫甚於此貧老羸轉乎溝
壑少壯散之四方豈不可哀也哉客曰不然教民爲先主人曰
何哉客曰人情雖知有財利而不知有義理或有爭利而父子
相訟者或有謀利而父子相離者出入外域羈旅他方離親戚
棄墳墓反是爲在先何曰人情乎故曰教民爲先主人曰不然

孟子曰有恒産者有恒心無恒産者無恒心苟無恒心放辟邪
侈無不爲已是皆無恒産之所致也故曰莫如先均民産書曰
民惟邦本本固邦寧語曰王以民爲天民以食爲天知天之天
者王事可成孟子曰明君制民之産必使仰足事父母俯足畜
妻子樂歲終身飽凶年免死亡然後驅而之善故民之從之也
輕由此觀之均産在先教民在後管子曰倉廩實而知禮節衣
食足而知榮辱飢寒切膚而顧其廉恥者蓋亦鮮矣先均産而
後教民則民孰不從之哉客曰然則何以均之耶主人曰莫如
均田然王者受命封疆土地皆爲管領率土人民悉爲赤子爰
既爲人民父母而使其赤子豈不恒哉客曰然則均田何以制

之耶主人曰以疆内土地為公田而無私田山川草木為公有
而無私有矣耕夫而農耕婦而蠶都收每年所出之穀帛其他
山海所產之物從而屬於國庫以產調度山野而轉輸有無計
口計糧而餘數盡是國庫之物也以是稱百官之祿百工之料
常須猶存羸餘村村有倉面面有倉邑邑有倉州州有倉國有
太倉而使為盈溢矣不如此則穿些邊境有急國朝以饋數十
百萬之衆或其境内有旱國朝以救二三千里之民哉夫積儲
為天下之大命也堯有九年之水湯有七年之旱而國無捐瘠
者蓋積儲多而備先具也豈不以均產為先乎客曰然則鰥寡
孤獨奈何主人曰此四為天下之窮民而無告者也文王之仁

政先此四者制此政者當先行四窮之道歟五十以上為鄉庠
教授六十以上不事休息二十五以下入於學校未滿八歲者
入於養孤堂矣如此則是非救窮之道哉答曰然則别有養老
堂而亦有獨況鰥耶主人曰不然則無依之老何人養之各親
之孤何人救之耶是乃以一國為一家之仁術也答曰何不以
井田言之而别立他義耶主人曰非欲立異也井田之法已滅
無餘蓋已久矣準之於孟子之論則猶可施行然我東山多野
少難於仁政故姑為是語也答曰然則教之之方奈何主人曰
以倫紀仁義為先書曰天敍有典五惇哉孟子曰未有仁而遺
其親者也未有義而後其君者也倫紀仁義為先則孰遺其親

孰强其君哉爲記曰古之敎者家有塾黨有庠州有序國有學依此而列立學校人生八歲男入男塾女入女塾敎之以灑掃應對進退之節愛親敬長隆師親友之道其他事物粗知其方別有時分男習行律女習縫麻及其寒節則放學習務及其十二歲男女各升庠而因其小成於塾者敎之以小學書使之卽夫事物上以知義理之所在而致其踐履之功別有時分男習行律女習縫麻及其十六歲男女各升序而因其小成於庠者極致其功男則敎之以格致誠正修齊治平之道博之以六經習之以行律水利鑛山地利田租之法女則敎之以格致課正修齊之道博之以六經習之以組織及其二十歲男女各升

學而因其小成於序者極致其功焉以參其交隣之方策之
術女則參其各色女工及其二十三年者入其廳立其肄習女
政其家數其蠶桑及其二十五年因其材而用之如此教民則
人材輩出各於其材而任之百官使之百工則朝有俊乂野無
遺賢百官稱職百工勝業經綸大業而人兼文武家具文武國
備文武矣此孔子所謂有文備者必有武備者也文武兼全民
文之術也若曰然則爲國之方奈何主人曰孟子曰不教民而
用之謂之殃民殃民者不容於堯舜之世已習陣於學校各待
民年二十三以上年爲限滿而建其隊團使爲護衛其兵於選
使爲屯田五兵秋到營又爲屯田四日日練習待其限滿而遞入

逮出使在野人民春秋律其則奔然避境有急何拘而非其何
拘而不服孟子曰君視臣如手足則臣視君如腹心又曰如此
然後可以爲民父母君盡爲民父母之道而以孝達民多達民
豈不盡孝子之道而報其君親教育之恩哉答曰然則班爵
稱奈何主人曰孟子答周室班爵祿備言之矣依此而班得其
要矣潤澤之方在執政者之調度如何矣答曰然則治民之法
奈何主人曰以鄉八刑糾用而執長察其出入行爲若有犯法
者則逮而教之然後不改則告于庠長庠長逮而責之然後不
改則告于庠長庠長逮而治之然後不改則告于鄉長鄉長逮
而教罰然後不改則告于法官法官致之五刑使犯法人知其

施刑並自其己而出則人孰不改遷爲善者揚之惡者懲之則
可期於囹圄空虛而仁風作矣客曰然則山林川澤奈何主人
曰孟子曰斧斤以時入山林材木不可勝用也數罟不入洿池
魚鼈不可勝食也材木不可勝用魚鼈不可勝食使民養生送
死無憾也養生送死無憾王道之始也爲厲禁以時入山林木
不成材則不伐以時入川澤魚不滿尺則不食山林多材木川
澤多魚鼈矣如此則養生送死有憾哉客曰然則宮室制度
何主人曰禮曰禮始於謹夫婦又曰男女無別禽獸之道也子
思子曰君子之道造端乎夫婦爲宮室辨外內深宮固門男居
外女居內男不入女不出嚴於所別然後始免於禽獸矣客曰

然則現今民況富室未備奈何主人曰何憂乎此百工在焉矣
曰然則外私販制度奈何主人曰貴賤有等軍民有殊然在當時
俗尚不可強定也非但於此其間諸般曲折在當時執政者之
調度知何如耳若曰依主人之語而言則境內無私有之私田矣
人家各〻私產之私穀矣知其則人民各〻食祿之人國家亦等〻養
之官四海之力役之如兄弟出入相友守望相助疾病相扶民
族親睦之風俗安得不厚哉君上之憂只在於外侮之防至人
民之憂只在於田疇之不爲日日思念當不忘於安觀報君上
善哉言乎永矣不能以待吾君也主人曰謙不待客言而業定
於爾中者也

雲林精舍記 八 南泉誌

國於楓岳龍城之間而爲大村者是雲橋也四方之山莫高於楓岳龍城而閭閻之繁華莫近於雲橋宜若起居飲食與山相接也山遠野闊居人蓋知有野而不知有山爲余自谷城從我先君經綸隨我故人周旋始居于此于今四十有餘年余於晚年欲求閒寂而托身屋後高蓋築一亭臺中間作我游藝之堂東西子姪肄業之方基址寂寥卽村後而似隱處峰巒匝環野遊而似山中漢山蒼蒼而作吳緊御林靑靑而爲藩籬遮者

庭中東西叢菊庭畔東西芳蘭兩階門間松中庭前方塘臺前種蓮而兼養魚曲沼屋後洗手而又濯足仍取雲橋之雲竹林之林揭額以雲林精舍總之以詩鍾鬥者或有讚之余曰物之廢興成毁不可得而知也昔爲荒草野田翳薈之所蓬蛇虺之所寧豈知有精舍耶廢興成毁相尋於無窮則精舍之復爲荒草野田不可知也子之言非讚也亦嘲也以爲記

永慕齋記

楓岳西龍城東國於此緣溪而村雲橋也雲橋後山麓三架茅屋即我晚年營築雲林精舍也中間排我遊藝齋東西二房養正齋英為餘年別業也一日謂四從姪亨雨曰吾族當此日

我八世祖考嘉善大夫而累累世先塋在於後洞而今洞齋所據祀時齋宿因難爲後裔者不其赧然乎吾構精舍雖云狹窄可容一時齋宿宗中共同守護使用似好吾於上樑文已云宗族僉議之詢于姪隸業之方亨兩起而讚之曰然公宗中無齋而有齋精舍雖護而易漫豈不休哉請命采蒐榴敷于新雲林歟號依舊揭楣如何余曰諾據要而記之

守誠齋記

爲先兆而有齋蓋古也或有爲望拜而爲之者或有齋宿而爲之者此先聖賢以義起者也維我七世祖考通德郎公諱書成及以下累累世兆域在於舊南原府城南坊石山東訪花谷而後

孫仍居於下或散而外自先世來僅保喬木墓儀久闕齋所亦
闕者孫邦雨以此爲念養材累年故樹木收誠米僅具石床來
及齋所故其居節供米若干又收誠米以爲費用而就用既養
之樹落成吾齋於石山里東坊花嶺口而揭之守誠齋之成堂
其偕哉寔有待於今日也歟之義堂其微哉寔有戒於後嗣也
噫爲先祖而言則曰有我後孫而洋洋陟降於斯爲後孫而言
則曰爲我先祖而薆薆齋宿於斯豈不休且偉哉雖然守成難
於創始則既粲矣創始之處寧守成勉旃吾後無忝揭顔而顧
急思義世守孝誠則詩所謂孝子不匱永錫爾類者爲吾宗族
而準備德也先堂喬大將不絶於後嗣後孫福祿之遠綿於無

强吾齋之存養有窮已哉吾為甄往者復而又為將來者勸緬
之以詩

楓巖精舍記

山或因人而名益著者有之人或因山而名益著者有之矣
龍城西楓岩山帶方之鉅山而名不著者久矣雲橋吳季鍾炫
大山之雅士而名不著者久矣斯人也性本天真而早有志學
庶得真境而行身處措多以其當充力於事親奉先實多學問
之力至文詞人之及也目着依傍人之錫以楓岩為號築一
齋室於楓岩之陽岩石之間揭額以楓岩精舍噫楓者即楓岳
之名岩者是天真之石精舍云講學之堂也於是乎山因人而

著人因山而著然則山能名人乎人能名山乎山不名人人不名山而名共振於當世則山是人名人是山名高千秋楓岳於乃主人山川草木物各有主若非耶余贊其山以人人得以而記之繼之以詩

圃巖散人記

蘭菊松竹可圃者非一而蘭菊雖香華有榮悴之時松竹雖佳木有盛衰之時而不被雨露之澤則不能就榮盛不避霜雪之威則不能免悴衰惟茗也無榮悴無盛衰而不賴雨露之澤不畏霜雪之威惟金埴玉瑤文藏彩而顯然長存於天地固其壽而一生無一善一語世間只真捨此而雖或有探金玉而破之

或有撚文彩而破之或其攻玉者取之或有造器者取之改取
之曰似就碣之曰然非就碣也是就榮也鄉其不就榮也然然
如有不見知而無慍之彩含其見就榮也漢然如有見世焉而
無矜之像彷彿乎君子之依道擇德遯世無悶當路而德身世
無矜若之德也如是豈可與蘭菊松竹比也余蔑學非識嘗藏
望其德也哉歲月之世保身之計莫若含默故取其無語天真
之義自號圖若又取江湖散人之義繼以散人繼之以詩

楚山記

士之有號其來久矣或有爲自警而作者或有因地名而作者
朴斯文美來之號楚山亦異乎是矣原是乎北楚山郡人而因

亂越南四載無親故暫托山家而研究堪輿周流四方到處奇風身旺對豐何去乎窮但所恨者雖親戚無墳墓千里故鄉頹期未定恨故思鄉之心無時不切而每年佳節暗雲步月難抑潸々淚矣莫非王土何處不寄若世居之故鄉不忘之故鄉而以楚山爲號是余之變也謹記其緣蹤次韻

自警辭

莫恨人之賤我人之賤我非賤我也是賤々也莫喜人之老我人之老々我非老々我也是老々也何哉使我前富者而後貪賤前日之老々我存遠去而賤我使我前貪賤而後富者前日之賤我

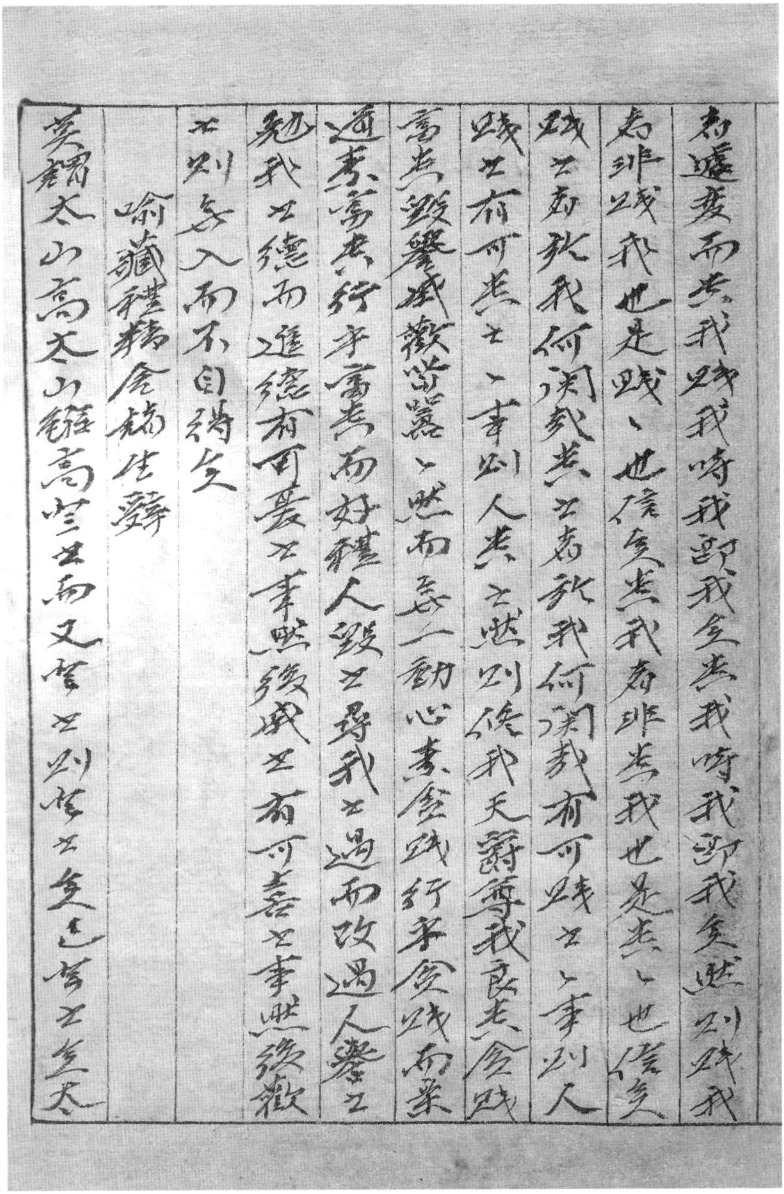
者遮蔽而無我踐我時我卽我全無我時我卽我無然則踐我
者非踐我也是踐ヽ也信無者我者非者我也是者ヽ也信無
踐之者於我何關哉者之者於我何關哉有可踐之ヽ事則人
踐之有可者之ヽ事則人者之然則後我天爵尊我良者全踐
富者毁譽哉歡咨嗟ヽ然而無一動心焉全踐行事全踐而業
道者富者行乎富者而好禮人毁之尋我之過而改過人譽之
勉我之德而進德有可喜之事然後哉之有可喜之事然後歡
之則無入而不自得矣
喩藏禮精舍稿生辭
莫謂太山高太山雖高豈出而又登之則登之無不登之無太

山頂上已不屬太山之支派大海底大海盤底濟之而又濟之
則漸之至之漸之至大海此進已不屬大海之道雖然窮事業
約大爲求其致終有限量存父子則既有父慈子孝之道有君
臣則既有君義臣忠之道有夫婦則既有夫和妻柔之道有長
幼則既有長慈幼敬之道有朋友則既有切切偲偲之道行之
而又行之綿綿不絶則可以知道體之無窮而事業雖大終有
限量矣行遠若立先自邇登高若立先自卑灑掃應對進
退之節而安意爲之基於愛親敬長隆師親友之道一一踐履
則可以格物致知而至於修身若夫齊家則是乃餘事矣然則
修身之本即是灑掃也齊家之本是乃修身也其本固爲枝葉

況彼其源深者流深況遠安有無本而枝茂無源而流遠乎家
上之大端端不滅可燒太山山下之泉涓涓不絶終至大海勿
以灑掃應對爲淺近而忽之經曰小學既爲修身之本則豈可
不爲大事乎吁亦異哉既讀盡讀一部小學做人之樣子書而
於事親從兄及上接下處事應物之道無一節可觀而亡不能
安於灑掃應對之節是可曰多年學問者爲汝君惑就如此
而君成處事魏循者有不及悖有不時親既被沒雖欲孝誰爲
孝年既老支離欲悖誰爲悖其危之哉

又喩穡稼精舍汝生辭

有稻粱之根株則生稻粱之枝葉花實有稊稗之根株則生稊

掃之役蓋花要凡天下萬事萬物亦皆有本有末灑掃應對是
愛親敬長之節也愛親敬長是修身齊家之道也由是觀之則
修身之本愛敬是也愛敬之道灑掃是也故古人之教及其子
之幼少也入於小學先学其灑掃應對之節以教其孝悌謙敬
之要及其少長博之以四書之文使之卽夫一事一物之間以
知義理之所在而致其踐履之功及其成童入於大學則灑掃
應對之節禮樂射御之際術以涵養踐履者於己小成於小學
交於是不難乎其小成而教之以格其物以致其知格物云者
固其小成而窮至於萬事萬物之理欲其極處無不到也致知
云者因其已知而推極其未知未識之道欲其所知無不盡也

是以至於擧天下爲事爲物之理而一以貫之然後爲格物之至致知之極而所謂誠意正心修身齊家者皆是而無所不在其道爲是乃古人教誨之次第兼備學問之本末該具若無以安靜之心法下學孝悌誠敬之道而有踐履之實則豈可以務升之心法上達窮理盡性之事而有實踐之道哉今人不知學問在於日用行事之間而徒能讀聖賢垂教之書不能行聖賢垂教之道而所謂學問者亦不過記誦詞章之習反受時人之嗤笑爲患亦多矣諸君以古人爲法以今人爲戒先謹于灑掃應對之節而安意爲之則孝悌誠敬之道略備矣依此而循學問之階級勿爲躐等則根本旣立深厚矣枝之達乃根之深末

之茂乃本之厚豈無栽培末茂之至歟勗哉洪君乎

又喩藏梵精舍洪生辭

夫讀書爲之文者必欲通古人之遠年度爲其利於日用行事之間

也而雖才銳者懶則不成雖才鈍者勤則有成以此究之則成

與不成只在於勤懶之別不在於銳鈍之分則洪君勤乎懶乎

文必學成則超於上品不成則流於下品洪君欲超於上品乎

欲流於下品乎如此讀書則非但學不成超向無處不如廢家

之利而使所生爲憂況今望天降災無人不罹而約不慮多則

何人不然何有不然乎生此困難救荒之難而使之讀書則此

非小小勉強之力也亦非小小勤勞之所也不計時務而結忘

所生之誠力是何人心是何人情乎如此因循度日則非但汝
君之忘心忘是不倭之失責汝君其念之哉

慶州李氏退思菴公派譜序 族分秩后不暇入梓

程子曰管攝天下人心收宗族厚風教使人不忘本須是明譜
系收世族立宗子法古今名門右族莫不有譜者有以也惟我
月城之冠冕家方爲族也始祖諱謁平以楊山村長佐羅開國而
儒理王賜姓李氏以楊山村爲及梁部以村長昇大人以大人
公爲佐命功臣自羅歷麗及鮮子孫世祿由來二千年間歷世
七十有餘名豐功偉烈煥赫史册者比比相望圭璋冕芾進出
禁闥者世世相繼而無一深淺於此徒者豈非大人公德蔭盛

長而是庇是麻耶白大人公五十七世而菊堂文孝公諱穡为
分派之祖自菊堂公八世而退思菴兵叅公諱澗为南下之祖
云辰殉節　贈吏判子孫世居我李之居南原自退思菴公始
至吾家文獻整於白沙先生同宗契彦大譜修於　肅宗甲子
再修於　英宗戊辰世巻帙浩汗未能家々奉安是有譜而無
譜矣　高宗辛丑族兄松軒鍾鳳氏有是之憂修退思菴公以
下家乘譜為二冊而家々奉安以後修譜者不止再三巻帙並
繁又益能家々奉安哉四從姪春岡邦雨亦憂乎是勞心運思
積有年所而詢謀宗族壽梓勞役始克成編使我宗族人々奉
安是草巻譜々也編簡而錄備自少而後々縮窠譜家之別派柯則

世訂退憂菴公上達始祖從略而作行譜而先之顯著者詳載
昭穆以明派系下及子孫四齊而作橫譜生卒配墓居並傳錄
以補舊闕疑者闕之謹慎之道世吾族之奉譜者閱卷而奉書
則昭昭穆穆源源本本以知某派分於某祖某族分於某派彷
彿身於祖在在而依依孫羅立孝悌之心敦睦之義不期然而
自然矣收族厚風人不忘本此之謂歟勉旃吾族歷奉先祖
之功烈而景慕勵行則吾族之昌大可期日而待矣春間之勞
心思之功烈為如何哉鍾燁事繫不能與於作之役之暇其
於尊祖敬宗之道不可忘之一言贊役故略敘數末以勗諸族云
藏禮稿僉規程敘　規程刪之

才欲其學學欲其靜非學無以廣其才非靜無以究其學廣才
有用未有鈍而有用究學有成未有厭煩而有成行遠之志
無人有不住足不進者何患退之處無人有不安土不遷者何
欲進欲遷必勤必慎勿違規程略定條目揭于左記

與趙東璉書 李臺先生孫 居谷城

客月前下作路谷城當逢朴斯文汝亨於途傍伏聞 斯文主
壽孫子仙逝之變聞以前姑未出席云或有幾朝於 斯文主
孫庭伏承道體一向安和春臺氣候亦以安寧整孫中書者
經體果無損於嘆哭勞擾之餘否得仰讀 稅擇 孫狀可肯而間
承然後以是慰悵前者亦依壽鄙志仍當似有深緣悵昔逢別

居然一週而徒有心往一無面質非君負鄭是鄭負君以當負

剳於面討云曰倚蒙恕諒否別後錄呈天命圖漢陽人士欽秋巒

鄭公之雲其緒論於慕齋思齋兩先生門下而講求其性理之

旨敍厥意奧性理之微妙而無所疑明取朱子之說參以家世

流述中庸之旨據太極之圖欲其因數而知微相發而易曉作

為此圖質於慕思兩先生後與退溪先生相為訂正而完成者

世都尚初也未聞有此上乎慕春者　函文王與柳軒崔丈聯

筇作伴逐孫于新安至金大雅教准乎華臺蓋不知鄭孫于此也

不謂聞 函丈主到臨 卽趍拜 滿良久 函丈主請退溪先生
雜著 湖說指北圖 余於知有此圖 又更知教意切而恩之深 其後
借錯騰寫 潛玩累日 恍然似有得其要 欲定愚怀 未見本說 故敢
忘僭越之罪 而以據臆見 私自爲說 或有差謬 不吝指誨 幸甚
若非相孚之間 則敢此呈露乎 函丈主則幸甚 不使他眼
掛 切企切企 鄙之所寫 僻陋然 先有 函丈主 欽而第未增
家運幸以竟之 黃歸使草堂中人 有以窺見矛 餘日後面討 不
備禮

答金思汶書 居朱村

漳水逢別 悵懷致切 急函忽逕 於覺 高明之不棄 標榜世處

中間假車軌加於地欲悅英量況後係重字體爲孝栩悅亦以
譯依易而又奇承並從康健於今爲世爲本亦以喻繁度爲無然
於鄉黨有少未安者請以所細論之備虛心聽之耶至於俗尚
之要易以若無狀何敢妄議然以柔斯文之說變更無復當張
之行說睪竖背師之悖說不足取擔來喻謂疑求是當之說不
然之所謂至善訓民正音我東國文究其中於初中終聲而並音
則無見鳥跡而造字乃精密精力自成上下似不爲過矣然而
時正音之發明爲東國語音無中國語音不同中國語音發言
是文字東國語音發言是釋音故中國人學正文之易無東國
人學正音之易甚正同矣以易翻註以訓東民而爲之爲也則

正文正音相爲表裏偏行而不相待者也非正文則無以權其
相傳之心法非正音則無以解其正文之奧意之支正文之流
並屬參互精爲正音至易爲正音雖有餘贅然獨爲不過朞月
大夫今之所謂私塾教授者流於世昧於人不能知其當初發
音之本義也不能知其當世發明之指音友受時人之嗤笑爲
蓋亦多矣回窮達有時否戚有命爲吾之事何言爲窮達否戚
而爲之哉夫士窮獨善達兼善而已也何可怨尤哉吾正之流
爲吾所稱道之過也元是吾高無法者至今爲猶作舊樣于人何
敢當哉也餘不備所禮

答蘇在烴書

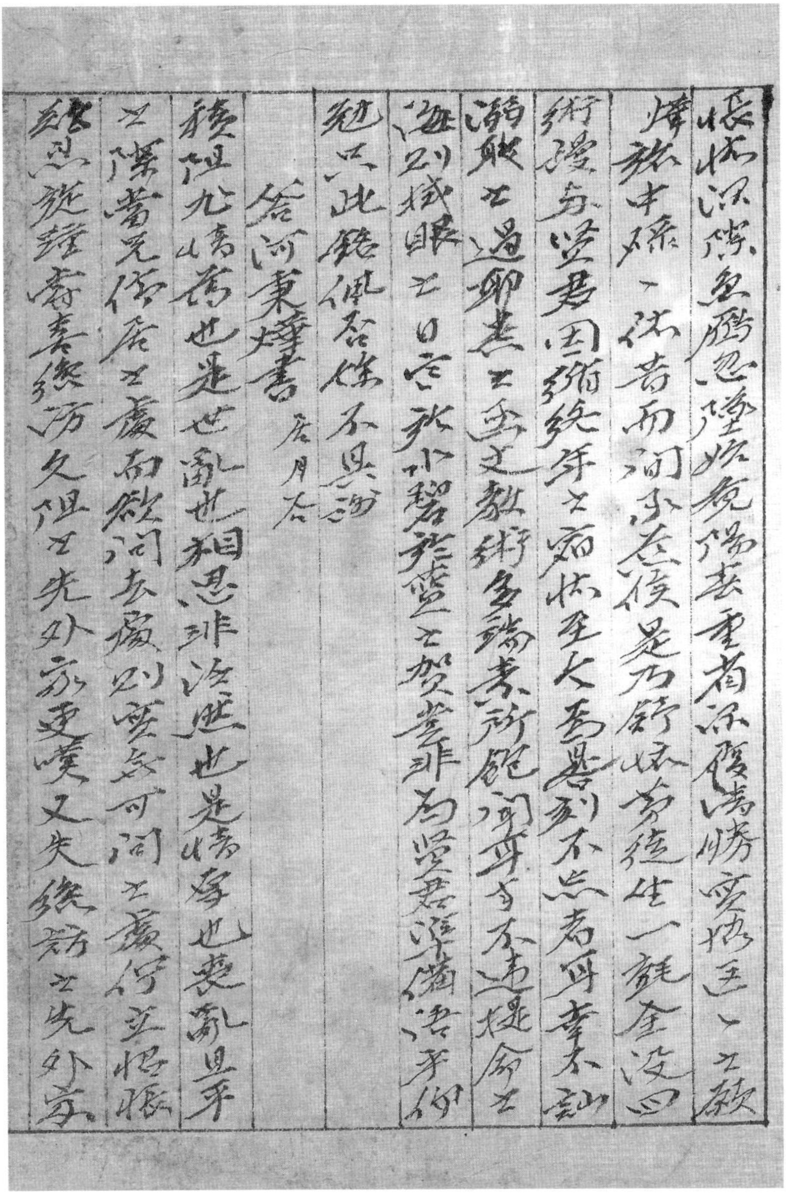

悵懷深傷無階忽墜於免隔甚重省深覆憐勝愛懷迅之歎
惇然中條之俗昔而聞其說後是乃銷假勞從生一說金沒四
術謾多賢君因循終年之酒懷至大為是刻不忘者再幸不出
謂敏之過卿甚之[illegible]之教術多端素所飽聞再寸不遠提命之
海則識眼之日忘秋小器於[illegible]之賀豈非為賢君深備語乎仰
祝只此餘俯各姑不具謝

答河東聳書　居月谷

積阻尤為山舊世是世亂世相思非治世也是情寄也喪亂且乎
之際當兄依居之處而欲問其處則無安可問之處何其悵懷
總忽旋種壽喜緣訪久阻之先外家更嘆又失幾訪之先外家

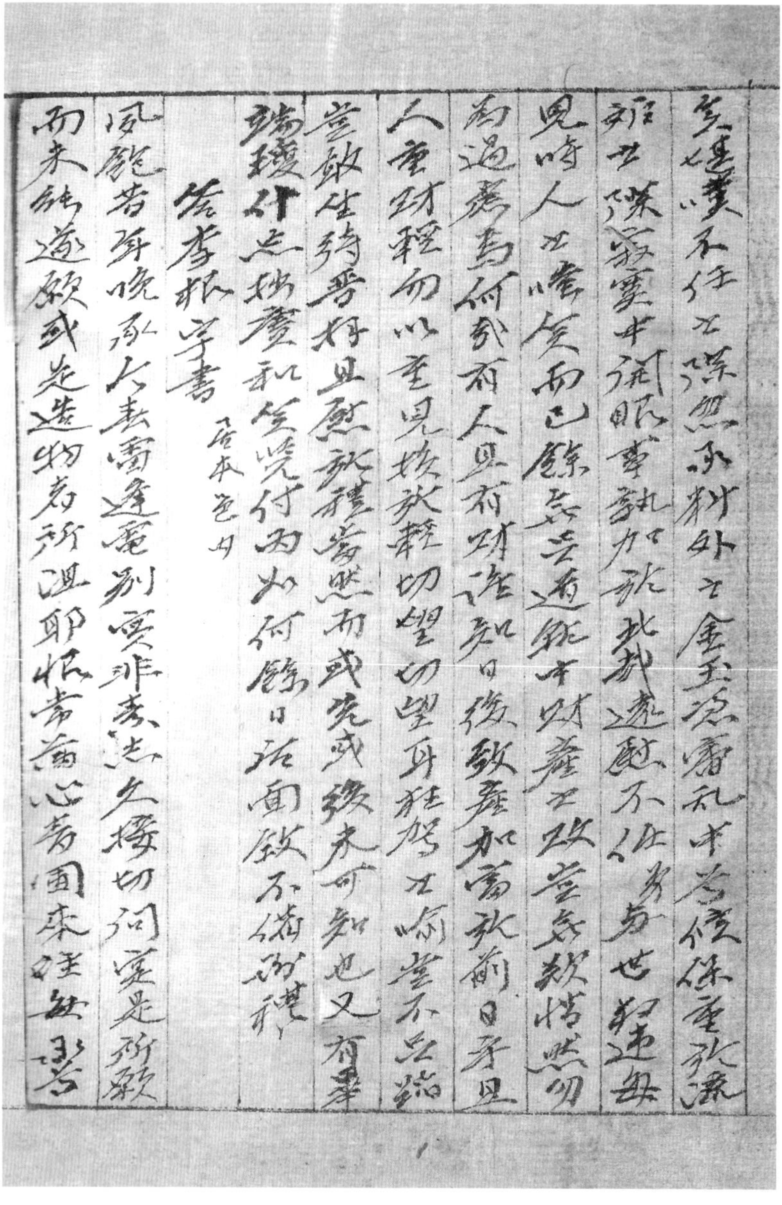

但秘魁乎中堂若一面之爲狀哉加之書圖撒後並居爲後又
無所從畫傳先從稍臥然若巷無居人門巷蕭條瞻悵之際卻
逆書圖拭為展襟之餘文以為再仍書為侯康吐秋勞耕之餘
處坡這之若刻之歎欲言何喻而得此篇後出者諒為簡陋塵
然被此岳壯何以得此畫充高明之不棄孤陋也然而亦喻楚
並為多楚愧為多本並無書十七界幷廢參書藕無法志至大
為經作落標于人而高明之稱道過情者想應過聽書圖之過
道而然耶何敢當也高明之豪邁學博識素所飽聞而過謙為若
是因此過謙而益知其心德寬厚也健羨健羨常欲規聽大方
家規範素所蓄願而有願未遂因覓此田地之未能並塵也懷

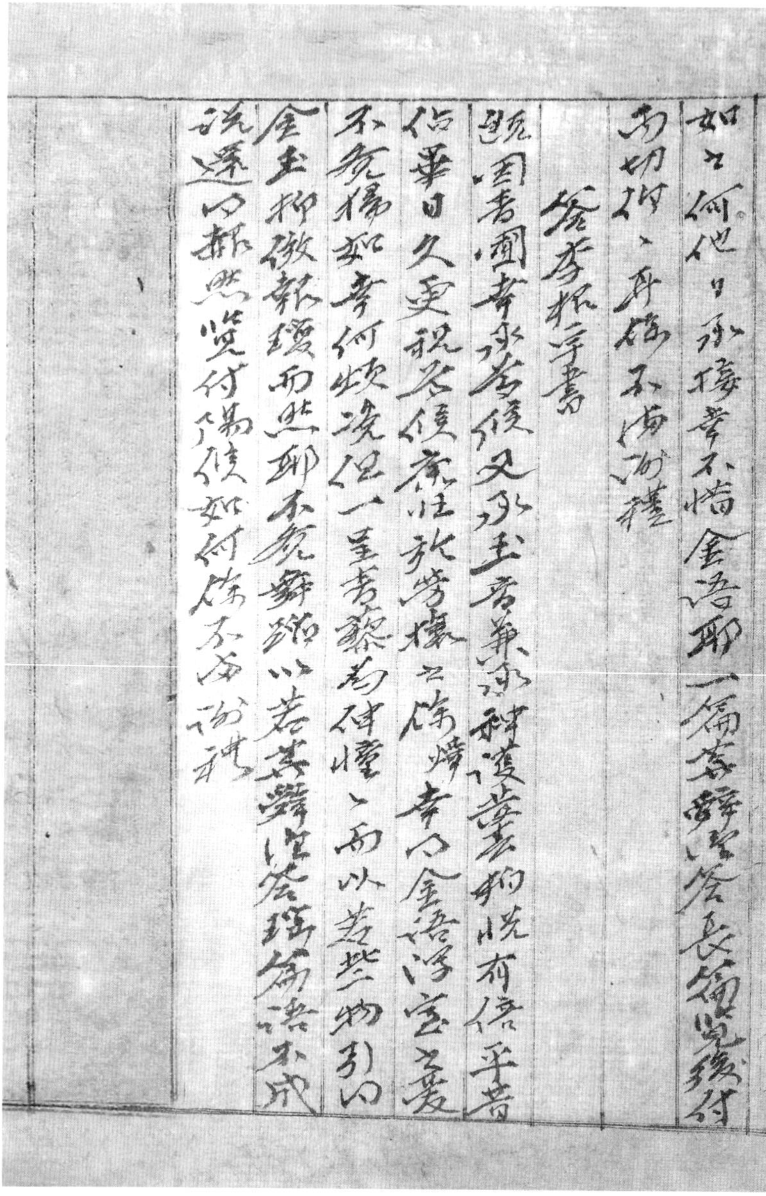
如之何他日承接書不惜金語耶一篇書辭以答長篇覽後付
丙切付々再餘不備謝禮

答李根亭書

頃因書囿者承答候又承玉音兼承辭蓮葉物悦有信乎昔
伯華日久更祝答候庶往於勞懷之餘燐亦金語浮空之處
不免悵然者何快浼但一呈書藉為耐憧之而以差些物引以
金玉抑微報瓊而然耶不免辭拙以若其辭作答强綴語不成
説還以報然覽付焫後如何餘不備謝禮

節要字選跋

天地之道一陰一陽而已陰盛陽微陽盛陰微陰陽迭爲消長而實無無陰無陽之時世之汙隆學之邪正亦由乎是矣嗚呼我東自殷師東來典章法度擬乎中華稱之以小中華者殆過三千餘年矣歷代迭遷雖有崇儒崇佛之時而未有如今日之全尚詭學倫廢名教而無綱無紀駸駸然入於非儒非佛之域而莫之救也此豈非涉於繼美之歎我綱紀導其利欲義理都喪之日久而然耶我四從兄石田公有憂乎是者積有年所並其平素聞之諸儒輯節要字選一篇蓋其諸家爲救世教而發者也雖有憂世之心而若無其撰之輯則孰能知其憂世之切

經綸之大也哉書之不可以已而有如是矣其爲書也規模節次廿二章二以二千四百字條分四十句合三百天文地理物理人事由暢旁通而備備而易便於解蒙而師者不可一日無者也爲徒者不可一時闕者也以此編於教課時時學習而素其識後則生徒之受而爲孝於父母友於兄弟睦於宗族敬於師長信於朋友燦然有可觀而後見前日仁厚之風至此編之有補於世教者豈不偉大哉季岡以此示余曰此編乃先君之手抄心述也又屬以跋余乃攀手圭復而辭曰既有右章之序詳且盡矣何庸贅焉以若不文跋之何堪爲雖然於四從兄之遺書豈可一覽而已哉追慕之心不覺油然不揆不文以若

莫辭附于篇末以寓懷舊之義云爾

晩松遺稿跋

晩松吳公卽我姊夫夏洙先大人也平生志操慷慨氣節超越
遺時不得國變日深獨善獨清於龍岡之庄晩與八愚結社日
與以詠於色若八愚終而消遣世慮年踰八耋而弄慨嘆者多
矣淨注者有之而曰有疑之全質有疑注正吾之失質正處乞曰
爲吾甥龜植奉其親命而與其從弟鳳植咏袖示二冊曰此卽我
先祖考遺稿而恐久泯沒欲付諸剞劂㪚亂無序請須遂勞而
纂序定草以幷叙爲贊其有是孫擊手主治別詩律居多書
詞居少而類非以風詠月爲心也每多憂國痛世而歎情驚人

之句使人觀之則感發志有之矣余亦憂世者乃感於憂國病
世之句新不揆僭越類聚成編風植又詩四韻爲定章列敍其宜
矣余回旣有蘭史之序辭且書矣何庸贅焉以若不文跋之何
堪焉其詩甚勤其辭甚切余乃感其勤切而不揆蕪辭略敍槩
以寓景仰之義云爾

先考學生府君行狀

府君姓李諱圭錫字景三其先慶州人也鼻祖諱謁平以楊山村長佐羅國爲佐命功臣自羅麗以降世世簪纓蟬聯二千年間豐功偉烈比比相望至麗季有僕射公諱翩文僖公諱世基文孝公諱繼孫成君諱敬中參判公諱蘇五世俱以德業文章著入我 朝判書公諱廷顯參議公諱侗參判公諱世安大司諫公諱埴縣監公諱同逕參判公諱潤然居南原壬辰殉節參議公諱天符敎官公諱璐通德郎公諱志洗同樞公諱憲通德郎公諱雲成卽府君六世祖考以上曰諱秤曰諱英老曰諱鍾曰諱龍浩俱隱德不仕卽府君祖考以上考諱大崇妣南原

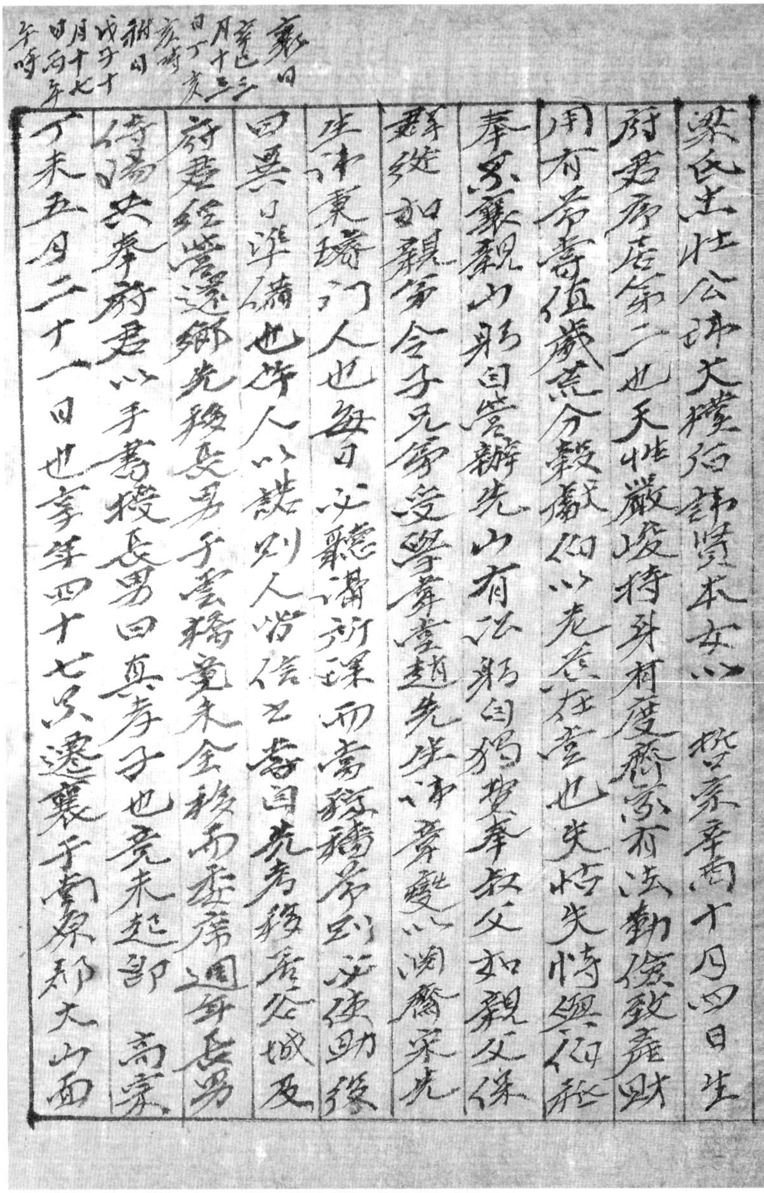
襄日 辛巳三月十三日丁亥 亥時
祔日 戊子十月十七日丙午 午時

梁氏出壯公諱大權俗諱賢本女以 哲宗辛酉十月四日生
府君序居第二也天性嚴峻持身有度齋家有法勤儉致產財
用有節壽值歲荒分穀獻衛仰以充養在堂也先時失時與俗[illegible]
奉家襄親以躬自營辦先山有法躬自獨奉叔父和親父保
葬從和親命令子兄弟受學葬堂趙先生以葬變以潤齋宋先
生東璿門人也每日以聽講所課而高聲誦讀則必使勸讀
四其準備也時人以謂則人皆信之香因先考移居谷城及
府君經營還鄉先移長男于雲橋竟未全移而歿席週年長男
侍湯共奉府君以手書授長男曰眞其孝子也竟未起部 高宗
丁未五月二十一日世享年四十七只遷襄于南原郡大山面

小菊峙枕丁原奔兔洞案山也二配祔爲卯三位合窆也元配
興德張氏晝村沛儼治沛時成女祔府君之右繼配光山金氏
禮判沛承魯治沛載熙女祔府君之左擧四男二女長男張氏
出三男二女金氏出長男鍾國娶順興安秉鎭女交成公沛祐
治二男鍾燁娶咸安趙鏞學女漁溪沛旅治三男鍾亨娶晉州
蘇秉善女杏亭沛淞治四男鍾奭娶全州李萬儀女漆山君沛
璠治出繼四從叔圭楷治長女適海州吳正鎬長男晟洙持平
公沛興榮治二女適咸陽吳仲漢二男秉孫杜菴沛尚德治曰
昌雨長房出曰福雨曰頌雨二房出 曰慶州金
敎楷曰慶州李光來二房女壻也曰逢雨三房出曰興德張漢

圭曰羅州林理圭 三房女婿也 餘不盡錄 於戲 府君事親也孝
奉先也誠 持身也謹 待家也慈 敎子也謹 事兄也悌 接族也厚
與人也信 若非素性能如是乎 朱子曰 先世有美行而不能暴
白以傳於後 是不仁也 恐府君之美行泯沒 不揆不文 謹狀敍
行 而以俟君子之秉筆焉

先妣孺人光山金氏行狀

孺人學生光山后人金公諱載煥之女 禮曹判書諱承魯之后
早喪嚴親 奉慈親孺人安東權氏 孝且敬 年十九適我先府君
即府君繼配也 天性窈窕 克配府君 家道井井 煥然有可觀者
元配張氏 有子一男 年纔六歲 即我故伯也 憐其幼失母 常加

於㑭養成敎導猶勝於己出少有過差則溫言喩之至若己出
我輩少有過差則告于我先君嚴責治之使我奴㑭在傍視省
而自懲以故〻㑭及我輩兢兢惶恐不敢作過悪我先君經營
還鄕先發我奴㑭于雲橋分財分産每勸其多與㑭財後故㑭
常請金錢先君以此傷心爲不度至先妣常勸其與我先君妻
席週年而奔先妣以芳年三十七喪所天少無憂色曰長男在
何憂爲我先君永訣之後故㑭喪配補給田結畓數我入雲橋
時財産處理一任于我奴㑭我弟若妹嫁一任于我輩曰詳〻
處無後悔爲吾作不孝事者罔度至常無疾言遽色而順考之
我奴㑭失産無計我告于先妣曰奴㑭失産奈何先妣曰飢則

同饑飽以同飽先飢後飽於理不當分與三斗居我即受命所
獻莞至爵溺困難少無恨言食僅十數年而卒于甲戌十二月
八日距臨年辛未五月五日享年六十四合窆于我先府君之
左生三男二女男曰鍾燁鍾彥鍾奭女曰海州吳致洙咸陽吳
東孫噫呼先妣平生未嘗見遽而放言解頤而笑見喜而無
喜色見怒而無怒色常無疾言遽色動靜語默班班有女士風
未述母行豈敢進無勸有但因平日所覩見而謹狀要行以俟
君子之秉筆焉

族曾祖母孺人平山申氏行狀

孺人平山治人申公諱興周之女壯啓公沸崇讓之孫也而

郡孝且敬年十七適我顯曾祖父諱敬浩文孝公諱熺之后室
判公諱潤之九代孫也孝且敬年三十七不幸不起孺人以芳
年二十四膝下無一子男女家內無一人兄弟而孝無是金地
無立錐遽喪所天喪葬之節務以竭誠辦奉先之禮亦自盡誠盡
傭庭織買田代當置舅姑若無后媤叔祭田以再從姪學榮為
之后使奉先祀其功烈為如何哉自衆中襃賞之洞中襃賞案
子學榮孝且敬亦不幸先奔子婦楊氏亦以芳年膝下但有二
幼女又弟哀慰姑事姑孝敬以生庭姪圭昌為后使奉先祀楊
氏亦有宗中洞中襃賞之圭昌亦以孝敬事祖母若所后母祖
母先奔所后母後奔前後喪葬極盡誠禮圭昌晚乃三男是爲

曷大之兆耶盖曷爲余記狀曰然祖妣之美行泯沒余於孺人
爲族從孫也意不在文固辭諸狀其待而後君子之筆焉

族叔母孺人廣州李氏行狀

孺人廣州右人李公諱斗會之女進士諱基洪之孫贈戶判
諱鎭奎之曾孫也稟性窈窕孝敬兼備精通正音筆翰如流年
二十適我族叔諱圭燮文孝公諱廣之后吏判公諱潤之十代
孫諱漢榮之子也天資精敏詩書百家無不通曉而尤精於易
理事親奉先孝敬周至年二十三不幸奄棄而方救之命遊何
孺人芳年二十五而膝下無一子男女堂上有兩老舅姑而氣
從先翁遠喪所天恐傷舅姑之心節哀慰之喪葬之節躬自辨

殮三年之內哭泣之聲不出於外奉養舅姑猶盛前日舅姑喪
葬極盡誠敬手于鍾葉使奉先祀其可謂守義之極也因宗中
褒表文聞于褒表享年八十五而身自步至老未嘗見醫而歿
言辭頗而冷笑甚甚天性然乎動靜語默班班有女士之風系
子孫孝且敬之不幸先逝子婦若孫兒若孫婦亦以孝敬事焉
人是亦報酬之理所而孫曾而然矯人矣行蹟沒收全文於大方
家為余記實狀余於矯人亦姪姪也豈以不文固辭但文短辭
拙不能形容其德之萬一焉

忠善契序

契之為義約也合也自來修契者多約信合義而修朋友之契

修契之義豈不韙哉今此修契盡是同志而命契以志善者忠告善道之義也則不幾於約從合戰耶凡此同契負額名思義德業相勸禮俗相交過失相規患難相救此曾子所謂以文會友以友輔仁之義也余竊歎與自丁卯至庚午丙戌至丁亥辛丑冬至癸卯凡九年于茲而始得主人鄭巷台甫有此設案詩曰靡不有初鮮克有終有始有終豈不美哉以此勉爲序于契案

汩董說

道者雖人所共由必有所從而後入德者雖我所自得必有所積而後成

聖者性之也故哲人物欲之至禁防於視聽使仁之全體湛然

淸明無一毫之或蔽翳者智之也故志士私欲之萌消弭於意
勤使仁之妙用劃然中節無一毫之或爭
非至明不能察其幾非至健不能致其決
敬以持己則私意滅矣恕以及物則心德全矣
愛之能勿勞乎愛而勿勞禽犢之愛也忠焉能勿誨乎忠而勿
誨婦寺之忠也
愛而知勞之則其爲愛也深矣忠而知誨之則其爲忠也大矣
故愛焉而自不能不勞以成之忠焉而自不能不誨以益之
勞之之事雖從而勞於前逸於後此非愛之深者乎誨之之語
雖逆而長其善救其失此非忠之大者乎

學而優則仕爲未仕者而言也學有餘力而不仕則無以行道之
功以驗其學仕而優則學爲已仕者而言也仕有餘力而不學
則無以知新之益以資其仕
先覺之人於天下之理該洽貫通而吾則懵然未有所知也於
是日聽其議論而問之則未知者始有所知矣先覺之人於天
下之事稍行實踐而吾則儱然未有所能也於是日視其所爲
而效之則未能者始有所能矣
未知未能而求之能之之謂學也已知已能而由之行之之謂
習也
人不知己則其病在人也不知人則其病在己不暇病己之病

何暇病人之病
學之序不惑而后不憂不憂而后不懼德之序不憂則自然不
惑不惑則自然不懼
仁者隨所遇而安故自是不憂智者隨所見而明故自是不惑
勇者隨所守而定故自是不懼
行之於未言之前則其行專而力言之於既行之後則其言實
而信
思之於內不可不誠行之於外不可不敬
勤於心不可不存克念之誠動於身不可不專自持之敬
爲富所役則氣隨而盈易爲驕肆故多悖而驕爲貧所困則氣

隨而斂易爲乎屍故多求而詳
三日而殯凡附於身者必誠必信勿使有悔三月而葬凡附於
棺者必誠必信勿使有悔
愼終者存哀中之敬追遠者動敬中之哀
子無父母則無此身體臣無君上則無此爵祿已因父母而有
此身體則事親自今盡孝已因君上而有此爵祿則事君自今
盡忠
幼者非長者不養老者非少者不養故幼而無父曰孤老而無
子曰獨
功者業之成業者功之積業其功者存乎志廣其業者存乎勤

勤由志而生志由勤而遂

知稼穡之勤者飮食必思農功知絲麻之勤者衣服必思女功

知者達於事理而周流無滯有似於水故樂水仁者安於義理

而厚重不遷有似於山故樂山

以言教者訟以身教者從故孝順之人必有孝順之子悖逆之

人必有悖逆之兒

勤儉成家之本奢侈敗家之本由儉入奢易由奢入儉難

道者所以明德德者所以尊道非德道不尊非道德不明